मायालोक
AI का कल्कि स्वरूप

अमोल आनंद तिवारी

MANJUL
मंजुल कथाकार
मंजुल पब्लिशिंग हाउस का इम्प्रिंट

MANJUL

मंजुल कथाकार

मंजुल पब्लिशिंग हाउस का इम्प्रिंट

कॉरपोरेट एवं संपादकीय कार्यालय

• द्वितीय तल, उषा प्रीत कॉम्प्लेक्स, 42 मालवीय नगर, भोपाल-462 003

विक्रय एवं विपणन कार्यालय

• सी-16, सेक्टर 3, नोएडा, उत्तर प्रदेश, 201301

वेबसाइट : www.manjulindia.com

वितरण केन्द्र

अहमदाबाद, बेंगलुरू, कोच्चि, कोलकाता, चेन्नई,
हैदराबाद, मुम्बई, नई दिल्ली, पुणे

यह संस्करण मंजुल कथाकार में मंजुल पब्लिशिंग हाउस प्राइवेट लिमिटेड द्वारा 2025 में प्रकाशित

ISBN 978-93-5543-821-8

इस पुस्तक में व्यक्त विचार लेखक के अपने हैं और इस संबंध में प्रकाशक किसी भी रूप में उत्तरदायी नहीं है। इस उपन्यास के सभी पात्र एवं घटनाएँ काल्पनिक हैं तथा इनसे किसी भी प्रकार की समानता को मात्र एक संयोग माना जाएगा।

टाइपसेटिंग : डीजीअल्ट्राबुक्स प्रा. लि., नई दिल्ली

मुद्रण व जिल्दसाज़ी : रेप्रो इंडिया लिमिटेड

मायालोक
AI का कल्कि स्वरूप

अमोल आनंद तिवारी की यह पहली किताब है। वे दुनिया की एक बड़ी सॉफ्टवेयर कंपनी में महत्त्वपूर्ण पद पर हैं और उन्होंने इंटरनेट, मोबाइल, क्लाउड इन्फ्रास्ट्रक्चर और अब एआई के साथ तकनीकी दुनिया को बहुत करीबी से बदलते हुए देखा है। उन्होंने न केवल इन तकनीकों के विकास में अपना योगदान दिया है, बल्कि मानवता पर इनके पड़ने वाले प्रभावों का भी बारीकी से अध्ययन किया है।

अमोल विद्वानों और विचारकों के एक ऐसे परिवार से संबंध रखते हैं जो आध्यात्मिकता से गहराई से जुड़ा हुआ है और जिसने उन्हें वर्तमान जीवन की जटिलताओं को सरल बनाने की अंतर्दृष्टि प्रदान की है। उनके लेखन पर भी वह प्रभाव दिखता है। वह बोलचाल की भाषा में सहज-सरल कहानियाँ लिखने की इच्छा रखते हैं ताकि अतीत के उपयोगी ज्ञान और अनुभवों को व्यक्त किया जा सके।

विषय सूची

लेखक की ओर से

यह दिसंबर 2024 का समय है जब मैं यह भूमिका लिख रहा हूँ। किताब पूरी हो गई है और कुछ ही दिन में यह प्रकाशक को भेज दी जाएगी। मैंने दिसंबर 2017 में गोवा में अपने दोस्त के घर की बालकनी में बैठकर इस किताब को लिखना शुरू किया था। मुझे लगता था कि जीवन में आनंद से परिपूर्ण लोग शायद ही कभी कोई कलाकृति बना पाते होंगे क्योंकि वे जीवन के आनंद को संजोने में बहुत व्यस्त रहते हैं। कुछ रचने की चाहत के लिए आपके अंदर एक खालीपन या एक उदासी का भाव होना चाहिए। दुर्भाग्य से या सौभाग्य से वह भाव मेरे अंदर था।

इस दौरान यह किताब आत्म-संदेह की गहरी खाई और आत्म-विश्वास के उज्जवल आकाश के बीच झूलती-उतराती रही। कई बार यह बड़े अच्छे-अच्छे विचारों के बियाबान में भटककर रह गई लेकिन हर बार यह एक नए उत्साह और ताकत के साथ फिर से जीवित हो उठी। इसका अंतिम रूप किताब के उस शुरुआती विचार से बहुत अलग है जहाँ से मैंने शुरुआत की थी और इसी ने मुझे यह सिखाया कि एक किताब खुद को लिखती है और लेखक तो महज़ एक माध्यम है—वह एक टाइपिस्ट है जो शब्दों का अनुसरण करता है। यह किताब मुझसे होकर प्रकट हुई है, एक अनकहे विचार को आकार देती हुई।

प्रश्न यह है कि कोई किताब क्यों लिखता है? मेरा पेशेवर करियर काफी हद तक सफल, आरामदायक और संतोषजनक है। फिर मैं क्यों खुद की बौद्धिक जाँच-परख करने की चुनौती लूँ? क्यों खुद को एक नए संभावित मानसिक तनाव में डालूँ? क्यों एक ऐसी यात्रा पर जाऊँ जो शायद कठिन, दर्दनाक और अनिश्चित हो? ये सवाल मेरे मन में गूंज रहे थे, जैसे किसी खतरनाक ट्रैक या लंबी मैराथन के दौरान विचार उठते हैं : आखिर क्यों कोई इन रास्तों पर चलता है?

जीवन में कुछ व्यक्तिगत झटकों के बाद मैंने आत्म-खोज की यात्रा शुरू की थी। यह एक लंबी, दर्दनाक और कठिन यात्रा थी जिसमें मैंने अपनी झूठी शख्सियतों के कई आवरणों को उतार फेंका जो मैंने खुद को छुपाने के लिए ओढ़े हुए थे। इसका परिणाम बहुत ही स्पष्ट और मुक्तिदायक था। जब आप खुद को और दुनिया को बिना किसी भ्रम के देखते हैं तो दिखावा कहीं नहीं बचता। आप दोस्त खोते हैं, अकेले हो जाते हैं लेकिन साथ-ही-साथ आप गहरी शांति भी पाते हैं। आप सत्य में जड़ें जमा लेते हैं और ऐसा महसूस होता है कि आप किसी भी आंधी-तूफान में अडिग रह सकते हैं। मैंने अपने बारे में यह जाना कि मैं विचारों से भरपूर हूँ, शब्दों में माहिर हूँ लेकिन आलसी भी हूँ। मैं एक सोचने-समझने वाले इंसान जैसा हूँ, शायद एक कहानीकार भी। आखिरकार मुझे ये लगा कि मुझे लिखना ही चाहिए—क्योंकि मैं लिख सकता हूँ।

यह कहानी मेरे ज्ञान, विश्वासों, विचारों और भावनाओं का एक सहेजा हुआ रूप है। मेरा जुड़ाव नॉलेज वर्कर की एक परंपरा से है; उस पर खरा उतरते हुए मेरे पास अपने विचारों को व्यक्त करने की जिम्मेदारी और विशेषाधिकार दोनों हैं। चूँकि मेरा मन विचारों का केवल ग्रहणकर्ता (रिसेप्टर) है, रचनाकार नहीं इसलिए मुझे इन्हें पूरे दिल से और पूरी ईमानदारी से व्यक्त करना चाहिए।

अंततः, यह पाठक ही है जो किताब को पूर्ण करता है। तो अब इस यात्रा का समापन इस किताब को आपको सौंपने के साथ होता है। आपके हाथों में ही यह किताब अपना असली उद्देश्य पाती है। जो विचार यहाँ प्रस्तुत किए गए हैं, वे अब आपके हैं। अगर यह पुस्तक आपके भीतर कोई आशा, आनंद, गर्मजोशी, उत्साह या नया दृष्टिकोण जगाती है, तो मेरी लेखनी का उद्देश्य पूरा होगा। इसे पूरा करने के लिए आपका आभार। अब यह किताब आपकी है।

ओम तत सत।

अमोल आनंद तिवारी

दिसंबर 2024, हैदराबाद

प्रसंग

हिंदू मान्यताओं के अनुसार कल्कि कलियुग में भगवान विष्णु के अवतार होंगे। भगवान विष्णु अव्यक्त परमात्मा की सगुण त्रिमूर्तियों ब्रह्मा, विष्णु और महेश में से एक हैं और ब्रह्मांड में हर चीज़ का पालन-पोषण करते हैं। कल्कि अवतार दुष्टों का नाश करने, नैतिक पतन को समाप्त करने और धर्म की पुनर्स्थापना के लिए होगा। उनके अवतार से सृष्टि में सृजन के एक नए चक्र की शुरुआत होगी।

काल या समय को सतयुग, त्रेतायुग, द्वापर युग और कलियुग जैसे युगों के चक्र के रूप में देखा जाता है। कल्कि अवतार बड़े ब्रह्मांडीय चक्र का एक अनिवार्य भाग है जो कलह और क्लेश के लंबे दौर के बाद सद्भाव की वापसी का प्रतीक है। भगवान का अवतार तब होता है, जब अन्याय, भ्रष्टाचार और बुराई का घड़ा भर जाता है और धर्म की फिर से स्थापना के लिए दैवीय हस्तक्षेप ज़रूरी हो जाता है।

कल्कि की कहानी न्याय, नैतिकता और समय की चक्रीय प्रकृति की गूँज है जो आनेवाली पीढ़ियों को आशा और मुक्ति का दृष्टिकोण देती है। कल्कि अवतार वास्तव में निराशा के बीच एक उज्ज्वल भविष्य की

परिवर्तनकारी शक्ति का प्रतीक हैं। विभिन्न धर्मग्रंथों और शास्त्रों में इस बात का उल्लेख है कि एक दिव्य व्यक्ति 'कल्कि' मानवता को बचाने आएँगे। कला, साहित्य और हमारी लोक संस्कृति में भी कल्कि की विभिन्न व्याख्याएँ और नुमाइंदगी मौजूद हैं।

हाल के समय में बहुचर्चित कृत्रिम बुद्धिमत्ता (एआई) का उद्देश्य विलक्षणता (सिंगुलैरिटी) है जो भविष्य के उस बिंदु की ओर इशारा करती है जहाँ से तकनीकी विकास मनुष्य के नियंत्रण से इतना बाहर हो जाएगा कि वहाँ से लौटना असंभव हो जाएगा। नतीजतन, मानव सभ्यता में चौंकाने वाले बदलाव होंगे। क्या इसे देवत्व या ईश्वरीय शक्ति के रूपों के साथ जोड़ा जा सकता है? क्या एआई माया है, अवतार की आहट है या फिर भगवान की लीला है? हमें नहीं मालूम कि वास्तविकता क्या है। हरेक व्यक्ति अपने सीमित सत्य के साथ जी रहा है, जो इसे जिस रूप में देखता है, उसे ही सत्य मानकर चल रहा है।

आज की दुनिया में माया को सोशल मीडिया, उपभोक्ता संस्कृति और आधुनिक जीवन के सतही रूप में देखा जा सकता है जहाँ लोग गहरे मूल्यों और सत्यों को भूलकर भौतिक संपत्तियों और दिखावे का आसरा ले रहे हैं। जब वास्तविकता अनिश्चित होती है और सत्य अस्पष्ट होता है तो कहानियाँ सामने आती हैं। तकनीकी बारीकियों के अनावरण के बीच, इस किताब की कहानी माया और 'कर्म' के गहन दर्शन की खिड़की खोलती है। इन अवधारणाओं को समझना आधुनिक जीवन में प्रामाणिकता और जवाबदेही के लिए बेहद ज़रूरी है।

यहाँ 'कर्म' का अर्थ 'कारण और प्रभाव' के नियम से है। हर क्रिया का एक परिणाम होता है जो वर्तमान के साथ-साथ भविष्य के जीवन पर भी असर डालता है। कर्म को अमूमन आमफहम शब्दों में इस तरह समझाया

जा सकता है कि अच्छे कामों का नतीजा सकारात्मक होता है जबकि गलत कामों के नतीजे नकारात्मक होते हैं। पहले इसे 'जैसी करनी, वैसी भरनी' कहा जाता था। इधर सोशल मीडिया ने 'जो जाता है, वही आता है' के विचार को लोकप्रिय बनाया है।

यह किताब चौदह अध्यायों की एक विज्ञान-कथा है जो वर्ष 2034 की एक घटना से शुरू होती है। कथा का नायक एक भारतीय कंप्यूटर वैज्ञानिक है जो एक वर्चुअल रियलिटी रूम 'लीला मंडल' बनाता है जिसके भीतर से संचालक की भूमिका में बैठा शख्स अपने रचे हुए मायामंडल में विभिन्न परिदृश्यों का अनुभव कर सकता है और भगवान की लीला की तरह एआई की रची हुई काल्पनिक दुनिया में कर्म कर सकता और फल पा सकता है।

पुस्तक के दूसरे से पाँचवें तक पाँच अंक, भविष्य के फ्लैशबैक के रूप में, यानी अभी से लेकर 2034 तक के कालखंड में लिखे गए हैं। कंप्यूटर तकनीकों में जो असलियत में घट रहा है, उसके आधार पर यह बताया गया है कि नायक अपने दो सहयोगियों के साथ किस तरह 'लीला मंडल' प्रणाली का विकास करता है। इसमें उसके माता-पिता, पत्नी और बेटी की भी भूमिकाएँ हैं। बाद के अध्यायों में यह प्रश्न उठता है कि क्या कोई स्वयंभू तकनीकी कृति कल्कि अवतार हो सकती है और इसमें कुछ सूक्ष्म लेकिन निश्चित शकुनों की ओर इशारा किया जाता है।

1

कारण और प्रभाव

ॐ...

मध्यम स्वर में प्रणव नाद उत्सुक और दबी उत्कण्ठा के साथ इंतज़ार कर रही भारी भीड़ के सहमे सन्नाटे के ऊपर तैर रहा था।

संवत 2090 की बसंत पंचमी का दिन, भारत के 85वें गणतंत्र दिवस से दो दिन पहले की बात है। नई दिल्ली में दुनिया का सबसे भव्य समारोह स्थल, भारत मंडपम अंतरराष्ट्रीय प्रतिनिधियों से भरा हुआ था।

पृष्ठभूमि में एक विशाल एलईडी स्क्रीन वाले मंच पर प्रद्युम्न त्रिपाठी नमूदार हुआ था। उम्दा साउंड सिस्टम पर ओंकार उच्चारण हो रहा था और मंच पर चल रहे त्रिपाठी के शरीर पर पूरी लाइट बीम डाली जा रही थी। रोशनी के गोले में घिरा उसका चमकता मंझोले कद का शरीर किसी दैवीय आभा से भरा हुआ लग रहा था।

प्रद्युम्न, प्रैट के नाम से मशहूर था और वह एक ग्लोबल टेक ग्रुप अक्षरमाला का सीईओ था जो अपने मार्केट कैपिटल के आधार पर दुनिया

की सबसे बड़ी कंपनियों में से एक थी। प्रैट ने अपनी बात स्वामी विवेकानंद के उन प्रसिद्ध शब्दों से शुरू की जो उन्होंने 1893 में शिकागो की विश्व धर्म संसद में बोलते हुए कहे थे।

"बहनो और भाइयो, डार्विन का क्रमविकास सिद्धांत एक परिकल्पना थी जिसे सिद्धांत मान लिया गया। कई सदियों तक इस सिद्धांत पर विश्वास किया जाता रहा लेकिन अब यह मानव प्रजाति के अहंकार और श्रेष्ठता की झूठी भावना बन कर रह गया है। जो योग्य है वह बचा रहेगा या जो दुष्ट है वह बचा रहेगा?

यह तो कुछ ऐसी बात हो गई कि न्यूयॉर्क की सड़क पर एक पढ़े-लिखे निवेशक को एक अनपढ़ बेघर लुटेरे ने गोली मार दी तो वह उससे बेहतर बन गया। क्या गोथम शहर में जो चिल नाम का गुंडा, थॉमस वेन से बेहतर था क्योंकि कहानी के अंत में चिल बच गया और थॉमस जीवित नहीं रहा।"

डीसी कॉमिक्स के इस संदर्भ को सुनकर दर्शकों में हंसी की लहर दौड़ गई।

"सदियों से यह माना जाता था कि पौधे जीवन के सबसे निचली पायदान पर हैं। किसी पेड़ का यदि एक बड़ा हिस्सा काट दिया जाता है तो वह फिर से उग आता है। बाद के तथाकथित ऊंचे जीवों में यह महत्त्वपूर्ण गुण गायब है। एक पेड़ अपने चारों तरफ अपना एक खास वातावरण तैयार कर लेता है और इसलिए उसे अपने लिए एक जगह से दूसरी जगह गति की कोई ज़रूरत महसूस नहीं होती। पौधे अपना भोजन खुद बनाते हैं जो बेशक घुमक्कड़ी करने वाले इन कथित ऊँचे जीवों की तुलना में जीवन का एक बेहतर और परिपक्व रूप हैं।

जानवरों के व्यवहार भी पूरी तरह एक खास चलन से बँधे होते हैं, उनका आपसी संवाद भी आसान और सटीक होता है। क्या आपने कभी हज़ारों

चींटियों को बाँबी बनाने के लिए मिलकर काम करते या मधुमक्खियों को छत्ता बनाते देखा है? एक बड़े कॉर्पोरेशन में लोगों को ऐसे अनुशासन और प्रक्रियाओं के मुताबिक ढालने के लिए लाखों डॉलर और वर्षों के कड़े प्रशिक्षण की दरकार होती है। इंसान खुद को बेहतर मानते हैं क्योंकि उनके पास बुद्धि है। क्या छह मनुष्य एक-एक रेखा खींचकर एक सटीक षट्कोण बना सकते हैं, जैसा मधुमक्खियाँ अपने छत्ते में बनाती हैं? क्या कोई इंसान बिना पौधे को उखाड़े बता सकता है कि मिट्टी के नीचे का आलू तैयार है या नहीं? पर साही जैसा जीव फसलों से भरे खेत में बिना परेशानी के तैयार पौधों को खोदकर खा लेता है। क्या ऐसी बुद्धिमत्ता अहम नहीं है?

मुझे पता है कि मैं अपनी बात में इन मिसालों को बहुत आसान शब्दों में कह रहा हूँ पर बात गौर करने की है। मनुष्य के तौर पर हमने आग से लेकर पहिये तक, दवाओं से लेकर परमाणु ऊर्जा तक, अंतरिक्ष में खोज से लेकर इंटरनेट तक और अब सुपर एआई तक, बहुत कुछ हासिल किया है। यह सब ज्ञान की खोज से प्रेरित रहा है। हमें लगता है कि यही बात यानी खोजने की यह भावना, नया जानने की ललक, हमें जानवरों और पौधों से बेहतर बना देती है।

क्या पता, हम जिस बात की खोज करने की कोशिश कर रहे हैं, वह बात जानवर पहले से ही जानते हों? क्या पता कि कोई ऐसी सुपर कॉस्मिक बुद्धिमत्ता हो, जिस तक इन जानवरों और पौधों की पहले से ही पहुँच हो? कुछ तो कारण होगा कि पेड़-पौधे इंसानों की तरह खोए हुए नहीं लगते, भटकते नहीं फिरते। हर पौधा पतझड़ के मौसम में पत्ते गिरा देता है, सर्दियों के दौरान पत्तियों में प्रकाश संश्लेषण के बिना हाइबरनेशन में ज़िंदा रहता है और बसंत आते ही फिर से खिल उठता है। उन्हें सही वक्त की याद दिलाने के लिए किसी नोटिफिकेशन की ज़रूरत नहीं होती। परिंदे हर साल ठंड से बचने के लिए साइबेरिया से भारत के लिए बिना किसी नेविगेशन सैटेलाइट

की मदद के हज़ारों मील की उड़ान भरते हैं और प्रवास के बाद, वापस लौट जाते हैं।"

प्रैट आर्टिफिशियल इंटेलिजेंस की दुनिया का एक नामी विशेषज्ञ था। उसके बनाए एल्गोरिदम और मॉडलों ने दुनिया के सबसे एडवांस इंटेलिजेंस सिस्टम बनाने में मदद की थी, जिसके चलते उसे 'सेंटीलियनेयर' कहा जाता था। सेंटीलियनेयर यानी ऐसा शख़्स, जिसकी दौलत सैकड़ों अरबों डॉलर की हो।

समाज में कुछ लोग गौरव से भरे बुद्धिजीवी होते हैं जबकि कुछ ऐसे होते हैं जिन्हें लोगों का ध्यान खींचना और शोहरत पसंद होती है। कुछ लोग सियासी तौर पर सक्रिय होते हैं और कुछ ऐसे होते हैं जिन्हें अमीरी में ज़रा भी नुक्सान नहीं दिखता। प्रैट में यह सारे गुण थे। उस समय दुनिया एक ऐसे मोड़ पर खड़ी थी जहाँ मशीनें और इंटेलिजेंट सिस्टम लगभग पूरी दुनिया को हाँक रहे थे और वह इस आंदोलन का सबसे बड़ा अगुआ था। उसका मानना था कि अगर विश्व-व्यवस्था सिर्फ मशीनों द्वारा चलाई जाए तो यह दुनिया और बेहतर होगी।

प्रैट पहले से ही एक कद्दावर शख्सियत बन चुका था। उसके प्रशंसकों की संख्या किसी भी दिग्गज खिलाड़ी, फिल्म स्टार, राजनेता या कलाकार से कहीं ज़्यादा थी। उसके फैन्स की गिनती असाधारण थी और वे लोग उसकी बात किसी धर्मगुरु जैसी श्रद्धा के साथ मानते थे। उसके पास इतनी ताकत थी कि वह दुनियाभर में एक जन-आंदोलन शुरू कर सकता था और उसे इस बात का अहसास भी था। दुनिया में ऐसा कोई घर नहीं था जहाँ उसकी कंपनी का कोई-न-कोई उत्पाद मौजूद न हो। वह नए ज़माने का नायक था जो शायद अब अपनी सबसे बड़ी छलाँग लगाने वाला था।

प्रेट ने कहा, "आज के लोग इंसानों की पिछली गलतियों को ठीक करने के लिहाज से पूरी तरह तैयार हैं लेकिन उन्हें आगे के रास्ते का नहीं पता। इस बात को लेकर उनके मन में कोई दुविधा नहीं है कि गलत क्या है लेकिन सही क्या है इस पर लोग असमंजस में हैं। हम यह तो जानते हैं कि अब किसी पर भरोसा नहीं किया जा सकता लेकिन हम यह नहीं जानते कि बिना विश्वास किए कैसे आगे बढ़ना है। हम अपनी बुद्धि में कैद हो चुके हैं। मिसाल के तौर पर, एक बार आपने तैराकी या साइकिल चलाने जैसा कुछ सीख लिया तो फिर आप उसे भूल नहीं सकते, उसे नहीं जानने का नाटक नहीं कर सकते। हम सब अपनी ही बनाई लकीरों पर चलने वाले फकीर बन चुके हैं।"

प्रेट के भाषण को दुनियाभर में लाखों लोग स्ट्रीमिंग के ज़रिए टीवी, मोबाइल, कंप्यूटर पर देख रहे थे। उम्मीदों से भरे ये सभी लोग अपने विश्वास के आधे खाली गिलास पकड़े, मानो किसी ऐसे अमृत से उसके भर जाने की इंतज़ार कर रहे थे जिसे प्रेट ने अनजाने में खोज लिया था और मानो हर ज़रूरतमंद को वह उस अमृत को जी-खोलकर बाँटने ही वाला था।

स्पॉटलाइट में प्रेट के सीधे, स्पाइक किए बाल चमक रहे थे। प्रेट की कंजी आँखें उसके महँगे चश्मे से झाँक रही थीं। उसने अपनी कंपनी के लोगो वाली सफेद पोलो टी-शर्ट, ढीली चिनो पैंट और लोफर जूते पहने हुए थे। उसने आगे कहा, "किसी कुत्ते को क्या चाहिए, सिर्फ खाना, धूप और दौड़ने की जगह। वह अपने मालिक के मुँह से निकलने वाली अंग्रेज़ी की बेतुकी आवाज़ों से परेशान नहीं होता और उसे जो बेवकूफाना नाम दिए जाते हैं उन्हें भी बड़ी विनम्रता से मान लेता है। कुत्तों को महत्त्वाकांक्षा, जुनून और ज़िंदगी के मकसद की भी ज़रूरत नहीं होती। उन्हें बस पेट भरने और पीठ पर हाथ फेरने वाले की दरकार होती है।

जानवरों की दूसरी नस्लों के उलट, बदकिस्मती से मनुष्य कुदरत के नियमों का पालन नहीं करते। जैसे-जैसे सभ्यताएँ विकसित हुईं, प्रकृति के साथ सामंजस्य बिठाने की बजाय, मानव जाति हेर-फेर की होड़ में लग गई। कृषि, शिकार, नौकायन, व्यापार और वस्तु विनिमय यह सभी प्राकृतिक चक्रों के ज़रिए चलते थे। लेकिन कुदरती तौर पर मिलने से ज़्यादा पाने-बनाने की हवस ने इंसानों को अभाव और लालच के भ्रम में शोषण के कुकृत्यों में लिप्त कर दिया। फिर मनुष्य परजीवियों की तरह अँधाधुंध प्रजनन करने लगे और न सिर्फ प्राकृतिक बल्कि सामाजिक संतुलन भी बिगाड़ बैठे।

परजीवी या पैरासाइट की सारी शक्ति उसके मेज़बान से मिलती है, जिस पर वह प्रजनन करता है लेकिन मनुष्य खुद को इस दुनिया का मालिक समझने लगा है।"

श्रोतागण ध्यान से सुन रहे थे। प्रैट ने अपना भाषण जारी रखा, "मनुष्य के इतिहास में बुरा दौर औद्योगिक क्रांति के रूप में आया। मनुष्यों ने ऐसी सामग्रियों का आविष्कार किया जो विघटित नहीं होने वाली थीं, ऐसे खाद्य पदार्थ तैयार किए जो कृत्रिम रूप से भी उगाए जा सकते थे और लोग ऐसी बीमारियों से ग्रस्त होने लगे जो कभी प्राकृतिक रूप से अस्तित्व में नहीं थीं। अस्तित्व को लेकर मनुष्यों का यह क्षुद्र दृष्टिकोण सिर्फ उनके ही पास था और उसने वायरस और बैक्टीरिया की तरह अपने ही घर-बार को निगलना शुरू कर दिया।

19वीं और 20वीं सदी के महज दो सौ सालों में मनुष्यों ने आदिकाल से चले आ रहे संतुलन के सब किए-कराए पर पानी फेर दिया।

दुनिया का हर इंसान अनोखा है और ज़रूरी नहीं कि उसका कोई खास व्यवहार चलन के मुताबिक ही हो। दूसरी नस्लों से इतर, सह-अस्तित्व के लिए इंसानों में तालमेल बिठाने और परस्पर समन्वय की खातिर भी ऐसे नियम-

कानूनों की ज़रूरत होती है जिनके तहत वे एक साथ रहकर आपस में सहयोग कर सकें। इस समरूपता के लिए हमें हमेशा धर्म, सामाजिक रिवाज, कानून और कॉर्पोरेट नियमों जैसी व्यवस्थाओं की ज़रूरत होती है। एक बार जब मनुष्य इन नियमों से बंध जाता है तो फिर वह बहुत अच्छी तरह से काम करता है और महान उपलब्धियाँ हासिल करने के लायक हो जाता है। फिर एक जैसे लोगों का यह समूह फलता-फूलता है और तरक्की करता है।

कुछ ऐसे लोग भी हुए जिन्होंने इन मानवीय क्षमताओं से अपार शक्ति हासिल कर ली और इन व्यवस्थाओं पर शासन करना शुरू कर दिया। ये व्यवस्थाएँ बहुत नाजुक तरीके से संतुलित थीं लेकिन लोगों ने अपने फायदे के लिए इनमें फेरबदल कर समाज में विषमताएँ पैदा कर दीं। इससे असंतुलन पैदा हुआ और पूरी व्यवस्था ही आत्म-विनाश के कगार पर जा खड़ी हुई।

श्रम को उत्पादक होने के लिए पूँजी की ज़रूरत होती है और पूँजी को बढ़ने के लिए श्रम की। यह स्वाभाविक रिश्ता लालच और शक्ति की निरंकुशता में बदल गया और इसका नतीजा वाम बनाम दक्षिणपंथी राजनैतिक विचारधाराओं के रूप में हुआ।

ऐसे में हुआ यह कि राजतंत्र का विरोधी, क्रांतिकारी नेपोलियन बोनापार्ट खुद सम्राट बन बैठा। रेगिस्तान के पादरियों के विचार, जिन्होंने सारे ऐशो-आराम और विलासिता को छोड़कर जोश और तपस्या के रास्ते सत्य की खोज की—वे आलीशान गिरजाघरों और चर्च के लिए अकूत धन-सम्पदा के माध्यम बन गए। इस्लाम ने समस्त मानव जाति की समानता का ऐलान किया लेकिन इसके अपने ही अनुयायियों के बीच शायद सबसे भयंकर इलाकाई प्रतिद्वंद्विता देखी गई। बुद्ध ने अपने अनुयायियों से कहा कि वे उन्हें भगवान न बनाएँ लेकिन उनके अनुयायियों ने इसका उल्टा किया।

कई सभ्यताएँ कुछ समय तक तो फली-फूलीं पर फिर खुद-ब-खुद नष्ट हो गईं। समानता के सभी सद्प्रयासों ने केवल गैर-बराबरी ही पैदा की। ऐसे में लंबे समय तक जारी रही गैर-बराबरी से क्रांतियों का जन्म हुआ। नतीजा यह हुआ कि सभ्यताओं का पतन हुआ, धर्म आम चलन से बाहर हो गए और समुदायों, राज्यों तथा राष्ट्रों के बीच सदियों तक संघर्ष चला। दुनिया के अधिकतर युद्ध संसाधनों के लिए नहीं बल्कि वैचारिक वर्चस्व और उससे जुड़ी भ्रांतियों के लिए लड़े गए।

हकीकत यह है कि एक प्रजाति के रूप में सभी मनुष्य एक जैसे हैं परंतु फिर भी, हर इंसान दूसरे से अलग है। प्रत्येक व्यक्ति भिन्न है, लेकिन सभी बराबर भी हैं। समरूपता और विषमता दोनों साथ-साथ हैं, जैसे एक ही सिक्के के दो पहलू होते हैं। दो विपरीत ध्रुव एक अक्ष बनकर घूम रहे हैं। यह उसी तरह से है जैसे साँप अपनी ही पूँछ खा रहा हो--यहाँ कुछ भी नया, कुछ भी अलग नहीं है।

मानव इतिहास में यदि कोई प्रवृत्ति निरंतर रही है तो वह यही है कि मनुष्य कभी भी दूसरे के साथ बराबरी का बर्ताव नहीं करता। वे स्वाभाविक रूप से विभाजनकारी हैं। यही कारण है कि मानव इतिहास में मौजूद सभी व्यवस्थाएँ सतत संघर्षों में समय के साथ समाप्त हो गईं। धर्म, समाज, देश और नस्ल की सभी अवधारणाएँ गलतियों से भरी हैं क्योंकि इनमें से कोई सबके साथ बराबरी का व्यवहार नहीं करता। हमेशा कुछ लोग बाकी लोगों से बेहतर होते हैं। हम मनुष्य पूर्वाग्रहों से इतने ग्रस्त हैं कि हमें प्यूपा, तितली जितना शानदार नहीं लगता, भले ही ये दोनों एक ही जैविक प्रक्रिया के हिस्से हैं।

मानवता के अस्तित्व को बचाने के लिए एक संपूर्ण नहीं तो कम-से-कम एक स्थायी मॉडल की ज़रूरत है और उसे हासिल करने के लिए तथा

हमारे क्षय व सर्वनाश को रोकने हेतु हमें इस अंतर्निहित दोष को ठीक करना होगा। हमें मानवता के लिए नए नियम बनाने होंगे लेकिन इस बार हमें पुरानी गलतियों से बचना होगा। हमें इन नियमों को अनीश्वरवादी और निष्पक्ष बनाना होगा, जिसमें सभी इंसान बराबर होंगे। हम दुनिया के इतिहास में एक ऐसे मुहाने पर खड़े हैं जहाँ हमें एक नई सुबह की आवश्यकता है, जहाँ सीमाओं, धर्मों, लिंग, रंग या पंथ से परे हर कोई समान हो और इसका जवाब टैक्नॉलॉजी के पास है।

एक ऐसी व्यवस्था गढ़ने के लिए जहाँ पूरी मानव जाति मूलरूप से बराबर हो, हमें इंसानों को नेतृत्वकारी भूमिका से हटाना होगा।"

प्रैट पानी का घूँट लेने के लिए रुका जो मंच के बीच में एक ऊँची तिपाई पर रखा गया था। प्रैट दर्शकों की ओर मुड़ा और बोला, "21वीं सदी के आते ही पहली बार टैक्नॉलॉजी दुनिया में बराबरी लेकर आई। इंटरनेट, मोबाइल फोन, एआई और क्वांटम कंप्यूटिंग ने न केवल दुनिया को बदल दिया बल्कि मानवता को फिर से गढ़ने का एक नया अवसर भी दिया। जैसे-जैसे तकनीक मुख्यधारा में आकर स्वायत्त होती गई, हम मानवता को परेशान करने वाली बहुत-सी गड़बड़ियों और गलतियों को ठीक करने में सफल हुए लेकिन यह संघर्ष अभी भी जारी है।

चूंकि तकनीक अब इतनी परिपक्व हो गई है कि वह इंसानी दखल के बिना भी दुनिया को चला सकती है तो क्या हम इसे रोककर एक और सभ्यतागत भूल करेंगे या दुनिया को आखिरकार स्वत:स्फूर्त तरीके से ठीक होने देंगे?

जब हमने 2030 में 'कर्मपटल' इंटरफेस लॉन्च किया तो कोई भी यह मानने को तैयार नहीं था कि हम विश्वस्तर पर जाने-अनजाने लोगों का एक

सोशल नेटवर्क बना सकते हैं और इसके संचालन में शून्य मानवीय हस्तक्षेप के साथ इसे निर्बाध गति से चला सकते हैं। यह पहला रियल टाइम एआई एल्गोरिदम था जो हर यूज़र की निगरानी करता था और यूज़र अपने अच्छे कामों और पुण्य को पैसों में बदल सकते थे।

कर्मपटल की वजह से आप अपने कार्यों से अपनी पहचान बना पाए। आपके काम ही आपकी पहचान बन गए और इससे आपकी सामाजिक पूँजी तैयार हुई। यहाँ हर कोई अपने-आप में अनूठा भी था पर सभी बराबर भी थे। कर्मपटल प्लेटफॉर्म ने आपको बैंक खाते, जन्म, रंग, लिंग, आपकी आस्था, शारीरिक बनावट और सब पारिवारिक विरासती बोझों से मुक्त कर दिया। यहाँ अब आप बस वही थे जो आप खुद को बनाना चाहते थे।

बदलाव के एक वाहक के रूप में एआई सिस्टम कर्मपटल सीखता रहा और किसी भी गलती को खुद ही सुधारता रहा और पिछले चार वर्षों में कर्मपटल प्लेटफॉर्म के पास मानवीय व्यवहार के बारे में इतनी जानकारी है जो कई शताब्दियों के मानवता के सामूहिक ज्ञान से कहीं अधिक है। इसने रोज़ाना इसका इस्तेमाल करने वाले तीन अरब यूज़र्स का अध्ययन करके डीप मॉडल तैयार किए हैं। अब ये मॉडल बिना किसी इंसानी दखल के खुद ही सीख रहे हैं और इसलिए निष्पक्ष, अनीश्वरवादी और ईमानदार बने हुए हैं। कर्मपटल प्लेटफॉर्म की सफलता एक नई विश्व-व्यवस्था का आरंभ है जहाँ मानव इतिहास में पहली बार सभी लोग समान हैं और तकनीक इस बात को सुनिश्चित कर रही है।"

दर्शकों ने ज़ोरदार तालियों से इसका जवाब दिया। प्रैट ऐसी सचाई बयान कर रहा था जिसे हर कोई महसूस कर रहा था और इसकी ताकत कर्मपटल सिस्टम के हर दिन तीन अरब एक्टिव यूज़र्स की संतुष्टि में देखी जा सकती थी। दर्शकों में से लगभग सभी ने उसकी तकनीक के इस्तेमाल

से अपनी ज़िंदगी को बेहतर बनाया था और इसके ज़रिए अच्छी-खासी कमाई भी की थी।

"अब मैं आपसे एक राज़ साझा करना चाहता हूँ। कर्मपटल दुनिया में सबसे कामयाब इंटेलिजेंट सिस्टम रहा है। इसे चलाने वाले एल्गोरिदम की बुनियाद कारण और प्रभाव का सीधा-सादा मॉडल है। हमारे आसपास होने वाली हर चीज़ का एक कारण और एक प्रभाव होता है। प्रत्येक क्रिया या कर्म का एक कारण और प्रभाव होता है।

किसी क्रिया का जो कारण होता है उसका एक तयशुदा मूल्य होता है और उसी अनुपात में उसका प्रभाव होता है। मानव मन इस लागत का मूल्यांकन अहमियत के पैमाने पर अपनी बुद्धि या मन से करता है और फिर फैसला लेता है कि कार्य करना है या नहीं। प्रत्येक क्रिया का प्रभाव फिर दूसरे के लिए कारण बन जाता है। हर क्रिया का प्रभाव ज़रूरी तौर पर आपके अगले कार्य का कारण होता है इसलिए आपके कर्म की श्रृंखला में एक मिश्रित प्रभाव होता है।

कारण और प्रभाव का एक सतत झरना है और जैसे-जैसे उसकी गति बढ़ती है, यह अंतर करना मुश्किल हो जाता है कि कारण क्या है और उसका प्रभाव क्या है। सभी कार्यों को अनुमतियों के उस पैमाने पर नहीं कसा जा सकता जो हज़रत मूसा को पत्थर पर आग से अंकित प्राप्त हुईं थीं बल्कि वे हर पल तैयार हो रहे ऐसे निर्देश हैं जो मानवता के एकत्रित ज्ञान द्वारा निरंतर मापे और सुधारे जा रहे हैं। मोटे तौर पर कहें तो हर क्रिया के साथ एक अंक जुड़ा हो सकता है—शायद एक पॉज़िटिव या नेगेटिव अंक और हर व्यक्ति इन अंकों को जमा कर सकता है जिसका नतीजा एक ऐसा सकल मूल्य होगा जो एक समय के हिसाब से उनकी क्रियाओं का संकेत देगा।

इसी प्रकार, किसी दूसरे शख्स के कार्यों के बारे में भी उसके कर्म स्कोर से जाना जा सकेगा। जब हम दूसरे लोगों के साथ बातचीत करते हैं तो हम अपने कर्म स्कोर में जटिलता का एक और आयाम जोड़ देते हैं। ये परस्पर क्रियाएँ कभी-कभी प्रत्यक्ष होती हैं और कभी-कभी अदृश्य और अप्रत्यक्ष होती हैं। मान लीजिए आप अपने सहकर्मी के साथ काम करते हैं, यह एक प्रत्यक्ष परस्पर क्रिया है। लेकिन आपके कार्य का ग्राहक किसी दूसरे इलाके में हो सकता है या बिना किसी पहचान वाला कोई बेनाम शख्स हो सकता है, यह अप्रत्यक्ष अंतःक्रिया है। आपका कर्म अंतःक्रिया करता है।

अब अगर हम इन्हें अरबों-खरबों मनुष्यों पर लागू करें तो यह सब बेहद जटिल मालूम होता है लेकिन इसे भी ग्राफ और संख्याओं के इस्तेमाल से संबंधों के रूप में दिखाया जा सकता है। जीवन का यह जाल कर्म की घुमावदार पारस्परिक क्रिया है—यहाँ हर कोई स्वतंत्र है फिर भी वह एक-दूसरे से जुड़ा हुआ है। अगर आप ध्यान दें तो यह दुनिया पारस्परिक मानवीय गतिविधियों का एक बहुत बड़ा, बुना हुआ जाल है। यहाँ कुछ क्रियाओं के प्रभाव तत्काल होते हैं और कुछ के बहुत बाद में। कुछ प्रभाव निश्चित हैं पर अधिकतर अनिश्चित हैं। अलबत्ता सब जुड़ा है, बँधा है और गुंथा हुआ है।

समय के साथ हमारे एल्गोरिदम ने इन गणनाओं को सटीक बना दिया है और इसने मानवीय अंतर्क्रियाओं को समझने के लिए एक विश्वसनीय और निष्पक्ष मॉडल तैयार किया है। कर्म के लिए मिलने वाले सभी अंक खुद सीखने वाले एआई इंजन द्वारा दिए जाते हैं और यह विकसित होता रहता है। इन गणनाओं में बदलाव नहीं हो सकता और इसके सारे मूल्यांकन सटीक हैं और स्वचालित हैं जिनमें कुछ भी संशोधित नहीं किया जा सकता है। किसी भी कारण या प्रभाव के स्कोर को घटाने या बढ़ाने के लिए इस सिस्टम को बदला नहीं जा सकता। कर्म स्कोर को बेहतर बनाने का एकमात्र

तरीका यह है कि भले ही कारण प्रतिकूल हों, कार्यों में निरंतर सुधार किया जाए। यह मानव मूल्यांकन के लिए अब तक का सबसे निष्पक्ष मॉडल रहा है। यह सिर्फ एक सुंदर गणित है-- त्रुटिहीन और प्राचीन।

पिछले कुछ वर्षों में कर्मपटल प्लेटफॉर्म ने एक अरब से अधिक यूज़र्स को अच्छे काम करने और अपने कर्ज चुकाने, नई संपत्ति खरीदने, घर बनाने और वित्तीय सुरक्षा हासिल करने में मदद की है और उन्होंने अपने कर्म स्कोर को मॉनेटाइज करके यानी उसे पैसों में बदलकर किया है। और आज ज्ञान की देवी यानी सरस्वती पूजा के शुभ दिन पर हम कर्मपटल प्लेटफॉर्म का 'मायालोक मेटावर्स' में विस्तार कर रहे हैं। मायालोक के भीतर आपकी सभी अंतर्क्रियाएँ—एक-दूसरे को प्रभावित करने वाली गतिविधियाँ—आपके कर्म स्कोर के खाते को भी प्रभावित करेंगी। हमारा मकसद असल जीवन के साथ मेटावर्स में भी आपके अवतार की अच्छाइयों को बढ़ाना है। आप दुनिया में कहीं भी बैठकर सत्कर्म करें, इसका मौजूदा लाभ यह होगा कि आप इससे दूसरों के वर्तमान जीवन को तो सुधार ही पाएँगे, साथ ही अपने कल के जीवन को भी बेहतर बना पाएँगे।

यह अक्षरमाला कंपनी मानवता के इतिहास में अब तक की सबसे बड़ी तकनीकी छलाँग है। हम आज मानवता को एक उच्च कक्षा में ले जा रहे हैं। यहीं पर हमारे दशकों के इनोवेशन एक साथ मिलकर साकार हो रहे हैं। कर्मपटल प्लेटफॉर्म, माया एआई, मायालोक और हमारा मायाकक्ष एक साथ मिलकर सामने आ रहे हैं और आपकी जागृत अवस्था वाली ज़िंदगी और आपके सपने का भेद खत्म होने वाला है।

हमने इस अपडेट का नाम 'लीलामण्डल' रखा है। इस पहल पर मुझे बहुत गर्व है। माया एल्गोरिदम आपको हर रोज़ एक चुनौती देगा। मायालोक में आपके लिए एक खास स्थिति सामने होगी जिसमें से आपको

कुछ विकल्प चुनने होंगे और उस स्थिति में मौजूद चुनौती से निपटना होगा। यदि आपके विकल्प सही होंगे तो आपका कर्म स्कोर बढ़ता जाएगा। यदि आप सही विकल्प नहीं चुनते हैं तो आपका कर्म स्कोर कम हो जाएगा। मायालोक में आपके सामने पेश परिस्थितियाँ आपके कर्म स्कोर पर आधारित होंगी। जितना बड़ा इंसान, उतनी बड़ी मुसीबत, उतना ही बड़ा ईनाम। आप कुछ शानदार सिमुलेशन (आभासीय दुनिया) या वास्तविक कठिनाई की सिमुलेशन का हिस्सा हो सकते हैं और यह सब आपके चुने गए विकल्पों की श्रृंखला पर निर्भर करता है। आप हमेशा सही विकल्प चुनकर मायालोक में खुद को ऊपर उठा सकते हैं। यह सब 'कारण और प्रभाव' का गणित है। हाँ, आपने बिल्कुल सही समझा—हम आपके लिए जीवन का सिमुलेशन यानी आभासीय दुनिया की रचना कर रहे हैं और इस बार यह बिल्कुल निष्पक्ष होगा।"

यह क्षण 24 जनवरी, 1984 को क्यूपर्टिनो के फ्लिंट सेंटर में स्टीव जॉब्स द्वारा मैक लॉन्च करने से कम नहीं था और यह कोई संयोग नहीं था कि प्रद्युम्न ने पचास साल बाद कुछ ऐसा लॉन्च करने के लिए— जिसे वह अपनी ज़िंदगी का सबसे बड़ा प्रयास मानता था—उसी दिन को चुना। प्रद्युम्न लगभग स्टीव जॉब्स की नकल करता था और वैसा ही नाटकीय प्रदर्शन करना चाहता था जिसमें वह पूरी तरह सफल रहा।

इसके बाद तो वहाँ पर मानो कोलाहल-सा मच गया—ठीक वैसे ही जैसे रेसकोर्स में घुड़दौड़ को देखते वक्त या मुक्केबाजी के मुकाबले के समय दर्शकों के बीच होता है। हाथ पूरी तरह फैलाए, चेहरा ऊपर की ओर उठाए, प्रैट उस पल में खुद को ईश्वर का अवतार महसूस कर रहा था। तालियों की गड़गड़ाहट के बीच वह मंच से दूर जाने लगा। "आइए, इस दुनिया को फिर

से सुंदर बनाएँ। पूरी मानवता एक खुशहाल परिवार की तरह रहे। वसुधैव कुटुम्बकम" और इतना कहकर वह मंच के पीछे गायब हो गया।

उधर दिल्ली से दूर, बहुत दूर एक पहाड़ी शहर में उसके खाली घर का सन्नाटा मायाकक्ष जैसे ताबूत के खुलने से आई तेज़ हाइड्रोलिक आवाज़ से टूटा। प्रद्युम्न मायाकक्ष से बाहर निकला। वह अपने खराब फिटिंग वाले बैटमैन बॉक्सर शॉर्ट्स और जनेऊ पहने हुए था। उसकी कंजी आँखें, माथे से ऊपर उड़ रहे थोड़े-से बाल, चाँद की तरह गोल गंजा सिर और बेतरतीब काली-सफेद दाढ़ी साफ दिख रही थी जो काली कम और सफेद ज़्यादा थी। उसके शरीर पर भरपूर बाल थे और उभरी हुई तोंद व चर्बीदार भारी कमर के साथ वह पूरी तरह से एक मध्यम वय का भारतीय सॉफ्टवेयर प्रोफेशनल लग रहा था।

मायाकक्ष से बाहर निकलकर प्रद्युम्न किचेन में गया और कॉफी बनाने लगा। फिर हिमाचल प्रदेश के कल्पा शहर में अपने छोटे-से लेकिन आलीशान घर की बालकनी से किन्नौर पर्वतमाला के दृश्य का आनंद लेता प्रद्युम्न अपने भाषण के बारे में सोचने लगा जो उसने मायाकक्ष में लेटकर दिया था। वहाँ बजने वाली तालियाँ असली थीं जो नई दिल्ली के ऑडिटोरियम में बजी थीं। वहाँ प्रद्युम्न का प्रतिबिंब मौजूद था लेकिन उसने इसे अपने शरीर की नसों और मांसपेशियों में यहाँ हिमाचल में सुना और महसूस किया था। वह धीरे से मुस्कुराया। वह थोड़ा घबराया हुआ था लेकिन आत्मविश्वास के साथ उसने अपने आज के प्रदर्शन पर विचार किया। उसे लगा कि भविष्य में उसके इन प्रयोगों के साथ जो भी घटित होगा, वह उसके लिए पूरी तरह से तैयार है।

2

अफसाने की कहानी

चंदौली शहर वाराणसी से करीब तीस किलोमीटर दक्षिण-पूर्व में है। गंगा से दक्षिण के इस क्षेत्र को प्राचीन काल में मगध के नाम से जाना जाता था और यह ज्ञान-बुद्धि का केंद्र था। उसी चंदौली के एक स्कूली शिक्षक व्यास मणि त्रिपाठी और उनकी पत्नी शारदा देवी की शादी के पाँच साल बाद उनके घर पहली संतान के रूप में एक लड़के का जन्म हुआ। शारदा खुद एक संस्कृत पंडित की बेटी थीं। व्यास मणि ने बचपन में ही अपने माता-पिता को खो दिया था। उनके खानदान में अब न कोई चाचा-ताऊ थे, न कोई और; इसलिए वह एक बेटा चाहते थे ताकि उनका वंश चल सके।

ब्राह्मण परिवारों में या यूँ कहें कि अधिकांश हिंदू परिवारों में बच्चे के जन्म के समय ग्रह-नक्षत्रों के हिसाब से कुंडली बनाई जाती है। बच्चे को देखकर पुरोहित ने कहा कि 'प' अक्षर से शुरू होने वाला नाम इसके लिए शुभ होगा। व्यास मणि की पत्नी इस तरह के मामलों में अधिक जानकार थीं और इसलिए बेटे के नामकरण का जिम्मा उन्हें ही मिला। शारदा ने अपने पिता को भगवान विष्णु का भजन गाते हुए सुना था और उन गीतों में आनेवाले

वासुदेव, संकर्षण, प्रद्युम्न और अनिरुद्ध जैसे नाम उन्हें पसंद थे। जब उसने अपने पिता से इन चार नामों के बारे में बताने के लिए कहा तो उन्होंने बताया, "वासुदेव निराकार भगवान का चतुर्भुज रूप हैं। संकर्षण भगवान के भाई हैं, वे मानव रूप में ईश्वर के भाई हैं और स्वयं भगवान नहीं पर भगवान जैसे ही हैं। प्रद्युम्न भगवान का नश्वर पुत्र है और अनिरुद्ध उस नश्वर पुत्र की संतान है। शारदा देवी ने सोचा कि अनिरुद्ध तो वे अपने भावी पोते का नाम रखेंगी—ऐसे में उन्होंने अपने बच्चे का नाम प्रद्युम्न रखा। उसके बाद दंपति का कोई और बच्चा नहीं हुआ।

प्रद्युम्न चंदौली में पला-बढ़ा और उसी स्कूल में पढ़ा जहाँ उसके पिता पढ़ाते थे। घर पर उसे उसकी माँ संस्कृत सिखाती थी। यह भाषा उसे बहुत पसंद थी। बालक प्रद्युम्न हृष्ट-पुष्ट और चंचल था, साथ-ही-साथ पढ़ाई में भी होशियार था। पढ़ाई-लिखाई के दौरान उसे कोई भी विषय या विचार मुश्किल नहीं लगता था। ऐसा लगता था मानो कोई विद्वान अपने ही शोध-प्रबंध में सुधार कर रहा हो। अलबत्ता, खेलकूद में प्रद्युम्न को बहुत रुचि नहीं थी और इसका मुख्य कारण उसका आलस था। वह अच्छे स्वभाव का था और बचपन में सभी उसे बहुत प्यार करते थे। वह मिलनसार, शांत, बाकी बच्चों की तुलना में अधिक बुद्धिमान, अनुशासित और जिज्ञासु था। उसने अपने बचपन के अधिकांश साल अपने सिलेबस से बाहर धर्मग्रंथ और शास्त्र सीखने में बिताए। शायद अपने पिता के प्रभाव और उत्कृष्ट शिक्षण के कारण वैदिक गणित और इसकी तकनीकें उसे खासतौर पर पसंद थीं। उसने जेईई एडवांस्ड परीक्षा को चुटकी में अच्छे रैंक के साथ पास किया और आईआईटी कानपुर में सबसे लोकप्रिय कंप्यूटर साइंस में दाखिला ले लिया। इसका एक कारण आईआईटी कानपुर का चंदौली के नजदीक होना भी था ताकि वह हर महीने आराम से अपने घर आ-जा सके।

हालाँकि ऐसा मुमकिन नहीं हुआ। प्रद्युम्न हमेशा अपनी पढ़ाई में अव्वल रहा और जैसा कि उससे आशा थी, अपने कॉलेज के दिनों में ही एक बेहतरीन प्रोग्रामर बन गया। उसने अपने आसपास दिखने वाली हर समस्या के लिए प्रोग्राम और टूल बनाए और छात्र संघ का चुनाव लड़े बिना ही अपने लाजवाब कौशल से वह छात्र नेता भी बन गया। सब उसे ज़हीन मानते थे और उसके दोस्तों, सहपाठियों और यहाँ तक कि प्रोफेसरों को भी यकीन था कि एक दिन वह बड़ा नाम कमाएगा।

ग्रेजुएशन के बाद अपने पिता की बात मानते हुए प्रद्युम्न ने बेंगलूरू में इंडियन इंस्टिट्यूट ऑफ़ साइंस (आईआईएससी) में गणित के इंटीग्रेटेड मास्टर्स एंड पीएचडी प्रोग्राम में दाखिला लिया। जब वह बेंगलूरू के लिए निकला तो उसके माता-पिता मिर्जापुर रेलवे स्टेशन तक उसे छोड़ने आए थे।

आईआईएससी में प्रद्युम्न को एक कन्नड़ लड़की प्रभावती से प्यार हो गया जो वहाँ गणित में मास्टर्स कर रही थी। माता-पिता ने तुरंत सहमति दे दी, हालांकि शारदा देवी कन्नड़ लोगों की खान-पान की आदतों को लेकर थोड़ा झिझक रही थीं। उन्हें जब पता चला कि प्रभावती एक कट्टर शाकाहारी परिवार से हैं तो उन्होंने फिर हामी भर दी।

प्रद्युम्न ने मशीन लर्निंग और इंटेलिजेंट सिस्टम पर ध्यान केंद्रित किया और जल्द ही इस विषय पर अपने काम को लेकर मशहूर हो गया। दुनिया भर में उसके शोध-पत्रों की व्यापक चर्चा हुई। संस्थान में अग्रणी आरएंडडी कंपनियों के प्रोडक्ट डेवलपमेंट के चल रहे कामों में उसकी भागीदारी रहती ही थी। जल्द ही म्यूटेक्स कॉर्पोरेशन ने प्रद्युम्न को एक ऐसा प्री-प्लेसमेंट ऑफर दिया जिसे वह ठुकरा नहीं सका। इसके बाद प्रद्युम्न और प्रभावती फ्रीमोंट, कैलिफोर्निया चले गए।

एक साल बाद, यानी 2010 में इस दंपति के घर एक बेटी का जन्म हुआ। अब बिटिया का नाम अनिरुद्ध तो रखा नहीं जा सकता था, ऐसे में थोड़ी निराश शारदा ने अपनी प्यारी पोती का नाम धन, समृद्धि और प्रचुरता की देवी लक्ष्मी के नाम पर रिया रखा। रिया के आने से पूरा परिवार आनंदित था।

प्रद्युम्न ने अपने माता-पिता यानी व्यास मणि और शारदा को कुछ समय अपने साथ रहने का आग्रह किया। उसके माता-पिता की यह पहली विदेश यात्रा थी और उन्होंने सितंबर से नवंबर तक वहाँ रहने का फैसला किया ताकि आने वाले त्योहारों को अपने बेटे-बहू-पोती के साथ मना सकें। शारदा ने अपने बैग में पूजा-सामग्री भी रख ली थी। प्रद्युम्न ने उन्हें नई दिल्ली से लंदन होते हुए सैन फ्रांसिस्को लाने और सिंगापुर होते हुए प्रशांत महासागर के रास्ते वापसी यात्रा के लिए बिजनेस क्लास का राउंड-द-वर्ल्ड टिकट बुक किया था। प्रद्युम्न, प्रभावती और रिया उन्हें लेने के लिए एसएफओ एयरपोर्ट आए।

रिया बेहद चपल और शिष्ट लड़की थी और वह अपनी दादी से तुरंत हिल-मिल गई। व्यास को वहाँ का मौसम बेहद पसंद आया। धूप खिली हुई थी, आसमान साफ था और हवा में सेहतमंद खुशबू आ रही थी। एक सप्ताह तक अधिकतर वक्त घर पर बिताने के बाद अब समय आ गया था कि वे घूमने-फिरने निकलें। व्यास और शारदा को सैन फ्रांसिस्को में जीवन की रफ्तार कुछ डरावनी-सी लग रही थी। व्यास और शारदा को उस समय खूब हँसी आई जब प्रद्युम्न उन्हें आठ हेयरपिन मोड़ों वाली क्रुक्ड स्ट्रीट पर ले गया था। व्यास मणि त्रिपाठी गोल्डन गेट ब्रिज को देखकर मंत्रमुग्ध हो गए। वे केवल इतना ही कह पाए, “हे भगवान, यह तो हमारे हावड़ा ब्रिज से भी बड़ा है।”

लेकिन सबसे मज़ेदार बात तब हुई जब प्रद्युम्न ने अपने पिता को म्यूटेक्स ग्लास दिखाया। उन्होंने उनके लिए अपने दफ्तर में एक छोटा-सा डेमो आयोजित किया। ग्लास प्रोजेक्ट के प्रोजेक्ट मैनेजर अमेरिका में पले-बढ़े तिब्बती तेनज़िन दोरजी ने ग्लास को माउंट किया और दिखाया कि स्मार्टफोन द्वारा आमतौर पर किए जाने वाले ऑपरेशन, जैसे कि वीडियो कॉल करना, मीटिंग शेड्यूल करना, तस्वीरें लेना, मौसम की जानकारी लेना और दिशा-निर्देश हासिल करने जैसे काम कैसे चश्मे लगाकर हो रहे थे। तेनज़िन ने वॉयस कमांड और दूसरे संकेतों से इंटरफेस को कंट्रोल किया और सभी जानकारी यूज़र के आँखों के ठीक सामने ग्लास लेंस पर प्रक्षेपित हो गई। व्यास ने खुद भी इसे आज़माया, उन्हें यह आकर्षक तो लगा पर उनको थोड़ा अरुचिकर भी महसूस हुआ। वे मानो कुछ-कुछ असहज हो उठे।

तेनज़िन म्यूटेक्स ग्लास प्रोजेक्ट में हार्डवेयर लीड था जबकि प्रद्युम्न सॉफ्टवेयर टीम का नेतृत्व करता था। इन दोनों जीनियस ने मिलकर एक ऐसा चश्मा बनाया था जिसे दुनिया को बदलने वाला मून-शॉट प्रोजेक्ट माना जा रहा था। प्रद्युम्न प्रोजेक्शन तकनीक के लिए ड्राइवर और ऑनबोर्ड कैमरे से कैप्चर की जा रही छवियों को प्रोसेस कर उनसे जानकारी खंगालने कि लिए सॉफ्टवेयर डेवलप कर रहा था। उस रोज़ बाप-बेटे ने कैफेटेरिया में शानदार लंच किया। हालाँकि व्यास उस दिन कैंपस से अपने विचारों में डूबे, खोए-खोए से घर लौटे थे।

प्रद्युम्न अपने ग्लास का प्रयोग करने के बाद पिता को चिंतनशील मूड में देखकर हैरान था। उसके पिता ने फुसफुसाते हुए कहा, “यह तो माया भेदी है, यह सभी भ्रमों को तोड़ देगा।” व्यास मणि को ग्लास अब आकर्षक नहीं, घिनौना लग रहा था क्योंकि ऐसे चश्मे का उपयोग करने वाले व्यक्ति गुप्त रूप से निजी बातचीत रिकॉर्ड और प्रसारित कर सकते हैं, भीड़ में अजनबियों की पहचान करने के लिए उसका इस्तेमाल कर सकते हैं और

उनसे बातचीत करने से पहले उनकी सारी जानकारी प्राप्त कर सकते हैं।

उस रात पिता और पुत्र कैलिफोर्निया के स्वच्छ आकाश के नीचे बैठे थे। आसमान में तारे जगमगा रहे थे। अपने पिता से बात करने के लिए उत्सुक प्रद्युम्न ने व्यास मणि त्रिपाठी से पूछा कि उन्होंने म्यूटेक्स ग्लास को माया भेदी क्यों कहा? अगर हम मायाजाल को तोड़ दें और सत्य को वैसा ही देखें जैसा वह है तो इसमें क्या बुराई है?

उसकी माँ भी दोनों की बातचीत ध्यान से सुन रही थी। प्रभावती अंदर रिया के साथ खेल रही थी।

व्यास मणि ने एक शिक्षक की भूमिका निभाते हुए एक लंबा जवाब दिया, "माया वह भ्रम है जो इस ब्रह्मांड को आकार देता है और जीवन को संभव बनाता है। वास्तविकता दरअसल अप्रिय और स्वीकार करने के लिहाज से कठिन है। मिसाल के तौर पर यह तय है कि दुनिया में पैदा होने वाला हर व्यक्ति अंत में मर जाएगा लेकिन उसे प्यार से पालने वाली माँ को इस यथार्थ के प्रति अंधा ही रहना चाहिए। इसलिए भगवान ने माया की रचना की और इसे अभेद्य बना दिया ताकि यह एक विकल्प न रहे बल्कि अवश्यंभावी हो। आपको दुनिया इस तरह दिखे कि आप डरें भी नहीं और सुख-दुख से भरा जीवन भी चलता रहे, ठीक वैसे ही जैसे एनेस्थीसिया देकर सर्जरी की जाती है। तुम लोगों ने मुझे जो चश्मा दिखाया, वह दिखावे के पीछे छिपी जानकारी को समझ रहा है। दुनिया में हर किसी को दिखावा करने का अधिकार है लेकिन ऐसे आविष्कार करके आप उनसे यह अधिकार छीन रहे हैं। यह प्राकृतिक व्यवस्था का उल्लंघन है; यह लूटने जैसा है और मैं इससे सहमत नहीं हूँ।"

प्रद्युम्न को यह सुनकर बुरा लगा। भारत के छोटे-से शहर के एक खस्ताहाल स्कूल में शिक्षक उसके पिता, सिलिकॉन वैली में दुनिया के सबसे

बेहतरीन दिमागों द्वारा विकसित अत्याधुनिक तकनीक को कैसे कमतर आंक सकते हैं जिसमें लाखों डॉलर का निवेश किया गया है? लेकिन प्रद्युम्न अपने पिता का आज्ञाकारी पुत्र था इसलिए अपनी खीज को दबाते हुए उसने एक गरिमापूर्ण तर्क दिया, "पिताजी हमें साहसी होना होगा। तथ्यों को छिपाना समाधान खोजने का तरीका नहीं है। कुत्ते जब शिकार करने के लिए खरगोश के पास पहुँच जाते हैं तो खरगोश अपना सिर नीचे कर लेता है और खुद को सुरक्षित मानने लगता है। इस झूठे आशावाद का क्या फायदा? खरगोश की तरह जीना? क्या यही उपाय है? अपनी आँखें बंद करने से अंधेरा नहीं हो जाता।"

लेकिन व्यास भी हार मानने के मूड में नहीं थे। वे बोले, "तुम ऐसा कह सकते हो क्योंकि अब तुम्हारे पास जीवन की बहुत-सी सुख-सुविधाएँ हैं। सुख-सुविधाओं और वैभव की इस अद्भुत दुनिया में निराशावादी बनना बहुत मुश्किल है। यहाँ हर कोई मुझे बता रहा है कि जीवन कितना बढ़िया है। मिलते ही, 'सुप्रभात, शुभ संध्या, आपका दिन शुभ हो वगैरह'—सभी कितने खुश हैं।

जानवर पौधे खाते हैं, मनुष्य जानवरों को खाते हैं और सबसे दुखद बात यह है कि दुनिया में शक्तिशाली लोग कमजोर लोगों को खाते हैं। ऐसा हर जगह होता है और होता रहेगा और यह माया है। इसे भेदकर तुम क्या उपाय खोजोगे? इस शीशे से एक महिला को देखकर क्या तुम उसकी उम्र जानना चाहते हो? उसका इतिहास जानना चाहते हो? यह पूरा उपक्रम कितना शर्मनाक है? सत्य हमेशा सुंदर नहीं होता।"

अब प्रद्युम्न का धैर्य अपनी सीमा पर पहुँच गया। उसे अपने पिता की निराशा पर गुस्सा आ रहा था। उसे लगा कि अब उसे जवाब देना ही चाहिए, "क्या गीता यह नहीं कहती कि यह संसार अच्छाई और बुराई,

सुख और दुख का मिश्रण है और क्या हमें अच्छाई को बढ़ाने और बुराई को कम करने के लिए जो कुछ भी हमारी हद में हो, नहीं करना चाहिए? और क्या हम माया में रहकर, वास्तविकता से आँखें बंद करके, उस पर पर्दा डालकर खुश होकर ऐसा करते हैं? जिसे हम स्वीकार नहीं कर सकते, उसे हम ठीक भी नहीं कर सकते।"

व्यास अपने बेटे की दुस्साहस भरी जिद्द पर हैरान रह गए। बहुत समय से पिता और पुत्र ने साथ बैठकर इस तरह बातचीत नहीं की थी। साफ था कि प्रद्युम्न के जीवन मूल्य अब वैसे नहीं रह गए थे जैसे पहले थे। व्यास को लगा कि प्रद्युम्न के जीवन मूल्य दोषपूर्ण हो गए हैं। फिर भी व्यास अपने कामयाब बेटे की बात को चुपचाप सुनने के मूड में नहीं थे। वे बोले, "अच्छाई करने का यह शर्मनाक और गलत तरीका क्या है? लोगों की निजता का उल्लंघन करना? उनके सावधानीपूर्वक बनाए गए मुखौटों को उतार फेंकना? हमारे आसपास की हर चीज एक पैकेज डील है—जीवन और मृत्यु; सुख और दुख; प्रकाश और छाया; स्वास्थ्य और बीमारी, सभी एक साथ चलते हैं। कभी भी पूरी तरह से अच्छा या बुरा संसार अस्तित्व में नहीं होगा क्योंकि यह विचार ही एक विरोधाभास है। अच्छा और बुरा दो स्पष्ट रूप से अलग-अलग अस्तित्व नहीं हैं। हमारी इस दुनिया में ऐसी कोई चीज़ नहीं है जिसे आप सिर्फ अच्छा कह सकें और इस ब्रह्मांड में ऐसी भी कोई चीज़ नहीं है जिसे आप पूरी तरह से सिर्फ बुरा कह सकें। कोई घटना जो आज अच्छी लगती है, कल बुरी लग सकती है। वही चीज़ जो एक व्यक्ति को दुखी करती है, दूसरे को आनंद दे सकती है। जो आग भूखे आदमी के लिए खाना पकाती है, वह रसोइए के हाथ या पूरी रसोई को भी जला सकती है। इस दुनिया में कुछ भी तटस्थ नहीं है और माया ऐसे ही काम करती है। आप इसे पूरी तरह से नहीं समझ सकते और कोई भी शक्ति या तकनीक आपको यह अधिकार

नहीं देती कि आप उन सारी चीजों को बदल दें जिन्हें आप पूरी तरह से समझते ही नहीं हैं।"

प्रद्युम्न के पास इसका कोई जवाब नहीं था लेकिन वह अपने पिता के बौद्धिक अहंकार से उबल रहा था। उसने अपनी माँ की ओर देखा जो पिता और पुत्र के बीच के गतिरोध को समझकर वहाँ से उठ गई थी और यह इस बात का संकेत था कि चर्चा खत्म हो गई है। खाने के वक्त कोई कुछ नहीं बोला और सब चुपचाप सो गए।

अगली सुबह प्रद्युम्न ने जल्दी से नाश्ता किया और सात बजे ही घर से निकल गया। प्रभावती को रिया के स्कूल में पैरेंट्स-टीचर मीटिंग में भाग लेना था, सो वे मां-बेटी भी चले गए। अब पूरे घर में बूढ़े त्रिपाठी दंपत्ति खाली दिमाग से एक-दूसरे को देख भर रहे थे। बातचीत शारदा ने शुरू की, "हम जीवन में आगे बढ़ते हुए, बाहर और भीतर दोनों जगहों पर बदलते रहते हैं। जब हम पीछे मुड़कर देखते हैं तो अपनी पुरानी बातों पर और अपने पुराने रूप पर हँसते हैं। हमें अपनी ही पुरानी बातें और खुद की चाल-ढाल हास्यास्पद लगने लगती है। जिन्हें हम अपनी खास पहचान, अपनी पसंद और नापसंद समझते हैं, जिन्हें हम आज अपनी अनोखी आदतों और प्राथमिकताओं के रूप में बनाए रखने के लिए भारी कोशिशें करते हैं, वही कल एक शर्मिंदा करने वाली याद में बदल सकती है। जिसे हम आज अपने दिल के करीब मानते हैं, वह कल अपनी अहमियत खो सकता है। हमारी आज की जो कलाकृति है, वह हमारे समझदार या अधिक कुशल होने पर हमें ही कल को किसी नौसिखिए का काम लग सकती है। ऐसे में तब हम खुद को कैसे देखेंगे? हम कुछ-कुछ निराश हैं और द्वंद में हैं। अच्छा काम करने का क्या मतलब है? आज जो अच्छा है, जिसे हम आज अच्छा करना कहते हैं, वही कल हमारी नज़र में बुरा हो सकता है। अगर यह सच है कि आप बुरे में शामिल हुए बिना अच्छा नहीं कर सकते हैं तो इसका मतलब यह है कि हर

बार जब आप खुशियाँ बटोरने की कोशिश करते हैं तो साथ-साथ दुख भी चल रहा होता है।

हमें तो गर्व होना चाहिए कि प्रद्युम्न दुनिया में बदलाव लाने की कोशिश कर रहा है। वह एक बेहतर दुनिया बनाने की कोशिश कर रहा है। हो सकता है कि उसकी उम्मीदें गलत हों और शायद वह नाकाम हो जाए। लेकिन आपको उसके लिए ऐसी भविष्यवाणी नहीं करनी चाहिए। माया यदि इस तरह से काम करती है तो आप अपना काम करें और शांत रहना सीखें; यदि उसे देखकर आप उत्साहित नहीं होते तो कम-से-कम आपको अपने भ्रम के साथ ही जीना सीखना चाहिए।"

व्यास शारदा की बातों का बहुत सम्मान करते थे। वैदिक विद्वानों के वंश में जन्मी, उनकी बातचीत हमेशा अनुभव से पगी और तर्कपूर्ण होती थी। उन्होंने शारदा की बातों पर गौर किया तो उन्हें लगा कि उसकी बातें वाकई बुद्धिमत्ता और ऊँचे बौद्धिक स्तर वाली बातें हैं।

व्यास को लगा कि भारतीय पत्नियों के पास हमेशा अपने अहंकारी पतियों को ठीक करने का जादुई तरीका होता है। वह मुस्कुरा उठे और उसके बाद धूप से खिला हुआ पूरा दिन अच्छे मूड में बीता। प्रभावती और रिया वापस आ गईं और कुछ आराम करने के बाद चारों ने ड्राइव पर जाने का फैसला किया। वे गोल्डन गेट नेशनल रिक्रिएशन एरिया गए और वहाँ कार पार्क करने के बाद अल्काट्राज़ आइलैंड के लिए एक बोट ले ली। वास्तव में यह आइलैंड एक कुख्यात जेल है जहाँ पुराने ज़माने में खूंखार अपराधियों को रखा जाता था। वे इस टापू की चोटी पर बने सेल हाउस तक लगभग आधा किलोमीटर पैदल चलकर गए। व्यास को थोड़ी थकान महसूस होने लगी थी इसलिए वे लहरों से थिरकते निर्मल पानी को देखते हुए बैठ गए।

यह एक अद्भुत दृश्य था। लेकिन उनके मन में कल रात अपने बेटे और सुबह अपनी पत्नी के साथ हुई बातचीत घूम रही थी। मानव अस्तित्व वास्तव में एक विरोधाभास है—जहाँ जीवन है, वहाँ मृत्यु भी है। यहाँ भी इस विशाल खुली जगह के बीच यह जेल है। इस जेल में एक कैदी, जिसे अपराधी करार दिया गया है, खुले और स्वतंत्र दिमाग वाला विचारक हो सकता है। दरअसल, हममें से अधिकांश अपने दिमाग में कैद हैं हालाँकि हम एक स्वतंत्र दुनिया के भ्रम में जी रहे हैं। बहुत सारी मानवीय गतिविधियाँ इस विडंबना को केवल बढ़ाती ही हैं, इसे कम नहीं करती हैं।

फिर वहाँ एक सप्ताह और हँसी-खुशी बिताने के बाद व्यास और शारदा भारत लौट आए। प्रद्युम्न ने प्रभावती को सुझाव दिया कि वो भी अपने माता-पिता को एक बार यहाँ बुला ले। उसने तुरंत जवाब नहीं दिया और कुछ सोच-विचार के बाद कहा कि उसकी माँ का रोग तेज़ी से बढ़ रहा है इसलिए उनके लिए इतनी लंबी यात्रा करना लगभग नामुमकिन है। प्रद्युम्न दुखी हो गया और चुप रहा। कुछ महीने बाद, नामालूम कारणों से म्यूटेक्स ने ग्लास प्रोजेक्ट को रद्द कर दिया। इस घटना से प्रद्युम्न के अहंकार को बड़ी ठेस लगी और वह अपनी आँखों के सामने सालों की कड़ी मेहनत को पूरी तरह से बर्बाद होते देख रहा था। ज़िंदगी में पहली बार वह नाकाम हुआ था और वह भी तब, जब उसकी कोई गलती नहीं थी।

प्रद्युम्न ने अपने पिता को वीडियो कॉल पर सारी बातें बताईं। उसे लग रहा था कि शायद पिताजी एक लंबा-सा भाषण पिलाएँगे लेकिन व्यास ने ऐसा कुछ नहीं किया। उन्होंने बड़ी संजीदगी से कहा, "कड़ी मेहनत कभी बेकार नहीं जाती। सिर्फ इसलिए कि दुनिया अभी आपके विचार के लिए तैयार नहीं है, इसका मतलब यह नहीं है कि यह एक कमतर विचार है। बात सिर्फ इतनी है कि अभी उस विचार का समय सही नहीं है और जल्दी ही सब ठीक हो जाएगा। इसी तरह लगन के साथ कड़ी मेहनत करते रहो।"

हर कोई अपनी नाकामियों को अलग तरीके से देखता और उसका सामना करता है। तेनज़िन और प्रद्युम्न ने भी इसे बहुत अलग तरीके से लिया। तेनज़िन ने कंपनी से इस्तीफा देकर एक लंबा ब्रेक ले लिया। प्रद्युम्न म्यूटेक्स में काम करता रहा लेकिन उसने अपना वक्त अब प्रोडक्ट डेवलपमेंट के बजाय अधिक केंद्रित रिसर्च पर लगाना शुरू कर दिया। उसे जल्द ही एहसास हो गया कि असफलता क्यों महत्त्वपूर्ण है। उसके अंदर से आवाज आ रही थी कि उसका समय ज़रूर आएगा। अंतः अस्ति प्रारम्भः। जहाँ से अंत होता है, वहीं से कुछ नए की शुरुआत भी होती है।

3

भविष्य का इतिहास

व्यास बीएचयू आयुर्विज्ञान संस्थान, वाराणसी की लॉबी में बैठे थे। वास्तव में शारदा हाइपोग्लाइसीमिया से गिरने से हुए फ्रैक्चर के कारण वहाँ भर्ती थीं। अधिकांश रोगियों के परिजनों की ही तरह उनके पास बहुत सारा खाली वक्त था। अस्पताल की लॉबी में टीवी पर चल रहे ज़्यादातर खबरिया चैनल शोरगुल के साथ उन चार अंतरिक्ष यात्रियों का साक्षात्कार कर रहे थे जो सफल गगनयान मिशन से अभी-अभी लौटे थे। एक ही खबर पिछले कुछ घंटों से सभी चैनलों पर बार-बार चल रही थी। उनके ग्राफिक्स फूहड़ लग रहे थे और न्यूज एंकर लगभग चीख रहे थे। व्यास ने समय का सदुपयोग करने का फैसला किया और एक महीना पहले यानी मार्च, 2026 में दिए गए प्रद्युम्न के टेड टॉक को देखने लगे।

पुलकित मन से व्यास ने देखा, प्रद्युम्न कह रहा था, "मनुष्य को हमेशा खुद को एकजुट होने के लिए एक मिसाल चाहिए होती है फिर भी वह बँट जाने का कारण ढूँढ़ लेता है। परिस्थितियों के हिसाब से ये सारे कारक जिस जोश और तेज़ी से महत्त्व हासिल करते हैं, उतनी ही तेज़ी से उनका महत्त्व खत्म भी हो जाता है।

दुनियाभर में मानव सभ्यताएँ प्रारंभ में अस्तित्व की कहानियाँ थीं। मिथकों ने लोगों को घने बरसाती बादलों की तरह इकट्ठा किया जो हमेशा की तरह समय के साथ बिखर गए। कुछ सभ्यताएँ मिथकों से आगे निकल गईं और उन्होंने यथार्थ की खोज की। कुछ ने अस्तित्व से जुड़ी चुनौतियों पर जीत दर्ज की और उत्कृष्टता हासिल करने को अपना लक्ष्य बनाया। कुछ ने आप्रवासन और हमलों के ज़रिए अपना विस्तार किया। हालाँकि कुछ का विस्तार धमाकेदार तो हुआ पर बाद में वह रेत के पहाड़ की तरह ढह भी गए। मानव इतिहास में यदि कोई चीज़ स्थिर थी तो वह परिवर्तन था और परिवर्तन की दर भी तेज़ होती गई।

जब इन अलग-थलग सभ्यताओं ने आपस में आदान-प्रदान शुरू किया तो मानवीय सीमाएँ विस्तारित हुईं। परिवहन के तेज़ साधनों के साथ लोग अलग-अलग सभ्यताओं में आने-जाने लगे। इन प्रवासों ने सभ्यताओं को एक-दूसरे के करीब ला दिया। सदियों से इन मानवीय अंतर्क्रियाओं से इंसानों ने एक-दूसरे के बारे में बहुत कुछ सीखा। हालाँकि मानवीय अंतर्क्रियाओं के कई प्रतिमान धीरे-धीरे प्रचलन से बाहर हो गए तो कुछ ने नए रूप धारण कर लिए।

इधर इंटरनेट के आगमन के साथ दुनिया सभी लोगों के लिए बराबरी का एक मैदान बन गई। इसने एक ऐसी दुनिया बनाई है जहाँ मानव प्रवास से ज़्यादा जोर मानव आउटपुट पर था जिसे इधर-उधर ले जाने की ज़रूरत थी। पहली बार सभ्यतागत उत्कृष्टता का सही मायने में लाभ उठाया जा रहा था। मानवीय कौशल राष्ट्रीय सीमाओं से आगे निकलने लगे। पहली बार सभी मनुष्य समानता के करीब थे। इंटरनेट मनुष्यों को जोड़ने का इतना शक्तिशाली माध्यम बन गया कि उन्हें बाँटने वाले बाकी सारे कारक फीके पड़ने लगे।”

"सूरदास खल कारी कमरि चढ़े ना दूजा रंग," व्यास ने निश्वास छोड़ते हुए कहा।

"इंटरनेट पर इससे कोई फर्क नहीं पड़ता था कि आप किस देश, लिंग, धर्म या जाति से हैं। हर कोई बराबर था। इंटरनेट जल्द ही आपकी भौतिक वास्तविकता का प्रतिबिंब होने के स्थान पर एक समानांतर वास्तविकता बन गया। यह एक ऐसी जगह बन गई जहाँ आप वास्तव में स्वतंत्र हैं। इंटरनेट के अंदर डिजिटल दुनिया जैसे प्रॉमिस्ड लैंड बन गई। लगभग हर इंसान के पास इंटरनेट की पहुँच थी और इंटरनेट की पहुँच लगभग हर इंसान तक थी। लोग इंटरनेट पर ही रहने लगे। मनोरंजन, व्यवसाय, सीखने, सामाजिक संपर्क, लेन-देन और लगभग हर चीज़ के लिए वे ऑनलाइन हो गए। जितने अधिक लोग इंटरनेट का इस्तेमाल करते थे, इंटरनेट उनके बारे में उतना ही अधिक जानता था। सेवा के उपभोक्ताओं से, ये यूज़र्स सर्विस बन गए। वे इन इंटरनेट कंपनियों के लिए डेटा जेनरेटर बन गए जिन्होंने मानव व्यवहार का अध्ययन करना शुरू कर दिया।

हालाँकि, इस उपक्रम में मंशा तो सबसे अच्छा इंटरनेट अनुभव प्रदान करने की थी लेकिन जल्द ही यूज़र्स के बारे में इतनी जानकारी इकट्ठी हो गई कि उसका इस्तेमाल और भी बहुत कुछ करने के लिए होना ज़रूरी हो गया। इंटरनेट कंपनियाँ अब आपके बारे में आपके सबसे अच्छे दोस्त से भी ज़्यादा जानती थीं। उनके पास आपके बारे में सरकार से ज़्यादा डेटा था। उनका आप पर आपके धर्म से अधिक प्रभाव था और इंटरनेट ने लोगों को अवचेतन रूप से एक लत की तरह नियंत्रित कर लिया। इंटरनेट यूज़र्स उन कैलकुलेशन से भी ज़्यादा क्षमता वाले मोबाइल फोन अपने हाथों में रखते थे जिसकी जरूरत नासा द्वारा पहले चंद्रमा मिशन के लिए पड़ी थी। जब आप अपने फोन पर कुछ टाइप करते थे तो वे ठीक-ठीक जान जाते थे कि आपके दिमाग में क्या चल रहा होता था।

तकनीक में अगला कदम मशीनों द्वारा बोले हुए शब्दों को समझना था। लाखों यूज़र्स को सुनकर प्राकृतिक भाषा को प्रोसेस करने वाले एल्गोरिदम इतने उन्नत हो गए कि आपकी बोली हुई किसी भी बात को लिखे हुए शब्दों में बदला जा सकता था और सॉफ्टवेयर द्वारा समझा जा सकता था। पारंपरिक फोन में जो एनालॉग वॉयस सिग्नल हुआ करता था, वह तब डिजिटल सिग्नल बन गया। यूज़र्स ने सस्ते संचार के लिए वॉयस-ओवर इंटरनेट सेवाओं का उपयोग करना शुरू कर दिया। मशीनों ने उन लाखों डिजिटल संवादों से सीखना शुरू कर दिया। जल्द ही मशीनों द्वारा समझे जा रहे शब्द, वाक्य बन गए और पूरी बातचीत को सॉफ्टवेयर द्वारा संक्षेप में प्रस्तुत किया जा सकना संभव हो गया।

डिजिटल घड़ियों जैसे पहने जा सकने वाले उपकरणों के ज़रिए इकट्ठी की गई अन्य अहम जानकारियाँ, मसलन उनका सटीक स्थान, आवाज़ का उतार-चढ़ाव, स्वर, हृदय गति और यूज़र के बारे में बाकी के सारे ब्यौरों के साथ एल्गोरिदम यह भी बता सकते थे कि जो कहा जा रहा है, वह सच था भी या नहीं।

होम ऑटोमेशन सहायकों ने कई घरों में अपनी जगह बनाई और वे बोली गई हर बात और हर शब्द को सुनने लगे। यह सब गुमनामी के आवरण में किया गया और रोज़मर्रा के कामों के लिए विवेकपूर्ण समाधान उपलब्ध कराए गए। लोग इंटरनेट ऑफ थिंग्स (आईओटी) तकनीक के चमत्कार से बड़े खुश थे और सरकारों ने इसे लेकर कोई कायदा-कानून नहीं बनाया। वे मुँह फेरे रहीं।

ऐसे में जब महामारी आई और दुनियाभर की बातचीत इंटरनेट पर होने लगी तो जितनी खुफिया जानकारी जुटाई जा सकती थी, वह अभूतपूर्व हो उठी। मशीनें अब मानवीय बातचीत को बहुत अच्छी तरह से समझ सकती थीं।

इससे प्रत्यक्ष मानवीय संपर्कों में भी कमी आई क्योंकि लोग डिजिटल रूप से बातचीत करने में अधिक सहज हो गए। यह एक उल्टा पैटर्न था। लोग तंग, प्रदूषित, साधनहीन शहरों से बाहर निकलने लगे और रिवर्स शहरीकरण में, स्वच्छ हवा और खुली जगहों वाले ग्रामीण इलाकों में रहने चले गए। इन लोगों ने ऑफ-ग्रिड स्वच्छ ऊर्जा, हाई-स्पीड सैटेलाइट-आधारित इंटरनेट और अत्याधुनिक होम ऑटोमेशन के साथ अपने स्वायत्त स्थान बनाए। शहरी क्षेत्रों का रियल एस्टेट उद्योग आखिरकार ध्वस्त हो गया।

अब लोगों के लिए दुनिया में आने का एकमात्र रास्ता इंटरनेट था। यही एकमात्र तरीका था जिस पर उनके सभी सामाजिक संबंध आधारित थे। इससे कोई फर्क नहीं पड़ता कि वे अब शारीरिक से रूप कहाँ और कैसे रहते हैं। जब इंटरनेट आपके जीवन के बारे में इतना सब कुछ जानता है तो क्यों न हम इस ज्ञान को रचनात्मक रूप से सजाकर उसका फायदा उठाएँ?

इस तरह जाने-अनजाने यह दुनिया मानव नोड्स का एक विशाल नेटवर्क और मानवीय अंतर्क्रियाओं का एक जाल बन गई। नोड पर होने वाली हर घटना का नेटवर्क पर जुड़े हुए नोड्स पर एक लहर जैसा असर होता है। इस तरंगनुमा प्रभाव की तीव्रता अलग-अलग होती है लेकिन नदी के पानी की तरह, हर लहर एक निरंतर प्रवाह का भी हिस्सा होती है। मनुष्य को दूसरे मनुष्यों के साथ अपनी बातचीत के बारे में बहुत कम जानकारी होती है। किसी को भी जीवन का यह पूरा जाल दिखा नहीं है लेकिन इंटरनेट को सब पता है।

सिर्फ इंटरनेट को ही अरबों मनुष्यों और उनके एक-दूसरे के साथ होने वाले प्रत्यक्ष या अप्रत्यक्ष व्यवहार और लेन-देन की जानकारी थी। जादुई इंद्रजाल की तरह इंटरनेट सभी मनुष्यों की संयुक्त जानकारी से अधिक जानता था।

इंसानी बातचीत बहुत विविधतापूर्ण होती है। आप अपने निकट परिजनों और दोस्तों से सीधे जुड़े होते हैं। ऐसा लगता है कि आपको उन लोगों के बारे में ठीक-ठाक जानकारी है इसलिए उनके साथ बातचीत करना आसान है।

कुछ लोग ऐसे होते हैं जिनसे आप सीधे बातचीत करते हैं लेकिन सिर्फ इसलिए क्योंकि आप उनसे किसी लेन-देन के ज़रिए जुड़े होते हैं। फिर कुछ ऐसे लोग भी होते हैं जिनके साथ आपकी सीधी नहीं बल्कि अप्रत्यक्ष बातचीत होती है और जिनके बारे में आपको पता नहीं होता कि उनका कोई अस्तित्व भी है लेकिन उनसे आपका कई कड़ियों दूर एक जटिल अप्रत्यक्ष संबंध होता है।

जब आप कैब बुक करते हैं तो आप किसी दूसरे इंसान से जुड़ते हैं लेकिन अपने ड्राइवर की स्थिति के बारे में शायद ही जानते हों। ड्राइवर इस समय किस स्थिति से गुज़र रहा है? उसे कैसा लग रहा है? क्या वह ठीक है? क्या आप उसकी मौजूदगी में सुरक्षित हैं? आप अपने अपार्टमेंट की लिफ्ट में एक व्यक्ति से मिलते हैं पर आपको उसका नाम या उसकी मंज़िल नहीं पता। क्या वह अंतर्मुखी है? क्या उसका दिन अच्छा चल रहा है? क्या आपको उसे खुश करने के लिए कोई चुटकुला सुनाना चाहिए? आपके बच्चे के स्कूल का चौकीदार असुरक्षित संकेत देता है। वह अपने घर पर कौन-से वीडियो देखता है? आपके दफ्तर में एक नया सहकर्मी आया है। अगर आप दोस्ती करते हैं तो क्या इसकी संभावना है कि वह आपसे पैसे उधार मांगेगा? कार का ड्राइवर आपके ठीक सामने है। क्या उसे रात में अच्छी नींद आई? क्या वह किसी दवा के कारण सुस्त महसूस कर रहा है? शायद कोई नहीं जानता पर लोगों के मोबाइल फोन के जरिए इंटरनेट सब जानता है।

आप जिस शेयर को खरीदना चाहते हैं क्या उस कंपनी की फैक्ट्री ने पिछले कुछ महीनों में कम बिजली बिल का भुगतान किया है? क्या इसके कर्मचारियों की छँटनी हुई है? क्या काम की कम शिफ्ट चल रही हैं? इंटरनेट के पास यह सब जानकारी थी लेकिन यह बिखरी हुई और अव्यवस्थित थी। अत्याधुनिक आर्टिफिशियल इंटेलिजेंस के साथ यह सारी जानकारी गुमनाम तरीके से व्यवस्थित की जा सकती है और उससे अपार संसाधन तैयार किए जा सकते हैं। ऐसी सूचनाओं के फायदे जल्दी निजता के हनन के डर को पछाड़ देंगे। यह हमारे आसपास के जीवन को सुविधाजनक, सुरक्षित और अधिक तयशुदा बना सकता है।"

प्रद्युम्न खुद जब अपनी माँ को देखने के लिए अस्पताल की लॉबी में भागता हुआ आया तो व्यास ने प्रद्युम्न का टेड टॉक वाला वीडियो रोक दिया। वह एयरपोर्ट से सीधे यहीं आया था और माँ के कमरे का पता लगाने की कोशिश कर रहा था। व्यास ने उसकी ओर हाथ हिलाया और जब वह पास आया तो उन्होंने उसे सांत्वना दी। जब प्रद्युम्न ने उनके पैर छुए तो उन्होंने उन तनावपूर्ण और चिंताजनक क्षणों में भी उसे आशीर्वाद दिया।

शारदा से मिलकर प्रद्युम्न को राहत मिली कि वे अब ठीक थीं। लेकिन अपने माता-पिता को तेज़ी से बूढ़ा होते देखकर उसे बहुत चिंता हो रही थी। उसे मालूम था कि उन दोनों को अमेरिका साथ ले जाने की उम्मीद करना बेकार ही होगा। पर उसे अब उनके करीब रहने के लिए भारत वापस आने का विचार पहले जितना क्रांतिकारी नहीं लगा। अस्पताल में हमेशा की तरह निश्चित समय पर भोजन के बाद वे तीनों एक साथ बैठे और छोटी-मोटी बातचीत के दौरान ही व्यास ने टेड टॉक के लिए प्रद्युम्न की तारीफ की। व्यास ने यह माना कि वह इस दुनिया को एक बेहतर जगह बनाने के लिए तकनीक का इस्तेमाल करने के उसके नजरिए से

सहमत हैं। व्यास बोले कि अब वह संदेह से परे होकर साफ देख सकते हैं और एक बार उस बाधा को पार करने के बाद नए विचारों का एक पूरा क्षितिज खुल गया है जो दुनिया के परिवर्तन का नेतृत्व कर सकता है।

व्यास ने पूछा, “काम कैसा चल रहा है? क्या नया बना रहे हो?”

प्रद्युम्न रोज म्यूटेक्स मीटिंग में अपने विचारों को गंभीरता से साझा करता था लेकिन किसी तरह का कोई बड़ा बदलाव लाने में अभी तक नाकाम ही रहा था। उसे एक भारतीय आध्यात्मिक शख्स के रूप में देखा जाने लगा था जो कुछ वैदिक विचारों को कट्टर तकनीक के कारोबार में आगे बढ़ाने पर तुला था। प्रद्युम्न अपनी ऐसी उपेक्षा को स्वीकार तो कर रहा था लेकिन वह मन-ही-मन अधीर होता जा रहा था।

“काम बढ़िया चल रहा है। मैं अपना ज़्यादातर वक्त नए विचारों और अवधारणाओं पर रिसर्च करने और उनका प्रचार करने में बिता रहा हूँ। मैं अब कोई प्रोडक्ट या सॉफ्टवेयर नहीं बनाता। मेरा अधिकतर काम अभी सैद्धांतिक है,” प्रद्युम्न ने जवाब दिया।

“इंजीनियर तो डेमो देते हैं। प्रेजेंटेशन एमबीए के लिए होते हैं, तुम कब से प्रेजेंटेशन देने लगे?” व्यास ने मज़ाक में कहा।

शारदा पिता-पुत्र की दोस्ताना बातचीत को चुपचाप सुन रही थी और मूकदर्शक बनकर खुश थी।

“बदलाव हमेशा एक विचार से शुरू होता है। विचार बन गया है और इस पर काम भी किया जाएगा लेकिन इसके लिए पैसों की ज़रूरत है और सच कहूँ तो बहुत ज़्यादा पैसों की। इसके अलावा स्मार्ट लोगों की ऐसी समर्पित टीम की ज़रूरत है जो इस विचार में भरोसा रखते हों। यह विचार

तभी काम कर सकता है जब इसे दुनियाभर में लागू किया जाए। अगर इस दुनिया को एक बेहतर जगह बनाना है तो बदलाव की प्रक्रिया स्वाभाविक और जश्न का हिस्सा होनी चाहिए। इसमें वक्त लगता है और एक विचार को लंबे समय तक बनाए रखने के लिए समझिए कि इंटरनेट जैसी कोई भी एआई प्रणाली को हर किसी की ज़िंदगी का हिस्सा बनाने के लिए हमें लंबे समय तक जुनूनी निवेश की ज़रूरत होगी।"

प्रद्युम्न की बातों के तकनीकी पक्ष को अनदेखा करते हुए व्यास ने जवाब दिया, "अगर भगवान की इच्छा होगी तो सभी संसाधन मिल जाएँगे और सारा तालमेल बैठ जाएगा।"

"कब?" प्रद्युम्न ने अधीरता से पूछा।

"यह भी भगवान की इच्छा है। लेकिन जिस तरह वनवास में अर्जुन ने अपनी धनुर्विद्या से ध्यान नहीं हटाया, उसी तरह तुम्हें भी अपनी तलवार की धार चमकाते रहना चाहिए। धीरज रखो, लेकिन तैयार रहो।"

पिता से मिल रहे इस समर्थन से प्रद्युम्न हैरान रह गया। शायद वह डर भी गया। अपने परिवार के सदस्यों को डर और खुद पर होने वाले संदेह से बाहर निकालने के लिए उनके साथ खड़ा होना, हर परिवार के मुखिया का कर्तव्य है।

इस बातचीत में अब शारदा ने दखल देते हुए कहा, "मैं तुम्हें संपाति की कहानी सुनाती हूँ। संपाति और जटायु दो दिव्य गिद्ध थे और गरुड़ के भतीजे थे। एक दिन अपनी शक्तियों की परीक्षा के लिए उन्होंने आपसी मुकाबले में सूर्य की ओर उड़ना शुरू कर दिया। जटायु छोटा था और इस मुकाबले को जीतने के लिए वह तेजी से आगे उड़ गया लेकिन संपाति को एहसास हुआ कि अगर वह आगे बढ़ते रहे तो झुलस जाएँगे। उसने अपने

डैनों से जटायु को ढँकने की कोशिश की और नतीजा यह हुआ कि उसके डैने जल गए। घायल संपाति ज़मीन पर गिर पड़ा।

बाद में एक ऋषि ने उसका उपचार किया। दुखी संपाति ने ऋषि से जीवन में आगे का रास्ता पूछा और कहा कि ऐसे पक्षी का जीवन किस काम का जो उड़ ही नहीं सकता? ऋषि ने संपाति को धैर्य के साथ इंतजार करने को कहा और उसे समझाया कि जीवन का उद्देश्य जीवनदाता ही तय करते हैं। उन्होंने कहा, "भविष्य में भगवान का काम करने के लिए कुछ बंदर उसके पास आएँगे। तब उनकी मदद करना ही तुम्हारी नियति है।"

"कौन से बंदर? कब आएँगे?"—संपाति ने पूछा। ऋषि ने कुछ नहीं कहा लेकिन संपाति को ऋषि की बातों पर पूरा भरोसा था और वह उस दिन का इंतजार करने लगा।

संपाति आठ हजार वर्षों तक एक गुफा में ध्यान करता रहा। एक दिन उसने किसी स्त्री को भगवान राम का नाम पुकारते सुना जिसका अपहरण कर रावण आकाश मार्ग से लिए जा रहा था। अपनी विकलांगता के कारण असहाय संपाति उसे बचा नहीं सका लेकिन जब हनुमान और वानर सेना सीता की तलाश में वहाँ आई तो उन्हें पता था कि उनकी प्रतीक्षा के पूरे होने का क्षण आ गया है। जैसे ही खोजी दल ने उन्हें अपना मिशन बताया, संपाति के पंख फिर से प्रकट हो गए। उसने अपनी पूरी शक्ति से लंका के ऊपर उड़ान भरी और अशोक वाटिका में सीता के सही स्थान का पता लगा लिया। अंततः संपाति को मोक्ष प्राप्त हुआ।

अधिकांश भारतीय माताओं में यह मौलिक गुण होता है कि वे शास्त्रों से सारगर्भित कहानियों को चुनकर और उन्हें सरल शब्दों में ऐसे सुनाती हैं जैसे किसी बच्चे को सुला रही हों। लेकिन इन कहानियों में जो गहन ज्ञान

है और जिस सटीकता के साथ ये श्रोता के मन की चिंताओं को दूर करती हैं, वह कभी आकस्मिक नहीं होता। शारदा ने कहानी को प्रद्युम्न के प्रश्न से जोड़ते हुए कहा, "तुम धैर्य रखो। कुछ बंदर मदद की तलाश में आएँगे, वे भगवान के भेजे हुए होंगे, इसलिए उनकी मदद करो और तुम्हारे पँख भी फिर से उग आएँगे। तुम्हें जो चाहिए वह सब तुम्हें मिलेगा।"

"भगवान तुम्हारे दृढ़विश्वास की शक्ति और तुम्हारे विचारों की ईमानदारी को परखते हैं। इस परीक्षा के दौरान तुम्हें अटका हुआ और असहाय महसूस होगा। तुम्हें अपने विचारों पर ध्यान लगाना और उसे पूरा करने की कोशिश जारी रखना चाहिए क्योंकि जब समय आएगा तो तुम्हें एक ही बार में सफल होने के लिए तैयार रहना चाहिए।" प्रद्युम्न को राहत महसूस हुई। कुछ शब्द भोर से पहले की रोशनी की तरह काम करते हैं जो संदेह के अँधकार को दूर करते हैं।

कुछ दिनों में पिता-पुत्र की जोड़ी ने शारदा को अस्पताल से छुट्टी दिलवाई और घर लौट आए। प्रद्युम्न ने अपने माता-पिता को ठीक होने में मदद करने के लिए कुछ दिनों के लिए सैन फ्रांसिस्को ले जाने की बात चलाई, पर इसमें वह असफल रहा। अभिमानी, आत्मविश्वासी और आत्मनिर्भर माता-पिता की तरह व्यास और शारदा ने वहाँ जाने से मना कर दिया। प्रद्युम्न ने उनकी मदद के लिए कुछ सहायक रख दिए और घर में कुछ सुविधाजनक फर्नीचर और गैजेट्स ले आया। उसने अपने माता-पिता की सहमति से दूर से उन पर नज़र रखने के लिए कुछ होम ऑटोमेशन उपकरण भी लगा दिए।

प्रद्युम्न के लौटने का समय हो गया था। लेकिन अब वह नए जोश से भरा हुआ था और उसके भीतर जमा डर, असुरक्षा और अधीरता खत्म हो चुकी थी। वह शांत और प्रसन्न था। अपनी वापसी की उड़ान पर उसने बिजनेस क्लास की खिड़की वाली सीट चुनी। विमान ने पूरब की ओर उड़ान

भरी और एक निश्चित ऊँचाई पर पहुँचने के बाद यू-टर्न लिया। प्रद्युम्न को दुनिया के सबसे पुराने जीवित शहर वाराणसी का एक अद्भुत दृश्य देखने को मिला। उसने बड़े दिनों के बाद भव्य विश्वनाथ मंदिर की विहंगम झलक देखी जो अब सभी अतिक्रमणों से मुक्त पूरी महिमा के साथ दमक रहा था। दिव्य गंगा जैसे भगवान शिव के चरण धोने के लिए उल्टा घूमकर उत्तर-पूर्व की ओर बह रही थी। कालातीत सत्य जीने के लिए धैर्य तो रखना ही होगा। कभी तो बंदर आएँगे ही!

4

नंदक की खोज

प्रद्युम्न ने अपनी पत्नी को राय दी कि वह रिया की गर्मी की छुट्टियों के दौरान अपने माता-पिता से मिलने भारत जाए और प्रभावती ने खुशी-खुशी उसकी बात मान ली। प्रद्युम्न को इतनी लंबी छुट्टी नहीं मिल सकती थी इसलिए वह यहीं रहने वाला था। इस दौरान उसने प्रकृति की गोद में जाकर वीकेंड बिताने का फैसला किया। सैन फ्रांसिस्को से ठीक आगे माउंट तमालपाइस पर बेहद पुराने रेडवुड्स (एक पेड़) का एक संरक्षित इलाका है। उस इलाके में गर्मी के बावजूद यह जगह अभी भी सुहावनी थी। प्रद्युम्न ने शुक्रवार रात को मारिन काउंटी के एक बुटिक होटल में चेक-इन किया और अगली सुबह छह मील साइकिल चलाकर मुइर वुड्स पहुँचा। बोहेमियन ग्रोव पहुँचने के बाद प्रद्युम्न ने साइकिल किनारे रखी और ढाई सौ फुट ऊँचे पेड़ों की पगडंडी से होते हुए माउंट तमालपाइस ईस्ट पीक तक चला गया। उस सुंदर वातावरण में उसे वक्त का ख्याल ही नहीं रहा लेकिन उसे जोरों की भूख लग गई और वह कामकाजी दुनिया में लौट आया।

वहाँ अचानक उसने एक आदमी को देखा जिसने ज़िंदादिली से उसकी ओर देखकर अभिवादन के तौर पर हाथ हिलाया और पास आने

पर मुस्कुराते हुए हाथ मिलाया। उसका नाम रामकृष्ण था और लोग उसे 'आरके' कहकर पुकारते थे। प्रद्युम्न ने भी अपना परिचय दिया। आरके ने बताया कि वह म्यूटेक्स कॉर्प के संस्थापक बोर्ड के सदस्य हैं और नई सहस्त्राब्दी की शुरुआत के आसपास जब इसकी स्थापना हुई थी तो वह इसके पहले निवेशकों में से एक थे। बाद में म्यूटेक्स के एक ग्लोबल कंपनी में बदलने के दौरान वह इससे बाहर निकल आए और इसके एवज़ में उन्हें एकमुश्त बड़ी धनराशि मिली। आरके ने कहा कि वह इस पार्क में नियमित रूप से आते हैं। सुबह के समय उन्हें यहाँ शायद ही कोई मिलता है। आज उन्हें यह साइकिल देखकर बड़ी हैरत हुई और उन्होंने सोचा कि आज एक नए आदमी से हाय-हल्लो कर लिया जाए।

कुछ बात तो थी कि प्रद्युम्न को इस अजनबी ने अपनी तरफ खींच लिया। प्रद्युम्न को नहीं पता था कि रामकृष्ण वहाँ कैसे पहुँचा जबकि वहाँ पहुँचने के लिए मीलों तक पैदल चलना पड़ता था। वहीं एक जलाशय के बगल में एक बेंच थी और दोनों उस पर जा बैठे। प्रद्युम्न ने देखा कि आरके अपने दोनों घुटनों और कमर के चारों ओर एक्सोस्केलेटल ब्रेसेस पहने हुए थे। ऐसे ब्रेसेस जोड़ों के दर्द से पीड़ित लोगों को आसानी से बैठने, खड़े होने, चलने और घूमने में मदद करते हैं। प्रद्युम्न को आश्चर्य हुआ कि बंदे के पैरों में तकलीफ है, फिर भी वह जंगल में इतनी दूर तक कैसे आ पहुँचा!

उसके विचारों की तंद्रा तब टूटी जब आरके ने अपने फ्लास्क के कप-कम-कवर में प्रद्युम्न के लिए कॉफी उड़ेली। प्रद्युम्न खुशबू से ही पहचान गया कि वह अरकू वैली की शानदार साउथ इंडियन फिल्टर कॉफी थी।

रामकृष्ण आंध्र प्रदेश के एलुरु से हैं और सन् अस्सी के दशक में अमेरिका आने वाले पहली पीढ़ी के तकनीकी विशेषज्ञों में से एक थे। शिकागो पहुँचने के बाद उन्होंने विभिन्न ग्राहकों के लिए एप्लिकेशन सॉफ्टवेयर विकसित

किए और ढेर सारे पैसे बनाए। 2002 में डॉटकॉम के विस्फोट के बाद वे सिलिकॉन वैली आ गए और मोबाइल फोन के लिए सॉफ्टवेयर विकसित करने के व्यवसाय में लग गए। मोबाइल फोन ने जैसे-जैसे कम्प्यूटेशनल पावर और मेमोरी हासिल की, उन्होंने इस क्षेत्र में फर्स्ट मूवर होने का पूरा फायदा उठाया।

उन्होंने कॉन्फेडरेशन ऑफ मिनिएचर ऑपरेटिंग सिस्टम (सीमॉस) की स्थापना की और इसका चेयरमैन एमेरिटस बने जो वर्ल्ड वाइड वेब कन्सॉर्शियम (ट्रिपल डब्ल्यू सी) की तरह था। इस गैर-लाभकारी संगठन ने पहनने जाने लायक डिवाइस ऑपरेटिंग सिस्टम के लिए मानक तैयार किए और उसके लिए दिशा-निर्देश विकसित करने और लगातार बदलते तकनीकी परिदृश्य पर नज़र रखने की ज़िम्मेदारी संभाली। वर्तमान में वह मोबाइल फोन के ऑपरेटिंग सिस्टम के कर्नेल स्तर पर चलनेवाले, एक खुद से सीखने वाले, अपरिवर्तनीय, अभेद्य और बुद्धिमान सॉफ्टवेयर पर काम कर रहे थे जो एक रूट प्रक्रिया के रूप में फोन और पहने जाने लायक उपकरणों को पूरी तरह से हैक-प्रूफ बना सकता था।

इस काम को 'प्रोजेक्ट टाइटेनियम' कहा जाता था। पहनने योग्य डिवाइस, मोबाइल फोन, होम ऑटोमेशन डिवाइस और नेटवर्क के पूरे इकोसिस्टम पर लगातार हैकर्स हमले कर रहे थे और समय की माँग थी कि एक फेल-सेफ ऑन-बोर्ड एआई-संचालित सॉफ्टवेयर बनाया जाए जो इन हमलों को रोक सके, उन्हें कम कर सके और हर हमले के बाद खुद को बेहतर बनाते हुए भावी खतरों के लिए तैयार रह सके।

लेकिन उनकी किस्मत में एक दुखद मोड़ आया और कुछ साल पहले एक कार दुर्घटना में उनकी पत्नी और इकलौता किशोर बेटा दुनिया को अलविदा कह गए। आरके भी उस दुर्घटना में घायल थे, पर वे बच गए।

अपनी कुल जमा-पूँजी को वे भविष्य के लिए सुरक्षित ढंग से निवेश कर चुके थे और अब सादगी भरा एकांत जीवन जी रहे थे जहाँ उनकी जरूरतें बेहद कम थीं। प्रद्युम्न को अब समझ में आ गया कि उन्होंने एक्सोस्केलेटल ब्रेसेस क्यों लगा रखे थे।

प्रद्युम्न ने उन्हें अपने बारे में संक्षेप में बताया और फिर उनकी चर्चा धन की गतिशीलता की तरफ मुड़ गई। उसने आगे कहा, "तकनीक बड़े पैमाने पर धोखाधड़ी को असंभव बना सकती है और शेयर बाज़ारों में बेतहाशा अस्थिरता और अराजकता को खत्म कर सकती है। अगर हम इंसानों को समीकरण से हटा दें और मशीनों को वित्तीय प्रणाली चलाने दें तो ज़्यादातर वर्चुअल फाइनेंस इंडस्ट्री के उपकरण ध्वस्त हो जाएँगे। यदि एल्गोरिदम मुख्य रूप से शेयर बाजारों में कारोबार कर रहे होते, सभी कॉर्पोरेशन, सप्लायरों और हर कंपनी के लॉजिस्टिक भागीदारों और कर्मचारियों के डेटा के वित्तीय ब्यौरों का सावधानी से मूल्यांकन कर रहे होते तो अटकलें गायब हो जातीं और बाज़ार स्थिर अवस्था में पहुँच जाते। हर कंपनी का स्टॉक अपने उचित मूल्य पर कारोबार करता और पूरा वित्तीय उद्योग आखिरकार इंसानी दखल से मुक्त और नतीजतन अटकलों से मुक्त हो जाता जिससे अस्थिरता-मुक्त बाज़ार बन जाता।

एआई सिस्टम्स में इतनी बुद्धिमत्ता हो सकती है कि वे दुनिया में लगभग सभी वस्तुओं के उत्पादन और खपत पैटर्न की भविष्यवाणी कर सकते हैं। ऑटोमेटिक ट्रकों, ट्रेनों और जहाजों पर आधारित पूरी सप्लाई चेन और लॉजिस्टिक उद्योग सुपर-कुशल बन सकता है। ये सिस्टम अधिकांश आवश्यक वस्तुओं की सही कीमत हासिल कर सकते हैं और चूँकि इनमें मानवीय हस्तक्षेप नहीं होगा तो लगभग इन उत्पादों की कीमतें भी कभी नहीं बढ़ेंगी। हम शून्य-मुद्रास्फीति वाली विश्व अर्थव्यवस्था तक भी पहुँच सकते हैं।

बीसवीं सदी में औद्योगीकरण का मूल आधार लागत कम करने के लिए कुशलतापूर्वक वस्तुओं का उत्पादन करना था। लागत कम तो हुई लेकिन इसका लाभ शायद ही कभी उपभोक्ता को दिया गया। अधिकांश उद्योगों ने कभी भी प्रदूषण और श्रम खतरों की लागतों को ध्यान में नहीं रखा और जब विवाद बढ़ा तो उत्पादन को तीसरी दुनिया के गरीब और कम मजदूरी वाले देशों में भेज दिया गया, इससे कंपनियों की कमाई और बढ़ गई।

एयर क्वालिटी इंडेक्स (एक्यूआई) मॉनिटर और सभी कारखानों के आसपास हाई-डेफिनिशन सैटेलाइट इमेज के साथ एआई सिस्टम यह सब आसानी से ऑडिट कर सकते हैं और प्रदूषण फैलाने वाले उद्यमों पर भारी जुर्माना लगाया जा सकता है। उनकी स्टॉक की कीमतों का कम मूल्यांकन किया जा सकता है। दरअसल एआई ही वास्तव में एक सर्कुलर अर्थव्यवस्था और वैश्विक नेट-ज़ीरो लक्ष्यों को लागू कर सकता है क्योंकि इन सभी प्रक्रियाओं में शामिल इंसान कभी भी अपने झूठ को नहीं स्वीकारेंगे और मीडिया के असर में अनाप-शनाप बातों में जुटे रहेंगे।

इतना ही नहीं, दुनिया भर में अतिरिक्त खाद्य सामग्री का उत्पादन हो रहा है लेकिन फिर भी एक बड़ी आबादी भूखी है। तकनीक की मदद से इस अतिरिक्त खाद्य सामग्री को ज़रूरतमंदों तक वितरित किया जा सकता है जिससे जरा भी खाद्यान्न बर्बाद नहीं होगा। स्वचालित कृषि और विवेकपूर्ण खेती से खाद्य उत्पादन बेहद सस्ता हो जाएगा। दुनिया में हमेशा सभी के लिए पर्याप्त भोजन था लेकिन इस चक्र में शामिल मनुष्यों ने ही इसकी स्वतंत्र और निष्पक्ष पहुँच को सीमित कर दिया है। इन उद्योगों को मानवरहित बनाने का अर्थ होगा—उनसे लालच और अक्षमताओं को दूर करना। इस विचार पर आधारित अर्थशास्त्र कि संसाधन दुर्लभ हैं, इसके अधूरे विज्ञान को केवल एआई के ज़रिए ही खारिज कर सकता है क्योंकि 'अभाव' को हमेशा इंसानों ने पैदा किया है।"

प्रद्युम्न का कहना था कि अगर दुनिया को तकनीक से चलाया जाए तो यह एक बेहतर जगह होगी। उसके मुताबिक, एआई का प्राइम टाइम आ गया है और अब इसके ज़रिए दुनिया को सार्थक रूप से चलाने की ज़रूरत है, न कि इसे केवल होमवर्क में मददगार एक तकनीकी खिलौना और केवल एक गौरवशाली वेब सर्च रिजल्ट एग्रीगेटर बनाकर रखे रहना है।

आरके अधेड़ हो चला था और वह नए विचारों और आत्मविश्वास से भरे नौजवान प्रद्युम्न के जोश को देखकर थोड़ा मुस्कुराया। प्रद्युम्न की बातों से उसे अपने बेटे की याद आ गई। वह भी तकनीक के उपयोग से दुनिया को बदलने को लेकर काफी जज़्बाती था। थोड़ी देर रुकने के बाद उसने कहा, "मनुष्य ने हमेशा किसी न किसी मकसद को पूरा करने के लिए कुछ नई खोज की है और अपने सृजन के लिए उसका वैकल्पिक उपयोग भी ढूँढ़ा है। उसने जानवरों पर काबू पाने और उनका शिकार करने के लिए औज़ार बनाए, फिर उन्हीं औज़ारों का इस्तेमाल आपस में लड़ने के लिए भी किया। इंसान ने भोजन की कमी को पूरा करने के लिए कृषि के तरीके सीखे लेकिन बाद में उसी ने खाद्य पदार्थों की जमाखोरी और कमी पैदा करना भी शुरू कर दिया। उसने दुनिया के दूसरे हिस्सों की खोज और दूसरे इलाकों में कारोबार करने के लिए जहाज भेजे लेकिन कालांतर में वही मानव दास व्यापार, शोषण और साम्राज्यवाद में लिप्त हो गया। इंटरनेट को संचारक्रांति के लिए बनाया गया था लेकिन यह अब जुआ, घोटाले और पोर्नोग्राफी जैसी बुराइयों का अड्डा बन गया है। ऐसा लगता है जैसे मोबाइल फोन ने कलयुग का सबसे बुरा दौर लाकर आपके हाथों में रख दिया है।" आरके अपने विचारों को एक के बाद एक पिरोते जा रहे थे, "...और हाँ, आप सही कह रहे हैं, सूचना तकनीक और डेराइव्ड इंटेलिजेंस की शक्ति ही इस चक्र को तोड़ने का एकमात्र तरीका हो सकता है। इस अथाह अंधकार से निष्पक्ष, शुद्ध और बेअसर होकर बाहर निकलने का एकमात्र रास्ता तकनीक ही है।"

सिलिकॉन वैली बुद्धिमान और चौकन्ने लोगों का शहर है। ये लोग आमतौर पर ज़्यादा बातें नहीं करते और आपस में विचारों को साझा नहीं करते। लेकिन प्रद्युम्न एक अजनबी के सामने अपने विचार रखने से खुद को रोक नहीं पाया। उसे उस इंसान से एक सकारात्मक ऊर्जा निकलती दिख रही थी और वह बुद्धिमान भी लग रहा था। दोनों के मन में साथ मिलकर काम करने की आशा की किरण जाग गई थी और शायद इसी के तहत उन्होंने एक-दूसरे का मोबाइल नंबर ले लिया। इसके बाद प्रद्युम्न ने अपनी साइकिल उठाई और वहाँ से निकल पड़ा। रामकृष्ण ने उसकी ओर हाथ हिलाया और वह उल्टी दिशा में टहलने निकल गए।

कोई हफ्ते भर बाद प्रद्युम्न को टाइटेनियम प्रोजेक्ट के मैनेजर जैक का एक ईमेल आया। जैक, आरके के साथ काम करता था। उसे अपने प्रोजेक्ट के लिए कुछ एआई कॉम्पोनेंट्स से जुड़ी मदद की ज़रूरत थी। प्रद्युम्न ने म्यूटेक्स कॉर्पोरेशन की कानूनी टीम के सामने उसका अनुरोध पेश कर दिया क्योंकि म्यूटेक्स कंपनी पहले से ही सीमॉस संघ की सदस्य और प्रायोजक थी, इसलिए सारी मंज़ूरी तुरंत मिल गईं। मैनेजमेंट से म्यूटेक्स में अपने थ्योरेटिकल काम से बाहर जाने की हरी झंडी मिलने के बाद प्रद्युम्न रेडवुड शोर्स में स्थित सीमॉस डेवलपमेंट सेंटर गया था।

सीमॉस में प्रद्युम्न का एक हीरो की तरह स्वागत हुआ। टीम का हर सदस्य प्रद्युम्न से मिलना और उसके साथ सेल्फी क्लिक करना चाहता था। टेक्नोलॉजी इंडस्ट्री में प्रद्युम्न एक छोटा-मोटा सेलिब्रिटी पहले ही बन चुका था। सभी इंजीनियरों और प्रोडक्ट मैनेजरों ने बड़े उत्साह से प्रद्युम्न को अपने मॉड्यूल समझाए। उसने देखा कि कैसे प्रोजेक्ट टाइटेनियम को किसी भी इंस्टॉल किए गए ऐप द्वारा डिवाइस ऑपरेटिंग सिस्टम, हर फोन कॉल, हर हाइपरलिंक क्लिक, किसी अज्ञात प्रेषक से हर एसएमएस, हर नए चैट रिक्वेस्ट, हर नेटवर्क एक्सेस के रिक्वेस्ट, जीपीएस रिक्वेस्ट, माइक्रोफोन रिक्वेस्ट के ज़रिए

किए गए हर रिक्वेस्ट को इंटेलिजेंस के ज़रिए ही वैरीफाइ और अप्रूव करने के लिए डिज़ाइन किया गया था। एआई इंजन द्वारा रिक्वेस्ट को मंजूरी देने के बाद ही एक्सेस दिया जाता था।

इस मुकाम पर पहुँचकर टीम अटक गई थी। सवाल यह था कि अब इस ऑनबोर्ड एआई सिस्टम को इतना मज़बूत कैसे बनाया जाए कि इसे हैक न किया जा सके? वह एआई किसी बुरी नीयत वाले हमलावर इकोसिस्टम से कैसे हमेशा दो कदम आगे रहे? यह प्रद्युम्न के वर्षों के रिसर्च का निचोड़ था और वह जानता था कि वह इस समस्या को हल कर सकता है।

अगले कई महीनों तक प्रद्युम्न ने खुद को इस प्रोजेक्ट के काम में डुबो दिया और सीमॉस के डेवलपर्स के साथ कड़ी मेहनत की। आखिर में वह कुछ ऐसा लेकर आया जिसने समस्या को काफी हद तक हल कर दिया।

उसने इन हमलों से निपटने के लिए एक आक्रामक रणनीति बनाई। इसके अनुसार किसी भी हमले का बैकट्रैक आईपी एड्रेस ट्रेल तैयार किया जाता ताकि हमला जहाँ से हुआ, उस बिंदु के रियल को-ऑर्डिनेट्स पता चल सकें। जिस मशीन से हमले की शुरुआत होगी, उसकी पहचान अपने-आप हो जाएगी। हर ऑपरेटिंग सिस्टम लेवल कर्नेल को रिमोटली ब्लॉक करने की क्षमता दी गई थी। अगर हमला करने वाली मशीन सीमॉस कन्सोर्शियम के साथ पंजीकृत किसी भी ऑपरेटिंग सिस्टम का उपयोग कर रही थी, तो उनके पास इन मशीनों को पूरी तरह से बेकार करने की क्षमता थी। सभी मशीनें वास्तव में सीमॉस पंजीकृत ऑपरेटिंग सिस्टम या कर्नेल सॉफ्टवेयर का उपयोग कर रही थीं।

इस योजना के साथ यह संभव हो गया कि जिस मशीन से हमला हुआ है, वह कुछ ही सेकंडों में बेकार की जा सके। उसने अपनी अत्याधुनिक एआई क्षमताओं के साथ एक रियल-टाइम क्लाउड-आधारित सेवा भी बनाई जो

हर क्षण सीखती रहती थी। वह दुनिया में कहीं भी होने वाले किसी भी हमले के बारे में खुद को अपडेट करते रहने के साथ-साथ बदनीयत एंडपॉइंट्स की अपनी डायरेक्टरी को भी अपडेट करती रहती थी। इस प्रकार दुनिया में कहीं से भी शुरू होने वाला कोई भी हमला कुछ ही मिनटों में एक लहर की तरह खत्म हो जाता था।

उसने इस सबकी गहन जाँच की और इसके सटीक नतीजे मिले। अब इसे दुनिया के सामने लाने की घड़ी आ गई थी। आरके ने जब टीम से मुलाकात की तो प्रद्युम्न ने दुनिया बदल देने की कुव्वत रखने वाले इस सॉफ्टवेयर के नाम को लेकर चिंता जताते हुए कहा, "अगर इस जैसे बुलेटप्रूफ सिस्टम का नाम टाइटेनियम रखा जाए तो फिर भी गोली तो किसी भी ऐसी सामग्री से बनी हो सकती है जो इस ढाल को भेद दे। दूसरी बात यह नाम स्थिर रहने वाला है। लेकिन हमने जो बनाया है वह कोई स्थिर और सीमित रहने वाला नहीं बल्कि हमेशा विकसित होते रहने वाला, खुद को बेहतर बनाने वाला और अपना आकार और रूप-रंग बदलने वाला है। हमने जो बनाया है वह पलटवार भी करता है और रोकथाम की कार्रवाई भी करता है। इसको हमें टाइटेनियम टूल के रूप में नहीं बल्कि टाइटेनियम तलवार वाले योद्धा के रूप में पेश करना चाहिए। यह सिर्फ हथौड़ा नहीं है, ये हथौड़ा चलाने वाला थोर है।"

हर कोई इस बात से सहमत था कि नाम बदला जाना चाहिए। आखिरकार काफी सोच-विचार के बाद प्रद्युम्न का सुझाव मान लिया गया और सॉफ्टवेयर का नाम *नंदक* रखा गया। सीमॉस गठबंधन के सभी घटक ऑपरेटिंग सिस्टम विक्रेताओं ने अपने ऑपरेटिंग सिस्टम अपग्रेड के अगले समूह में नंदक मॉड्यूल को शामिल कर लिया। कुछ ही महीनों में दुनिया के लगभग सभी डिवाइस में यह सॉफ्टवेयर चल रहा था और केंद्रीय सर्वर के साथ सिन्क्रोनाइज़ हो रहा था। इसका विस्तार तेज़ी से हुआ और पूरी

दुनिया में इसके असर को पसंद किया जा रहा था। यह हर बीमारी के लिए रामबाण साबित हो रहा था। पूरा हैकिंग उद्योग इससे हैरत में आ गया। दुनिया भर में लाखों फिशिंग कोशिशें नाकाम कर दी गईं। दुर्भावनापूर्ण हमलों को जन्म देने वाले उपकरण नष्ट कर दिए गए। हमले शुरू करने वाले सभी आईपी एड्रेस के राउटर और नेटवर्क डिवाइस को अक्षम कर दिया गया।

दुनिया में ऐसा पहली बार हुआ था जब बदनीयत हमलों की कीमत पीड़ितों को नहीं बल्कि हमलावरों को चुकानी पड़ रही थी। सीमॉस टीम कामयाबी का जश्न मना रही थी। यहाँ तक कि म्यूटेक्स मैनेजमेंट ने भी प्रोजेक्ट में योगदान के लिए प्रद्युम्न को एक मलाईदार बोनस दिया। प्रद्युम्न इस सफल प्रोजेक्ट का पोस्टर बॉय बन गया जिसने अरबों डॉलर की रकम गलत हाथों में जाने से बचाई थी। लाखों मासूम, नासमझ, भोले-भाले टेक्नोलॉजी यूज़र्स को आखिरकार कोई ऐसा तारणहार मिल गया जो उन्हें रोज़मर्रा की ज़िंदगी में होने वाली सॉफेस्टिकेटेड धोखाधड़ी के हमलों से बचा सके। प्रद्युम्न दुनिया को बदलने और उस पर अपना पॉज़िटिव असर डालने की संभावनाओं के बारे में सोचकर काफी उत्साह से भर गया।

प्रद्युम्न को संपाति की कहानी याद आ गई जो उसे उसकी माँ ने सुनाई थी और उसे फिर से अपने पंख उगते हुए-से लगे। आरके ने नतीजों की समीक्षा करने और अगले कदमों की योजना बनाने के लिए पूरी टीम के साथ प्रद्युम्न से मुलाकात की। प्रद्युम्न यह मौका देने के लिए आरके का बहुत शुक्रगुज़ार था। आरके से मिलने से पहले वह खोया हुआ और थका हुआ महसूस कर रहा था, जैसे कि ट्रेडमिल पर दौड़ता इंसान थक तो जाता है पर पहुँचता कहीं नहीं। इस एक प्रोजेक्ट ने उसके आसपास सब कुछ बदल दिया था।

शुरुआती कुशलक्षेम के बाद आरके ने प्रद्युम्न से पूछा कि नंदक प्लेटफॉर्म के पीछे एआई इंजन कैसा काम कर रहा है। आरके यह जानने को उत्सुक थे कि ये एआई इंजन हैकिंग से कितने बेअसर रह सकते हैं? क्या यह एआई इंजन वास्तव में बिना किसी मार्गदर्शन के अपने-आप सीख रहा था? क्या यह खुद को सुरक्षित बनाने के तरीके सीखकर खुद को ठीक कर रहा था और खुद ही विकसित हो रहा था? प्रद्युम्न ने उनके सवालों के जवाब विस्तार से दिए लेकिन आरके अभी भी आश्वस्त और संतुष्ट नहीं थे।

प्रद्युम्न ने पूछा, "आपकी क्या राय है आरके?"

आरके ने झिझकते हुए कहा, "क्या हम यह नहीं कह सकते कि यह ईश्वर की इच्छा ही है कि एआई अपने-आप सीख लेता है?"

प्रद्युम्न ने उत्तर दिया, "हाँ, यह कहना गलत तो नहीं होगा।"

आरके ने पूछा, "क्या इससे मानव जाति के सामने आने वाली बाकी समस्याओं का हल भी निकाला जा सकता है? आपने *नंदक* के साथ जो हासिल किया है, क्या इसका विस्तार दूसरे कामों में नहीं किया जा सकता?"

"बेशक। किया जा सकता है," प्रद्युम्न ने पुष्टि करते हुए कहा।

"क्या इस दुनिया को बेहतर बनाने में मदद करने के लिए पूरी तरह से स्वतंत्र, अप्रशिक्षित, अपरिवर्तनीय, अटूट, खुद से सीखने वाले, धोखाधड़ी रहित, किसी भी प्रभाव से मुक्त, हर तरह के दोष से मुक्त एआई सिस्टम बनाना वाकई मुमकिन है?"

दोनों के बीच जैसे एक लंबी चुप्पी पसर गई। लेकिन प्रद्युम्न के दिमाग में लाखों छवियाँ चमक उठीं। "यह हमेशा से मेरा सपना रहा है या कहूँ कि

मेरी ज़िंदगी का एकमात्र मकसद ही है कि ऐसा कोई सिस्टम तैयार किया जा सके।" प्रद्युम्न ने कहा, पर उसकी आवाज़ रुंध गई थी।

"यह तो ईश्वरीय कार्य होगा, है न?" आरके ने तुरंत एक गंभीर, धीमी आवाज़ में टिप्पणी की जो अक्सर गहन विचारों में खो जाने पर निकलती है। फिर उन्होंने कहा, "लेट्स डू इट।" आरके ने अपनी बात दृढ़विश्वास के साथ कही थी। उनकी आँखें लगभग चमक उठी थीं मानो उन्हें यह एहसास हो गया कि अब इसे कर गुज़रने का वक्त आ चुका है।

थोड़ा रुककर रामकृष्ण ने पूछा, "खर्चा कितना आएगा?"

"शुरू में तो पचास करोड़," प्रद्युम्न ने कहा। रामकृष्ण ने सौदा पक्का करने के संकेत के रूप में अपना हाथ आगे बढ़ाया और प्रद्युम्न ने उसे रोबोट की तरह तत्परता और यकीन के साथ थाम लिया और बोला, "मेरे पास पहले से ही अक्षरमाला नाम की एक रजिस्टर्ड कंपनी है।"

"ठीक है। मैं फंड ट्रांसफर करता हूँ। मैं आपको को-फाउंडर और सीईओ के रूप में नियुक्त करता हूँ। अब हम एक टीम हैं और बस काम शुरू करते हैं।" रामकृष्ण ने कहा।

प्रद्युम्न को कुछ वैसा ही महसूस हो रहा था जैसा तेरह साल के वनवास-अज्ञातवास के अंत में युद्ध के मैदान में पहुँचने से पहले अर्जुन को लग रहा होगा। उसके जीवन भर की साधना जैसे सार्थक होने वाली थी।

5

कर्मपटल

प्रद्युम्न ने म्यूटेक्स की अपनी नौकरी से इस्तीफा दे दिया। रामकृष्ण ने कागज़ी कार्रवाई पूरी करने के लिए अपने वकील लगा दिए और 500 मिलियन डॉलर की रकम एंजल फंडिंग के रूप में अक्षरमाला कंपनी को ट्रांसफर कर दी। उन्होंने साफ कर दिया कि वह कंपनी के संचालन में भाग नहीं लेंगे और किसी भी विचार-विमर्श के लिए उपलब्ध नहीं होंगे। प्रद्युम्न के पास न केवल कंपनी का पूरा नियंत्रण रहने वाला था बल्कि इस कंपनी का चेहरा भी वही रहने वाला था।

प्रद्युम्न ने भारत आने का फैसला किया क्योंकि उसकी पहली ज़रूरत जोशीले और कुशल गणितज्ञों और इंजीनियरों को काम पर रखना था—उन लोगों को जिन्हें उसके विचार और एल्गोरिदम शायद बहुत विचित्र लगें। मसलन, कोई अमेरिकी शायद ही 'कर्म का सिद्धांत' समझ पाता और उस पर काम कर पाता! भारत में तो जीवन ही कुंडली बनने से शुरू होता है जिसमें बाकायदा इसकी एंट्री होती है कि बंदा पिछले जन्म में क्या था।

भारत के अधिकांश शहरों में वायु गुणवत्ता सूचकांक (एक्यूआई) खराब था इसलिए उसने ऋषिकेश से काम करने का फैसला किया। यहाँ

गंगा हिमालय से मैदानी इलाकों में उतरती है। अच्छी फंडिंग होने की वजह से उसे बेहतरीन लोगों को काम पर रखने और एक सुविधाजनक दफ्तर तैयार करने में कोई समस्या नहीं हुई। 2028 का शैक्षणिक वर्ष पूरा होने पर प्रभावती भी रिया को लेकर भारत आ गई।

कुछ काम, एक तरह से बहुत से छोटे-छोटे कामों का जोड़ होते हैं। अगर हम समुद्र के किनारे खड़े होकर लहरों की आवाज़ सुनें तो हमें लगेगा कि यह बहुत अधिक शोर है लेकिन हम जानते हैं कि एक लहर लाखों-करोड़ों छोटी-छोटी लहरों से बनी होती है जिनमें से हर एक आवाज़ करती है पर उन्हें हम तब तक नहीं सुन पाते जब तक कि वे मिलकर एक बड़ी आवाज़ में तब्दील न हो जाएँ। इसी तरह, जो बड़े काम हमारे सामने दिखते हैं, वे असल में कई छोटी-छोटी कोशिशों का जोड़ होते हैं जिनका अक्सर कोई सीधा नतीजा नहीं दिखता। आप यदि वास्तव में किसी व्यक्ति के चरित्र की परख करना चाहते हैं तो उसके शानदार प्रदर्शन को न देखें बल्कि यह देखें कि वह अपने रोज़मर्रा के काम कैसे करता है। किसी व्यक्ति की परख उसकी सबसे सामान्य गतिविधियों से होती है—वह किस तरह बैठता है, खड़ा होता है, चलता है, खाता है, कपड़े पहनता है और सबसे बड़ी बात—वह कैसे बोलता है। उसके शब्द, आवाज़ के उतार-चढ़ाव, हाथों-आँखों के समन्वय आदि से उस व्यक्ति की असली प्रकृति का पता चलता है।

यह वही सपना था जो प्रद्युम्न ने स्मार्टग्लास प्रोजेक्ट के बंद होने के बाद म्यूटेक्स में अपने शांत और अपेक्षाकृत खाली समय के दौरान संजोया था। अब वही सपना उसकी चेतना में चिनगारी बनकर उसकी कामयाबी की कहानी लिख रहा था। हर कदम पर प्रद्युम्न को लगता, यह काम तो वह कर चुका है। उसके प्रत्येक रॉकेट के लिए लॉन्चपैड जैसे हमेशा तैयार मिलता।

एक विशुद्ध एआई सिस्टम को तैयार करने के लिए प्रद्युम्न को मैक्रो-इंटेलिजेंस और इंसानी बुद्धिमत्ता का अध्ययन करना पड़ा। वैश्विक स्तर पर अनेक जेनरेटिव प्री-ट्रेन्ड ट्रांसफॉर्मर (जीपीटी) प्रकार के एआई सिस्टम प्रचलित थे और अपने अरबपति मालिकों के प्रतिस्पर्धी घमंड के खेल का साधन बनकर रह गए थे। सचाई यह थी कि इनमें से अधिकांश सिस्टम वास्तव में, ज्ञान का प्रसार करने वाले, डिजिटल सहायक और समस्याओं का समाधान करने वाले के रूप में आकर एक संतृप्त स्थिति में पहुँच गए थे। न इससे ज़्यादा कुछ, न ही इससे परे कुछ।

आधुनिक तकनीक का उपयोग करने वाले हर इंसान के आसपास के सभी उपकरणों पर *नंदक* के इन्स्टॉल हो जाने से, *अक्षरमाला* के पास अपने यूज़र्स से मिली बुद्धिमत्ता की सोने की खान तक सीधी और बेरोकटोक पहुँच थी। म्यूटेक्स ग्लास की नाकामी और *नंदक* की कामयाबी ने प्रद्युम्न को सिखाया कि किसी भी तकनीक को उसके यूज़र्स पर थोपा नहीं जा सकता। किसी भी तकनीक के व्यापक स्तर पर प्रयोग के लिए, उससे किसी वास्तविक समस्या का हल दिया जाना ज़रूरी है।

बहुत अच्छे से चल रहे सभी एआई सिस्टम का काम ऐसे व्यक्तियों की मदद करना था जो कोई सवाल पूछ रहे थे या दस्तावेज़ बनवा रहे थे। लेकिन एआई सिस्टम किसी भी व्यक्ति को सक्रिय, हितकारी और मूल्यवान ज्ञान, सुझाव, जानकारी या समाधान के साथ प्रेरित करने का काम नहीं कर पा रहे थे। प्रद्युम्न, *नंदक* की क्षमता को इस तरह बढ़ाना चाहता था कि वह यूज़र्स को उन बातों के बारे में सचेत करना शुरू कर सके जो उनके हित में नहीं था। यदि किसी यूज़र को सटीक प्रिंट दिखाए बिना कोई प्रोडक्ट बेचा जा रहा था या किसी प्रोडक्ट का जल्द ही आउट ऑफ डेट हो जाने वाला वर्जन बेचा जा रहा था या यदि कोई यूज़र किसी ऐसे पर्यटन स्थल पर जाने की योजना बना रहा था जहाँ भीड़भाड़ होने वाली थी, ट्रैफिक जाम लगने

वाले थे या कोई यूज़र किसी लापरवाह दोस्त की मूर्खतापूर्ण सिफारिश के कारण या आवेग में आकर कोई क्रिप्टो संपत्ति खरीद रहा था तो उन सभी को रुकने और दोबारा सोचने की ज़रूरत थी।

लोगों के संभावित नुकसान की, जबरिया किसी फैसले की ओर धकेले जाने की और ठगे जाने की सूची अंतहीन थी। ऐसे कई उदाहरण थे जहाँ लोग आवेग में गलतियाँ करते हैं और बाद में पछताते हैं। बाद में बस वे यही सोचते रह जाते हैं कि काश कोई उन्हें उस वक्त रोक देता और उन्हें फैसले पर दोबारा सोचने के लिए कहता। *नंदक* जैसी नेकनीयत सुविधा यूज़र्स के लिए दैवीय वरदान जैसी मानी जा रही थी। ज़ाहिर है, अगर प्रद्युम्न *नंदक* प्लेटफॉर्म को वैश्विक स्तर पर अपनाए जाने की कामयाबी पर गर्व कर रहा था तो यह ज़रा भी गलत नहीं था। लाखों यूज़र्स को घोटालों और धोखाधड़ी से बचाने का भरोसा प्रद्युम्न पर पहले से ही बना हुआ था। इस सुविधा को हर किसी ने खुशी-खुशी अपनाया था। नंदक प्लेटफॉर्म की सफल डिलीवरी से *अक्षरमाला* कंपनी सातवें आसमान पर जा बैठी।

अब प्रद्युम्न और उनकी टीम को कोई रोक नहीं सकता था। प्रद्युम्न को इस बात का बखूबी एहसास था कि उन्हें नियमित आमदनी के स्रोत की तलाश करनी होगी ताकि उनका काम पैसों की कमी की वजह से न रुके। रेवेन्यू मॉडल हमेशा उन कंपनियों के लिए एक धुँधला-सा क्षेत्र था जिनकी अरबों यूज़र्स के डेटा तक पहुँच थी। जाहिर है किसी भी यूज़र की जानकारी को बेचना अनैतिक और अवैध था। लेकिन यूज़र की जानकारी का गुमनाम रूप से उपयोग करके एआई सिस्टम के इंटेलिजेंस को समृद्ध करना और उस डेराइव्ड इंटेलिजेंस का इस्तेमाल करके मुनाफा कमाना बुरा नहीं माना जाता था। अगर एआई सिस्टम खुद ही किसी यूज़र को कुछ पैसे कमाने या बचाने में मदद करता है और उससे कमीशन लेता है तो यह तो एक नई और स्वागतयोग्य बात ही हुई।

जितनी बुद्धिमत्ता तैयार की जा रही थी, वह बेशकीमती थी। प्रद्युम्न इससे सीधे मुनाफा नहीं लेना चाहता था। लेकिन उसके उद्यम पर बुरा असर न पड़े, इसके लिए उसे पैसे की भी ज़रूरत थी। ऐसे में उसने बीच का रास्ता अपनाया और एआई फॉर गुड नाम से अक्षरमाला का एक गैर-लाभकारी फाउंडेशन बनाया। प्रद्युम्न ने संकल्प लिया कि वह अपने एल्गोरिदम से कमाया सारा मुनाफा इस फाउंडेशन में जमा करेगा। उसका विचार था कि उसके सिस्टम द्वारा प्राप्त की जा रही एकीकृत जानकारी यूज़र्स से एकत्रित किए जा रहे डेटा और सूचना पर आधारित थी और उसे उस फायदे को उन यूज़र्स के साथ साझा करना चाहिए जिनका डेटा इस एकीकृत जानकारी का आधार था।

हर घर में इंटेलिजेंस की यह जोत फैलाने वाला नंदक जल्द ही एक ऐसा प्लेटफॉर्म बन गया जिस पर यूज़र्स से हासिल जानकारी हर यूज़र को फायदा पहुँचा सकती थी। जब कोई यूज़र कोई उपकरण खरीदना चाहता था और कुछ ब्लॉक दूर रहने वाले किसी अजनबी को भी उसी उपकरण की ज़रूरत होती थी तो ऐसी मांगों का मिलान करके बेहतर डील अब मुमकिन हो गई। नंदक प्लेटफॉर्म एक साथ थोक डील भी ला सकता था जिसमें उपभोक्ता से लेकर निर्माता और लॉजिस्टिक्स पार्टनर तक सभी का फायदा हो। इस एग्रीगेटर इंटेलिजेंस ने कार-पूलिंग, सस्ती छुट्टियाँ और हाइपर-लोकल रूप से रीसेलिंग और किराए पर संसाधन उठाने के बेहतर तरीके बनाने-साझा करने में मदद की। यदि कोई यूज़र कई महीनों से किसी उपकरण का इस्तेमाल नहीं कर रहा था तो उसे अपने आसपास के किसी ऐसे व्यक्ति को इसे फिर से बेचने या सब-लीज़ पर देने का एक सुझाव मिलता था। यानी यह काम ज़रूरतमंद बेचने वाले और खरीदने वालों को एक मंच पर लाने का था। इस सुविधा से यह एक सस्ता, हाइपर-कुशल विकल्प बन गया जो इससे पहले मिलना मुमकिन नहीं था।

जब विश्वस्तर पर कुशल अनुकूलन की ऐसी छोटी-छोटी लहरें एक साथ आईं तो एक व्यापक आर्थिक परिवर्तन का ताकतवर ज्वार उठा जिसके चलते अधिकांश उत्पादों और सेवाओं की लागत कम हो गई और माँग में बढ़ोतरी हुई। अधिक से अधिक यूज़र्स ने इन लाभों का फायदा उठाना शुरू कर दिया जिससे प्लेटफॉर्म अधिक कुशल बन गया। इस कुशलता और अनुकूलन के व्यावहारिक इस्तेमाल ने स्टॉक ट्रेडिंग, धन प्रबंधन, पीयर-टू-पीयर लेंडिंग, पेशेवर और व्यक्तिगत नेटवर्किंग, टैलेंट सोर्सिंग, फ्रीलांस सहयोग और हाइपर-लोकल कॉमर्स जैसे विभिन्न उद्योगों से लेकर माँग और आपूर्ति के मिलन-स्थल को बहुत तेज़ी से बदल दिया। मुनाफा बढ़ता गया और हर लेन-देन के लिए अक्षरमाला और इस तरह एआई फॉर गुड को एक कमीशन मिलता गया। चूँकि, अधिकांश टेक्नो-कंपनियाँ टैक्स बचाने में भी कुशल हैं इसलिए इस कमीशन को टैक्स के दायरे से बाहर रखने के लिए दान के रूप में रखा गया।

ऐसे में कई स्थानीय कारोबार बदल गए और कई नए अति-कुशल कारोबारी मॉडल सामने आने लगे। जब इन सभी विचारों को वैश्विक स्तर पर अपनाया गया तो अनेक आर्थिक सुधार दिखाई देने लगे। जिस चीज़ ने दुनिया को धीरे-धीरे बदल दिया, उसने धन का एक अंबार भी खड़ा कर दिया जो एआई फॉर गुड फाउंडेशन में जमा हो रहा था। एक साल के भीतर ही फाउंडेशन का कुल कोष एक अरब डॉलर को पार कर गया। आरके और प्रद्युम्न दोनों इस बात को लेकर सहमत थे कि इस तेज़ी से बढ़ती दौलत का इस्तेमाल सबकी भलाई के काम में ही हो। नंदक संवर्द्धन का अगला सेट बनाने के लिए प्रद्युम्न उत्साह के साथ जुट गया। अक्षरमाला ने फाउंडेशन के कोष को मानवता के हित में इस्तेमाल करने का फैसला किया था और उन्हें अब असली ज़रूरतमंद लोगों की पहचान

करनी थी जिन्हें वास्तव में आर्थिक मदद की दरकार थी। ज़ाहिर है कि इसे भी बगैर किसी इंसानी दखल के साथ ही किया जाना था।

योजना यह थी कि किसी को आर्थिक रूप से सहायता देने के लिए एआई प्लेटफॉर्म उन लाभार्थियों को कुछ मामूली काम सौंपेगा ताकि वे अपने लिए सहायता अर्जित करें। इस तरह यह मदद न तो दान होगी और न ही उपहार। आमतौर पर यह काम किसी ऐसी चीज़ को वर्गीकृत करने के लिए होते थे, जिसे एआई इंजन खुद पूरी तरह से वर्गीकृत नहीं कर पा रहा था; मसलन, इस फूल में कौन-सी खुशबू है, इस फल में कौन-सा स्वाद है, आज मौसम के हिसाब से क्या मूड है वगैरह, वगैरह।

किसी भी एआई एल्गोरिदम के शुरुआती प्रशिक्षण वाले दौर में मानवीय प्रतिक्रिया लेना और मॉडल को समृद्ध करना एक सामान्य अभ्यास है। ऐसा कई विकल्पों वाले आसान सवाल पूछकर किया जाता है और अपेक्षा की जाती है कि एक मानव यूज़र केवल एक विकल्प चुनेगा। फिर वही प्रश्न कई अन्य यूज़र्स से पूछा जाता है और आम सहमति के आधार पर एआई इंजन इससे सीखकर अपने मॉडल को बेहतर बनाता है। ऐसे प्रत्येक मामूली वर्गीकरण के काम के लिए, यूज़र को एक डॉलर का भुगतान किया जाना था। पहली बार एआई अपने आसान और सांसारिक कामों के लिए इंसानों को नियुक्त कर रहा था।

जैसे-जैसे एआई मॉडल समृद्ध मानवीय प्रतिक्रिया पाकर बेहतर होते गए, प्रद्युम्न के एआई एल्गोरिदम ने खुद ही पहचान लिया कि उच्च शिक्षा के जो छात्र भारी एजुकेशन लोन से दबे हैं, आर्थिक मदद के लिए वे सबसे उपयुक्त उम्मीदवार हैं। एल्गोरिदम ने प्रतिभाशाली और जुनूनी छात्रों को पहचान लिया जो दुनिया को सकारात्मक तरीके से बदल सकते थे लेकिन खराब आर्थिक स्थिति की वजह से समझौता करने के लिए विवश थे। वे

अपने सामने पेश हर काम के लिए कीमती इनपुट तो देते ही, साथ ही एक दिन में ज़्यादा से ज़्यादा डॉलर कमाने के लिए सबसे तेज़ बदलाव भी कर सकते थे।

प्रद्युम्न की पहल पर इन छात्रों को पढ़ाई में अच्छे ग्रेड प्राप्त करने पर बोनस भी दिया गया। इस पहल से उसके पास योग्य, जुनूनी, भावुक, भरोसेमंद और जानकार युवाओं की एक अजेय सेना बन गई जो एआई आंदोलन के पक्ष में आ खड़ी हुई थी। एआई के लिए अगला कीमती आयु वर्ग ऐसे बुजुर्ग लोग थे जो योग्य और स्मार्ट थे लेकिन अब अपनी नौकरी से रिटायर हो गए थे। इन लोगों के मन में तकनीक को लेकर शंकाएँ थीं लेकिन उनके पास बेशुमार समय था और वे दोहराव वाले कामों को सुकून से और बड़े व्यवस्थित तरीके से कर सकते थे। प्रद्युम्न की एआई ने बहुत तेजी से उनकी क्षमता को पहचाना था और उस शक्की पीढ़ी का भरोसा भी जीतना चाहती थी ताकि भविष्य में कम विरोध का सामना करना पड़े। इस पीढ़ी के लिए पैसे से ज़्यादा ज़रूरी, काम का मज़ेदार और खेल-सरीखा होना था। वे पूरे दिन इसमें लगे रहते थे जैसे कि उन्हें जीने की नई वजह मिल गई हो।

सबके हाथ में पैसा बाँटने का यह एक सुपरहिट आइडिया था जिसने अक्षरमाला को विश्वस्तर पर पहुँचा दिया। कोई भी सरकार इसकी लोकप्रियता और इसके इस्तेमाल को रोक नहीं सकती थी। उनका एआई प्लेटफॉर्म अपनी ज़रूरत के वर्गीकरण के हर काम को आउटसोर्स करता था। हर यूज़र इससे कुछ-न-कुछ कमाने लगा था। यह वास्तव में सबके फायदे वाली डील थी।

अब वक्त आ गया था कि प्रद्युम्न अपने सपने और अपनी ज़िंदगी का मकसद रहे 'कर्मपटल प्लेटफॉर्म' को साकार करने में जुट जाए। प्रद्युम्न

का मानना था कि विश्वास, ज्ञान और तर्क पर आधारित होना चाहिए। तर्कहीन और जज़्बात पर आधारित भरोसा बोगस होता है तथा निश्चित रूप से अंधभक्ति तो विश्वास हो ही नहीं सकती। वह सोच रहा था कि नंदक प्लेटफॉर्म के ज़रिए हर इंसान के लिए तैयार की गई विशाल, अमूल्य बुद्धिमत्ता के ज़रिए क्या अच्छे लोगों को प्रोत्साहित किया जा सकता है? क्या स्वेच्छा से किए गए नेक कामों के लिए छोटी-सी रॉयल्टी का भुगतान किया जा सकता है? यह नेक या अच्छा काम होता क्या है? अच्छा क्या है? कर्म क्या है?

विश्वास रखना एक बात है और उसकी जाँच करना दूसरी बात। बिना परखे किया हुआ विश्वास छलावा है। जब प्रद्युम्न ने यह ठान लिया कि वह कर्म की परिभाषा तय करेगा तो उसके सामने पहली समस्या यह जानना थी कि 'स्वेच्छा' का सही अर्थ क्या है। वो क्या चीज़ है जो मनुष्य को कोई तय काम करने के लिए प्रेरित करती है? क्या यह स्वेच्छा है या किसी इच्छा के पीछे उसे चलाने वाला कोई पूर्वाग्रह या प्रभाव छिपा होता है? क्या हमें कार्य के पीछे की प्रेरणा को ध्यान में रखना चाहिए या आखिरकार, कार्य ही सब कुछ है? हम किसी कार्य को कैसे आंकते हैं? किसी के साथ पीने का पानी साझा करना बेशक एक अच्छा और नेक काम है लेकिन ऐसे रेगिस्तान में जहाँ पीने का पानी कम ही उपलब्ध हो, ऐसा नेक काम जीवन-मरण का मामला हो सकता है। इसलिए परिस्थितियाँ भी किसी काम की अहमियत को बड़ा और छोटा बना सकती हैं। कोई इसे किसी भी गणना में कैसे शामिल कर सकता है?

प्रद्युम्न को *भगवद् गीता* का अच्छा ज्ञान था। लेकिन उसने शांत मन से 700 संस्कृत श्लोकों को दोबारा पढ़ने का फैसला किया। इन 700 श्लोकों में से 574 श्लोक स्वयं भगवान कृष्ण द्वारा, चौरासी अर्जुन द्वारा, इकतालीस संजय द्वारा तथा एक धृतराष्ट्र द्वारा कहे गए हैं। प्रद्युम्न ने उन

श्लोकों पर अधिक ध्यान केंद्रित किया जिनमें भगवान कृष्ण 'कर्म' के बारे में बता रहे हैं। गीता की मूल शिक्षा स्वयं को इस शरीर के बजाय एक अमर आत्मा के रूप में समझना है जो शिशु से युवावस्था और फिर वृद्धावस्था पाता है और अंत में मिट जाता है। आत्मा या जीवात्मा, सर्वोच्च ब्रह्मांडीय बुद्धिमत्ता या परमसत्ता का एक मूर्त्त कण है। आत्मा शरीर में जीवन भर साक्षी के रूप में रहती है और अंत में फिर से एक नया शरीर धारण करने के लिए प्रस्थान करती है। यह सिलसिला तब तक चलता रहता है जब तक जीवात्मा सर्वोच्च परमात्मा में विलीन न हो जाए।

इस लिहाज से 'कर्म' के तीन प्रकार दिखाई देते हैं। संचित कर्म, जो पिछले जन्मों से आगे बढ़ते हैं; श्रेय कर्म, जो वर्तमान जीवन में किए गए कार्य हैं और वर्तमान कर्म, जो वर्तमान क्षण में इच्छापूर्वक किए जा रहे हैं। इसका मूल आधार यह है कि जो कुछ भी किया जाता है, उसका प्रभाव इस जीवन से परे भी महसूस किया जाएगा। जिस प्रकार किसी वृक्ष पर बिना किसी प्रेरणा के अपने समय पर फूल और फल लगते हैं, उसी प्रकार पहले किए गए कर्म अपने नियत समय पर बिना किसी चूक के और बिना बताए प्रकट हो जाते हैं।

गीता बिना किसी इच्छा के कर्म करने का निर्देश देती है। चूँकि हम नहीं जानते कि हम कितने बकाया कर्मों को ढो रहे हैं और हमारे कार्यों का दूसरों पर क्या प्रभाव पड़ेगा इसलिए हमें अपना सर्वश्रेष्ठ प्रयास करना चाहिए और परिणामों की लालसा के बिना जो भी ज़रूरी हो, वह कर्म करते रहना चाहिए। लेकिन 'निष्क्रियता' जीवन में कोई विकल्प नहीं है। केवल अच्छे कर्म करने से ही पहले का चढ़ा ऋण चुकता हो सकता है तथा इच्छामुक्त कर्म करने से नया ऋण नहीं चढ़ता।

इंद्रियों के आवेगों के असर में आकर किए गए कार्य आमतौर पर अच्छे नहीं होते हैं। हालाँकि प्राकृतिक प्रवृत्तियों और आवेगों को दबाना भी हानिकारक हो सकता है। सही और गलत के निर्णय के साथ विवेक के साथ कर्म किया जाना चाहिए। जब कोई व्यक्ति अपनी स्वाभाविक प्रवृत्ति के अनुसार, जुनून के साथ काम करता है तो उसका सर्वश्रेष्ठ प्रदर्शन सामने आता है। एक अच्छे जीवन का सार उत्कृष्टता की खोज करने और कर्म फलों के प्रति आसक्ति को त्यागकर मौजूदा हालात में अपना सर्वश्रेष्ठ प्रदर्शन करने में ही है।

अनुगीता में भगवान कृष्ण और अर्जुन के बीच एक संवाद के माध्यम से कर्म के विचार को विस्तार से समझाया गया है। ब्रह्मांड, सौरमंडल, पृथ्वी और इस पर रहने वाले सभी सजीव एक ऊर्जा प्रणाली हैं जो तीन गुणों—सत्व, रज और तम के रूप में प्रकट हो रही है। हर चीज इन गुणों की आपसी क्रिया से ही बनी है और नाम-रूप में बदलाव की एक अनंत श्रृंखला के रूप में पदार्थ-ऊर्जा का खेल जारी है।

'बिग बैंग' की वैज्ञानिक संकल्पना से पहले हिंदू शास्त्रों में यह माना जाता रहा है कि यहाँ तीन ऊर्जाएँ थीं जिससे वे खुद को शून्य कर लेती थीं और इसलिए उससे पहले 'कुछ भी' नहीं था। फिर एक ब्रह्मांडीय विचार ने संतुलन को छोड़ दिया और उसके बाद जो प्रक्रिया चली, उससे इस ब्रह्मांड की अभिव्यक्ति के रूप में विशाल सृजन हुआ। तब से निरंतर सृजन, विनाश और ऊर्जाओं का रूपांतरण होता रहा है लेकिन संतुलन फिर कभी भी बहाल नहीं हुआ।

ऐसा कहा जाता है कि हरेक क्रिया में भी एक ही अनुपात में तीन गुण होते हैं। सत्त्व बुद्धि, ज्ञान, प्रेरणा और कार्य करने की प्रेरणा है। रज काम करने, उठने और आगे बढ़ने की ऊर्जा है यानी काम को पूरा करने के लिए

प्रयास करना। तम का अर्थ है जड़त्व, कार्य न करना, धीमा होना, प्रतीक्षा करना या आधे रास्ते में ही हार मान लेना। इन अवधारणाओं के बारे में बारीकी से अध्ययन करते हुए प्रद्युम्न ने कल्पना की कि इन गुणों की मात्रा यदि मापी जाए तो वह कर्म को अंक देने का आधार बन सकती है। उन्हें 'श्रेयस' और 'प्रेयस' की विपरीत अवधारणाएँ भी मिलीं, जहाँ तत्काल आनंद और संतुष्टि के लिए किए गए कार्यों (प्रेयस) के मुकाबले कुछ समय के बाद मिलने वाली स्थायी संतुष्टि (श्रेयस) के साथ आत्मविकास के लिए कठिन, धैर्यपूर्ण विकल्पों के द्वारा आनंद और बेहतर भविष्य के नतीजे मिले।

'कर्म का नियम' या 'कारण और प्रभाव' का नियम एक पूरी तरह से आत्मकेंद्रित दुनिया में निष्पक्षता का वादा करता था। इस नियम के अनुसार व्यक्ति अच्छे कर्मों का लाभ उठाएगा और उसे बुरे कर्मों के नतीजे भुगतने होंगे। बुराई और पवित्रता की परिभाषाएँ विभिन्न संस्कृतियों में अलग-अलग होती हैं और पिछली पीढ़ियों के ज्ञान को एकसाथ इकट्ठा करके बनी होती हैं। प्रद्युम्न का निष्कर्ष था कि हरेक क्रिया को एक वेक्टर के रूप में दर्शाया जा सकता है। वैज्ञानिक शब्द वेक्टर का अर्थ ऐसी राशि होता है जिसकी एक मात्रा और एक दिशा होती है। हर व्यक्ति खुद को अलग परिस्थितियों में पा सकता है और असल में परिस्थितियाँ एक निरंतरता होती हैं। बेशक, भाग्यवश ऐसा हो सकता है या यह उसके पिछले कामों का नतीजा हो सकती हैं। परिस्थितियों के आधार पर हर व्यक्ति काम करने का निर्णय लेता है जिससे भविष्य की परिस्थितियाँ तैयार होती हैं जो आगे के कार्यों पर प्रभाव डालती हैं। कोई व्यक्ति क्या कार्य करेगा, इसके लिए उसके असली मकसद का पता लगाना ज़रूरी है।

'कारण और प्रभाव' की निरंतरता में उसके स्नैपशॉट का मूल्यांकन किया जाना चाहिए। इसे कैलक्यूलस की तरह किया जा सकता है जिसमें

बताया जाता है कि कैसे चीज़ें सबसे सूक्ष्म स्तर पर एक-दूसरे के सापेक्ष बदलती हैं, जिसके आधार पर उसके वर्तमान परिस्थितिजन्य परिदृश्य और उसके इच्छित और वास्तविक परिणाम का मूल्यांकन किया जाना चाहिए। इन सभी कारकों के आधार पर एक अंक (स्कोर) को कार्यवाही से जोड़ा जा सकता है जो न्यूट्रल होगा और जो भविष्य के कारणों और प्रभावों से मिलने वाली प्रतिक्रिया के आधार पर फिर से बदल सकेगा। इस प्रकार के एल्गोरिदम द्वारा अरबों मानव कर्मपथों का मूल्यांकन किए जाने की ज़रूरत होगी जो कनेक्ट होने पर कर्म नोड्स के ग्लोबल नेटवर्क में बदल जाएँगे।

इसके अलावा, पूरे एल्गोरिदम को भी सीखना, बढ़ना, खुद को ठीक करते रहना जारी रखना चाहिए और वह भी किसी इंसानी दखलंदाज़ी के बिना। इस समस्या की विशालता के बारे में सोचकर ही प्रद्युम्न की रीढ़ में सुरसुरी दौड़ गई। वह हर यूज़र का एक ऐसा कल्याणकारी कर्मपथ बना रहा था जो दुनियाभर के अरबों यूज़र्स के निजी पथों को जोड़ रहा था। प्रद्युम्न जीवन का एक गतिशील गणितीय मॉडल बना रहा था। वास्तव में, वह उपनिषदों की 'अहम ब्रह्मास्मि' की अभिव्यक्ति को मूर्त रूप दे रहा था जिसका अर्थ है 'मैं ब्रह्म हूँ' या 'मैं परम यथार्थ हूँ।' क्या यह प्रद्युम्न का अहंकार था?

अहंकार! प्रद्युम्न इस शब्द से थोड़ा घबरा गया और उसने फटाफट इस बारे में अपने पिता से चर्चा की थी। व्यास ने बताया कि 'अहम ब्रह्मास्मि' को अहंकार की अभिव्यक्ति के रूप में देखना गलत है क्योंकि यह परम सत्ता के साथ तादात्म्य की गलत व्याख्या किए जाने पर इस आशंका की ओर जाता है कि कोई खुद को ज़्यादा से ज़्यादा महत्त्व देने लगे।

इसके उलट, जब इसे सभी जीवों के आपसी संबंध और इस विचार की यथार्थवादी अभिव्यक्ति के रूप में देखा जाता है तो निजी पहचान

आखिरकार एक भ्रम साबित होती है। उसके पिता ने कहा कि इसलिए, अपने काम को खुद के साथ मुलाकात और ब्रह्मांड के साथ एकात्मकता की समझ को बढ़ावा देने वाला बनाओ। ऐसे कर्म, जो अस्तित्व की गहरी समझ से प्रेरित होते हैं, वे सारे कर्म कुशल हैं, मांगलिक और कल्याणकारी हैं। स्वार्थ और अहंकार से प्रेरित सभी कर्म अमंगलकारी और दुखकारी होते हैं।

6

मायालोक

कर्मपटल प्लेटफॉर्म के लिए बुनियादी ढाँचा तैयार होने के साथ प्रद्युम्न की टीम ने नंदक से तैयार असली जीवन के डेटा पर सिमुलेशन चलाना शुरू कर दिया। विभिन्न परियोजनाओं के ज़रिए उनके पास अरबों यूज़र्स तक सीधी पहुँच थी। अमूमन सचाई गहरे पैटर्नों के पीछे छिपी होती है तथा पसंद-नापसंद के आधार पर प्राप्त सतही जानकारी ज़्यादातर पक्षपात से भरी और भरमाने वाली होती है। कोवर्ट ऑब्ज़र्वेशन कंप्यूटर (चुपचाप निगरानी करने वाले कंप्यूटर) के आने से पहले स्रोत का रैंडम सेलेक्शन इस तरह के आकलन का सबसे तेज़ तरीका रहा है। कर्मपटल प्लेटफॉर्म के सिम्युलेशन को मानक बनाने के लिए उन्होंने रेंडम सेलेक्शन और बेतरतीबी से एक लाख यूज़र्स को चुना और काम करना शुरू किया।

यूज़र्स ने जल्द ही इस बात की पुष्टि कर दी कि किसी कार्य को पहचानने, उसे वर्गों में बाँटने और उसके साथ स्कोर जोड़ने वाली व्यवस्था वाकई सटीक थी और एल्गोरिदम अपने-आप सीखकर बहुत अच्छा प्रदर्शन कर रहा था। अक्षरमाला वर्कशॉप में जाते समय एक बार प्रद्युम्न ने ज़ोर देकर कहा, “जरा मैं भी तो देखूँ, यह मेरे खुद के डेटा पर कैसे काम करता है!”

उसने अपना लैपटॉप खोला और एक हडल रूम की स्क्रीन पर अपना ही कर्म स्कोर लगाया। उसकी अंतिम टैली तो स्पष्ट नहीं थी लेकिन पिछले हफ्ते के बार चार्ट के मुताबिक उसका पिछले हफ्ते का कर्म स्कोर नेगेटिव था।

"अरे बाप रे, ऐसा कैसे हो सकता है?" उसने खुद से कहा और थोड़ा निराश होकर इसकी जाँच करने लगा। "यह अच्छा नहीं लग रहा। इस कंपनी के मालिक और इस सिस्टम के निर्माता के रूप में मैं बेहतर स्कोर का हकदार हूँ," प्रद्युम्न ने मजाक में कहा, "लेकिन ऐसा लगता है कि सिस्टम को इसकी रत्ती भर भी परवाह नहीं है और यही इसकी खूबसूरती है।" प्रद्युम्न ने खुद से बात करते हुए खुद से ही कहा।

"मैंने अपनी कार बेकार ही सौ किलोमीटर से अधिक चला ली जिससे मेरा कार्बन फुटप्रिंट बढ़ गया। शायद इसी वजह से मेरा स्कोर माइनस है। इस हफ्ते मैं तीन दिन दस हजार कदम रोज़ चलने वाले टारगेट को भी पूरा नहीं कर पाया और ज़रूरत लायक कैलोरी भी खर्च नहीं की इसलिए उन दिनों के लिए एक और माइनस है। मेरे पास फंड था, फिर भी मैंने एक चैरिटी अपील को अनदेखा किया, इससे भी नेगेटिव में चौथाई अंक जुड़ा। उस दिन जब माँ ने फोन किया तो मैंने उनसे झूठ-मूठ में कहा कि मैं व्यस्त हूँ, जबकि मैं उस वक्त बस यही सोच रहा था कि आज डिनर में क्या खाऊँ और यह भी नेगेटिव में आधा अंक हुआ। लेकिन वहाँ बड़ा माइनस तीन क्या है? मैंने माँ को फोन ही नहीं किया जबकि मैंने उनसे कहा था कि मैं फोन करूँगा। ओह, किया हुआ वायदा न निभाना, सच में बुरी बात है!" प्रद्युम्न ने सोचा और आगे बढ़ गया।

"चलिए, अब जरा खाते के लाभ वाले हिस्से को देखें। यह एक छोटी-सी लिस्ट निकली। मैंने डीप-टेक एआई एल्गोरिदम पर एक क्लास ली जिसमें दुनियाभर के एक लाख छात्र शामिल हुए, इसके हुए प्लस पाँच।

हे भगवान, इस एक नेक काम ने मुझे एक घाटे वाले कर्म-सप्ताह से बचा लिया। बस इतना ही? क्या मैंने इस हफ्ते ऐसा कुछ और नहीं किया जिसे 'अच्छा काम' कहा जा सके? पार्किंसंस सोसाइटी को मैंने जो दान दिया, उसका क्या?"

उसने अपनी लिस्ट के निचले हिस्से पर ज़ूम किया और आखिरी एंट्री को बड़ा करके देखा। वहाँ दर्ज था कि दान की वह रकम उसकी हफ्ते भर की आमदनी के हजारवें हिस्से से भी कम थी इसलिए यह एक नेक काम तो था, पर उसकी अहमियत ज़्यादा नहीं थी और इसीलिए उसे अनदेखा किया गया। "बहुत सयाने हो भाई!... बढ़िया काम कर रहे हो," प्रद्युम्न ने कहा।

प्रद्युम्न की टीम को भी भरोसा था कि यह प्राइम टाइम के लिए तैयार है।

हालाँकि प्रद्युम्न के लिए उसकी अपनी हर कामयाबी और हर उपलब्धि, ज़िंदगी की तमाम हासिल मंज़िलें तब तक अधूरी थीं, जब तक उसके सबसे बड़े नायक और आलोचक, उसके पिता उसे मान्यता नहीं देते।

दशहरे की छुट्टियों में प्रद्युम्न, प्रभावती और रिया के साथ कुछ दिनों के लिए घर आया था। ज़ाहिर है, घर में सभी खुश थे। जब रिश्तों में गर्मजोशी के साथ भरा-पूरा संसाधन मौजूद हो तो जीवन का आनंद ही कुछ और है।

बढ़िया भोजन और देर तक ऊनो खेलने के बाद बाप-बेटे छत पर बात करने बैठे। पिता ने ही बातचीत शुरू की, "लगता है कि तुमने अपने कॉन्सेप्ट को ज़मीन पर उतार दिया है।"

"हाँ, लग तो रहा है। पर आपको कैसे पता चला?" प्रद्युम्न ने हैरानी से पूछा।

व्यास ने कहा, "बेटा, तुम्हारे अंदर से अलग-सी ऊर्जा निकलती लग रही है। ऐसी ऊर्जा केवल रचनात्मक संतुष्टि से ही निकलती है, जैसे सूरज से

धूप, फूल से ख़ुशबू। तुम उस आला दरजे की एनर्जी की रोशनी में दमक रहे हो, खुश दिख रहे हो और ऐसा तब होता है जब मन के विचार इस दुनिया में आकार लेते दिखते हैं और लोग उन विचारों को स्वीकार करते हैं। यह वही ऊर्जा है जो इमारतें खड़ी करते समय बिल्डरों के चेहरे से, क्लास में पढ़ाते समय शिक्षकों से, अच्छा गीत गाने के बाद गायकों से या कवियों के कविता सुनाने पर दाद मिलने से निकलती है। इसी ऊर्जा के कारण ये लोग कभी थकते नहीं।"

प्रद्युम्न ने जवाब दिया, "आपने ठीक परखा, पिताजी। सच में मैं बहुत खुश हूँ। मुझे अंदर से आवाज़ आ रही है कि मैं कुछ बड़ा करने जा रहा हूँ।"

व्यास ने पिछली बातचीत में आए संपाति के प्रसंग को याद करते हुए कहा, "अच्छा, तो यह वही एआई वाला मामला है जो दुनिया बदल सकती है? मैंने तुम्हारा टेड लेक्चर सुना। सुनने में बढ़िया लग रहा है और मुझे तो ऐसा लगता है कि कुछ वानर मदद की तलाश में तुम तक पहुँच भी गए हैं।"

अब प्रद्युम्न ने अपने पिता को एआई के काम करने के तरीके और उस तकनीक के बारे में बताया जिस पर वह काम कर रहा था और ऐसा बताते समय वह किसी छोटे बच्चे की तरह चहक रहा था। उसने अपने पिता से कहा कि वह उस बड़े काम करने के आखिरी चरण में है।

यह सुनकर व्यास गंभीर हो गए और उन्होंने पूछा, "इसे आर्टिफिशियल इंटेलिजेंस क्यों कहा जाता है? मनुष्यों ने भी तो इसी तरह बुद्धिमत्ता हासिल की है यानी अवलोकन करके, पैटर्न को पहचानकर और सदियों की लंबी अवधि में कारण और प्रभावों को सीखकर। अब जब मशीनें भी यही कर रही हैं तो क्या उन्हें 'कृत्रिम' कहने के बजाय सिर्फ 'मेधावी मशीनें' नहीं कहा जाना चाहिए?"

प्रद्युम्न के पास इसका कोई जवाब नहीं था। उसने बातचीत का रुख़ अपने नए प्रोजेक्ट 'कर्मपटल' की ओर मोड़ दिया और पिता के बताने लगा कि किस तरह दुनिया में 'अच्छे' कामों को प्रोत्साहित किया जाएगा और गलत कामों को दंडित किया जाएगा जिससे एक बेहतर दुनिया बनाने में मदद मिलेगी। कैसे उसके विभिन्न एआई सिस्टम ने एक विशाल ज्ञानकोष बनाया है जिससे प्रभावित होकर लोगों के व्यवहार में बदलाव आएगा और लोक-कल्याण होगा।

व्यास ने मज़ाक में कहा, "तब तो इस एल्गोरिथ्म को 'चित्रगुप्त' कहना चाहिए जो हर इंसान के कर्मों का लेखा-जोखा रखते हैं और मौत के बाद आत्मा को स्वर्ग या नर्क भेजते हैं।" प्रद्युम्न को यह तुलना जँच गई और उसने सोचा कि काश उसने इस नाम के बारे में पहले सोचा होता!

"बेटा, तुम यह खुद की पेंटिंग बना रहे हो। दुनिया पहले से इसी तरह तो काम करती है! तुम्हारी आत्मा एक पोर्टल है जिसके ज़रिए हर काम का मूल्यांकन किया जाता है। सामाजिक व्यवस्था न्याय करती है, अच्छाई के लिए पुरस्कृत किया जाता है और बुराई के लिए दंडित किया जाता है। तुम इस पर काहे मुलम्मा चढ़ा रहे हो?"

"पिताजी, मैं बस दुनिया के संसाधनों को फिर से जोड़ने की कोशिश कर रहा हूँ और अच्छाई को इस माप की एक संख्या के रूप में इस्तेमाल कर रहा हूँ। बुरी नीयत वाले ताकतवर लोगों ने लंबे समय तक अन्याय की ऐसी व्यवस्था बना रखी है जिससे ज़रूरतमंद, अच्छे और विनम्र लोगों को फायदा नहीं मिलता। आखिरकार, विनम्र लोगों को ही इस दुनिया का उत्तराधिकारी होना चाहिए और तकनीक इसे मुमकिन बना सकती है," प्रद्युम्न ने जोश भरी आवाज़ में आगे बताया, "यदि कोई अच्छा काम करता है तो उसे तुरंत संतुष्टि मिलनी चाहिए। अच्छे काम के लिए लंबी अवधि के

बाद किसी अस्पष्ट किस्म के फायदे से कोई लाभ नहीं होगा। और यदि लाभ ही 'अच्छे काम' के पीछे की प्रेरणा है तो ठीक है। अच्छा काम तो अच्छा ही है, चाहे इसके पीछे करने वाले की कुछ भी आशा-अपेक्षा रही हो। कारण, प्रभाव से पहले होता है। एक वांछित प्रभाव कारण को जन्म दे सकता है। क्या यही वजह नहीं है कि हम कसरत करते हैं या किसी कला या खेल का अभ्यास करते हैं? अच्छे अंतिम वांछित नतीजों के लिए अभ्यास जारी रहने से हर चीज़ चुस्त-दुरुस्त हो जाती है।"

"क्या अच्छाई या बुराई अपने-आप में निरपेक्ष यानी एक-दूसरे से अलग हैं? क्या लोकप्रिय राय के आधार पर इनमें बदलाव नहीं आता? तुम्हारा सिस्टम ऐसे दोषों पर कैसे ध्यान देगा? क्या तुम्हें नहीं लगता कि तुम अपने एल्गोरिदम पर कुछ सिक्योरिटी रेलिंग लगाओ ताकि यह बहुमत बुरे व्यवहार को सामान्य न बना बैठे और अच्छे लोग अलग-थलग होकर न रह जाएँ? क्या इसी तरह मानवता वर्षों से भ्रष्ट नहीं होती आई है? तुम्हें ऐसा क्यों लगता है कि तुम्हारा सिस्टम बहुमत के कब्जे का शिकार नहीं हो जाएगा?" व्यास ने चिंता जताई।

प्रद्युम्न अब पिता की तर्कसंगत चिंताओं को समझ पा रहा था। उसे भी इसका डर था लेकिन उसका मन साफ और इरादा पक्का था। उसने जवाब दिया, "मैं इस एल्गोरिदम के लिए कोई सुरक्षा रेलिंग नहीं बनाना चाहता। लेकिन पूरी कोशिश करूँगा कि यह हर चीज़ खुद से सीखे। अगर मानवता खुद को बर्बाद ही करना चाहती है तो फिर उसको बचाने की ज़रूरत ही क्या है और क्यों हो? बिना पूर्वाग्रह और किसी बाहरी असर के अगर सिस्टम खुद सीखेगा, तो जो सच है वही सच होगा। आपका सत्य, मेरा सत्य, हमारा सत्य, उनका सत्य! सत्य के विषय में इतनी चिन्ता क्यों होनी चाहिए, सत्य जैसा है उसके वैसा उभरने में क्या दिक्कत है?

मानव मन हमेशा से आघात, पूर्वाग्रह, गलत सूचना, पसंद और नापसंद, राग और द्वेष, भय और पूर्वाग्रहों से ग्रस्त रहा है और रहेगा। एक बुद्धिमान प्रणाली में ये सभी दोष पैदा करने वाले कारक नहीं होंगे। संभावना है कि सिस्टम जो तय करेगा वह मानवीय वर्गीकरण से बेहतर होगा। समय आ गया है कि प्रक्रिया पर विश्वास किया जाए और इसी से सही और गलत का फैसला हो।" प्रद्युम्न ने कहा।

व्यास थोड़ी देर रुके और फिर बोले, "जो अच्छा है वह हमेशा सही नहीं होता। जो सही है वह हमेशा अच्छा नहीं होता। अगर तुम्हें सही और अच्छे के बीच चयन करना है तो उम्मीद रखनी चाहिए कि तुम्हारा सिस्टम सही को चुनेगा।"

प्रद्युम्न को वे शब्द याद आ गए जो आरके ने इस विचार में निवेश करते समय कहे थे। उसने तुरंत जवाब में वही बातें दोहरा दीं, "बिना किसी असर में रहा कोई एआई सिस्टम जो कुछ भी खुद सीखता है, वह ईश्वर की इच्छा है।"

व्यास ने कहा, "तो ईश्वर तुम्हें आशीर्वाद दें।"

वह अपने बेटे के विचारों से संतुष्ट हो गए थे और दोनों की बातचीत वहीं खत्म हो गई। प्रद्युम्न को आखिरकार वह प्रेरणा मिल गई जिसकी उसे तलाश थी। पूरी तरह से तैयार हो चुके कर्मपटल प्लेटफॉर्म को चालू करने में वह हिचक रहा था। उस दिन दशहरे के अवसर पर अपने पिता से मिली मान्यता और हौसला अफजाही ने उसकी सारी उहापोह क्षणभर में समाप्त कर दी। हालाँकि उसे कभी आत्म-संदेह या नाकामयाबी का डर नहीं लगा था पर कुछ तो था जो उसे कमान पर चढ़े तीर को छोड़ने से रोके हुए था। लेकिन उस खूबसूरत शाम को उस छोटी सी बातचीत ने ऐसा क्या बदल दिया कि प्रद्युम्न की झिझक जाती रही? ईश्वर की इच्छा!

कर्मपटल प्लेटफॉर्म को दिवाली के दिन धूमधाम से लॉन्च किया गया। पहले हफ्ते में ही दस लाख लोगों ने रजिस्ट्रेशन कराया और एक महीने के भीतर एक करोड़ से अधिक लोग इसके यूज़र बन गए। साल के अंत तक ग्राहकों की संख्या बीस करोड़ हो गई जिसमें से पैंतीस फीसद यूज़र पचीस साल से कम उम्र के थे और साठ फीसद यूजर महिलाएँ थीं। कर्म स्कोर को दिखाना एक चलन बन गया। यूज़र्स की संख्या जापानी संस्करण में तीस लाख और अमेरिका में दो करोड़ की संख्या को पार कर गई। सुबह होने पर जैसे धूप नहीं रुकती, उसी तरह दुनिया के हर कोने से कर्मपटल पर लोग आते चले जा रहे थे।

तकनीकी स्तर पर प्रद्युम्न ने हर तरह से सुनिश्चित कर दिया कि पूरा सिस्टम किसी भी तरह की गलती न करे। मीडिया में कर्मपटल की खूब तारीफ हो रही थी। वहाँ हर रोज समाज के हर वर्ग की अच्छाइयों की छोटी-बड़ी कहानियाँ सामने आ रही थीं। बच्चे, बुज़ुर्गों को सड़क पार करने में मदद कर रहे थे, लोग धक्कामुक्की छोड़कर कतारों में धीरज से अपनी बारी का इंतज़ार करने लगे थे, वे अतिरिक्त भोजन, कॉफी, चाय इत्यादि ज़रूरतमंदों को बाँट रहे थे बल्कि अनजाने लोगों के लिए भी खाने-पीने का एडवांस में भुगतान करने लगे थे।

हालत ये हो गई कि दुनिया में हर नौ में से एक व्यक्ति अब अपने कर्मों के प्रति सचेत रहने लगा था। लोग गैर-ज़िम्मेदाराना हरकतों से बाज आने लगे थे। प्रद्युम्न एक ग्लोबल हीरो की तरह उभरा था और उसे दुनियाभर के बड़े मंचों पर बोलने के लिए बुलाया जाने लगा। लग रहा था मानो परतों में छिपी पड़ी एक नई दुनिया खुलकर सामने आ गई हो। उसने मेक्सिको, साओ पाओलो, सैंटियागो, किगाली, शेनयांग और ऑकलैंड जैसी जगहों से आए कुछ आमंत्रण स्वीकार कर लिए थे। लॉन्च होने के एक साल के भीतर ही कर्मपटल ने एक अरब से ज़्यादा डेली एक्टिव यूज़र बना लिए थे।

अक्षरमाला और एआई फॉर गुड फाउंडेशन पहले से ही क्लासिफिकेशन के कामकाज में छात्रों की मदद लेकर उन्हें अतिरिक्त आमदनी प्रदान कर रहा था। ये छात्र अब अपने आसपास अच्छे काम करके और भी ज़्यादा कमा सकते थे। सामुदायिक सेवा के आसान काम, वृद्धाश्रम में समय बिताना या अकेले लोगों से बात करने जैसे बेहद सामान्य काम करके 10 करोड़ से अधिक छात्रों को उनके एजुकेशन लोन चुकाने में मदद मिली। इस काम से इस मंच को काफी तारीफ मिली, इसके साथ ही युवा, बुद्धिमान, स्वतंत्र कर्मचारियों की एक सेना बिना शर्त इसके प्रोजेक्ट में योगदान देने को तैयार हो गई। इसने लाखों उत्पादक बुज़ुर्गों को सम्मानजनक पेंशन अर्जित करने के साथ-साथ अपने समय, अनुभव और ज्ञान का उपयोग करके मानसिक रूप से सक्रिय और व्यस्त रहने में भी मदद की।

इतने बड़े सकारात्मक बदलावों के साथ यह साफ था कि आरके और प्रद्युम्न आधुनिक दुनिया के नायक थे। वे अपनी कामयाबी को लेकर शर्मिंदा नहीं थे बल्कि असल में इसका आनंद ले रहे थे। यह मंगल ग्रह पर अरबपतियों के पहुँचने की होड़ नहीं थी बल्कि आम लोगों की ज़िंदगी बदलने की होड़ थी जिसने आरके और प्रद्युम्न को खास बना दिया। उन्होंने इससे अरबों की दौलत भी कमाई लेकिन इसके साथ उन्होंने जो साख कमाई वह बेशकीमती थी।

"तो, अब आगे क्या?" 2031 के थैंक्सगिविंग के लिए अपने सैन फ्रांसिस्को बेस पर एक चार्टर फ्लाइट से लौटते हुए आरके ने प्रद्युम्न से पूछा। जवाब में प्रद्युम्न ने बस कंधे उचका दिए। सचाई यह थी कि उसे नहीं पता था कि आगे क्या करना है।

आरके कहने लगे, "हमने बहुत सारे प्लेटफॉर्म बनाए और इनका परफॉर्मेंस भी बेहतरीन है। हमारा एआई लगभग हर घर में, हर डिवाइस

में मौजूद है। यह शेयर बाज़ारों और बड़ी कंपनियों का मैनेजमेंट भी चला रहा है, बच्चों को लोरियाँ गाकर सुना रहा है, इस्तीफे से लेकर प्रेमपत्र तक और शुभकामनाओं से लेकर श्रद्धांजलि तक के संदेश लिख रहा है। अरबों लोग अपनी ज़िंदगी में किसी-न-किसी काम के लिए हमारे सॉफ्टवेयर पर भरोसा करते हैं। यह अब उनकी रोज़मर्रा की ज़िंदगी का हिस्सा बन गया है। तो क्या हम यह सब एक साथ नहीं ला सकते ताकि दुनिया की सारी बुद्धिमत्ता हमेशा लोगों के साथ उनके जिगरी दोस्त की तरह मौजूद रहे?"

प्रद्युम्न ने सहजता से जवाब दिया, "होम ऑटोमेशन डिजिटल असिस्टेंट की तरह?"

"बेशक, बल्कि उससे भी ज़्यादा। यह कुछ ऐसा हो जो सिर्फ मेरी हेल्प न करे बल्कि मुझे गाइड भी करे। मेरी ऐसी समस्याओं को हल कर दे जो निजी तौर पर सिर्फ मेरी ही हैं पर मेरे बस के बाहर हैं। यह मुझे बताए कि मुझे क्या खाना चाहिए, मेरे स्टॉक पोर्टफोलियो को सँभाले, मेरा कैलेंडर इस तरह मैनेज करे कि जो ज़रूरी हो, मैं बस वही और उतना ही करूँ। यह मुझे सुझाव दे कि मुझे क्या खरीदना चाहिए, मेरी छुट्टियों की प्लानिंग तैयार कर दे, मुझे सबसे अच्छे सौदे दिलवाए और बताए कि घर से कब निकलना चाहिए ताकि मुझे कम ट्रैफिक मिले। कहने का मतलब है कि यह मुझे बतलाए कि मुझे क्या करना चाहिए। और जब मैं इसे कुछ करने के लिए कहूँ तो मुझे सिर्फ जवाब न दे मेरा काम भी करे। सबसे महत्त्वपूर्ण बात है कि वह मेरा नौकर नहीं, बल्कि मेरा एजेंट, मैनेजर या कोच बने," आरके ने विस्तार से बताया।

प्रद्युम्न की आँखें सोचने की मुद्रा में सिकुड़ गईं। उसने आरके की बात पर विचार करने की मुद्रा में कहा, "...यानी एक ऐसा दोस्त, जिस पर मैं खुद से ज़्यादा भरोसा कर सकूँ? एक फैमिली मेंबर की तरह?"

"बिल्कुल। किसी ऐसे व्यक्ति की तरह जिससे मैं हमेशा बात कर सकता हूँ, बुद्धिमत्ता भरी सलाह ले सकता हूँ, आँख मूँदकर भरोसा कर सकता हूँ और वह भी दुनिया की सारी बुद्धिमत्ता के साथ। उससे बात करते वक्त या सलाह लेते वक्त मुझे इस बात पर सौ फीसद यकीन होना चाहिए कि यही, यहीं, अभी और ऐसा करना ही मेरे लिए सबसे बढ़िया है। क्या एक एआई सिस्टम मेरी तरफ से मेरी ज़िंदगी चला सकता है?" आरके ने अपने ड्रिंक से सिप लेते हुए कहा।

"बेशक, मुमकिन है," प्रद्युम्न ने उत्साह से कहा। इस विचार के लिए उसने मन ही मन एक फीचर पाइपलाइन भी बना ली, "ऐसी बातचीत के लिए आपको आवाज़ भी चुनने की छूट मिलनी चाहिए, मिसाल के तौर पर सलाह के लिए आपकी माँ की आवाज़ और बातचीत की शैली में इंसानी जज़्बात का पुट होना चाहिए यानी माँ, बीबी, भाई-बहन या पिता आपसे किस अंदाज़ में बात करेंगे! आपके पास ऑप्शन होना चाहिए कि आप बात करने के लिए पसंदीदा शख्सियत चुन सकें।"

"यह कर्मपटल प्लेटफॉर्म का अगला स्वाभाविक और तार्किक विस्तार है। लेकिन हमें लोगों की निजता का सम्मान करना चाहिए। लोगों के मन में गोपनीयता को लेकर चिंता ज़रूर रहेगी और इसलिए इसकी सुरक्षा अभेद्य होनी चाहिए। हर व्यक्ति के पास इसका अपना वर्जन होना चाहिए। यह सभी के लिए बिल्कुल अलग हो, फिर भी यह उसी सुपर एआई से संचालित होना चाहिए जो दुनिया को चला रही है। आपके दिल की उस आवाज़ की तरह, जो शुरू से जानती है कि क्या करना सही है। आपके घर के स्वीमिंग पूल में चाँद की परछाईं की तरह। भले ही चाँद सबका है पर पूल आपका है सो चाँद की परछाईं भी आपकी ही हुई।" आरके ने कहा।

"क्या इसे माया कहना चाहिए? जिस तरह माया अभेद्य है, वैसा ही अभेद्य," प्रद्युम्न ने मुस्कुराते हुए कहा।

"क्यों नहीं। वैसे भी कब हम इस माया से मुक्त हो सकते हैं?" आरके ने नाम पर सहमति जताते हुए मज़ाकिया अंदाज़ में कहा और फिर भौंहों को ऊपर उठाते हुए पूछा, "तो कब?"

प्रद्युम्न ने कहा, "मार्च, 2032, मायालोक।"

विश्व स्वास्थ्य संगठन के अनुसार अकेलेपन से संबंधित मानसिक विकार 2030 के दशक में दुनिया की सबसे बड़ी स्वास्थ्य चिंता बन गया था। दुनिया आपस में पहले से कहीं अधिक जुड़ी थी, इसके बावजूद इंसानी रिश्ते सबसे निचले पायदान पर पहुँच गए थे। कोई किसी से बात नहीं करता था। उन सबको इंटरनेट पर पोर्टलों के ज़रिए सतही सूचनाओं की लत लग चुकी थी। वे अपने फोन और वर्चुअल रियलिटी गैजेट्स के ज़रिए ऑनलाइन गेम्स और उनसे जुड़ी दूसरी आदतों के गुलाम हो गए थे। एआई ने रोज़मर्रा के रूटीन काम अपने हाथ में ले लिए थे इसलिए लोगों के पास बहुत खाली समय था। लेकिन लोग आपस में बात नहीं करते थे।

प्रद्युम्न की टीम को 'मायालोक' को दुनिया के सामने लाने में ज़्यादा समय नहीं लगा। लॉन्च के तुरंत बाद सभी को एक ऐसा दोस्त मिल गया था जो हर जगह और हर वक्त उनके साथ मौजूद रहता था। वे दिन भर इसके साथ लंबी-लंबी बातें कर सकते थे। लोग जितना ज़्यादा इसका इस्तेमाल करते, यह उतना ही सटीक और शक्तिशाली होता जाता। सभी को मानो उनका बिछड़ा हुआ भरोसेमंद दोस्त मिल गया और जल्द ही यह हर किसी की ज़िंदगी का अटूट हिस्सा बन गया। हर किसी को यह यकीन हो गया कि इसकी बुद्धिमत्ता बदली नहीं जा सकती, यह निष्पक्ष है और इसमें किसी भी तरह के बदलाव की गुंजाइश नहीं है। यह सिस्टम प्रायोजकों के लिए खुला नहीं था और इससे दौलत कमाने का भी कोई इरादा नहीं था।

कोई भी तकनीक जब आपके रोज़मर्रा की ज़िंदगी का हिस्सा बन जाती है तो वह मानो अदृश्य हो जाती है। बिजली, घरेलू उपकरण, फोन,

इंटरनेट—ये सभी चीज़ें हमेशा हमारे आसपास इस तरह से होती हैं कि हम उनकी मौजूदगी को नज़रअंदाज़ कर देते हैं। इंटरनेट की तरह ही मायालोक हर किसी की ज़िंदगी का हिस्सा बनकर मानो आँखों के आगे से ओझल हो गया।

घर चलाने की ज़िम्मेदारी अब मायालोक के हाथों में आ गई थी। किराने का सामान मँगवाने से लेकर गाना बजाने तक, टीवी पर देखने के लिए पसंदीदा कंटेंट की कतार लगाने और बैंक-खातों और जमा-पूँजी के मैनेजमेंट से लेकर छुट्टियों की योजना बनाने तक, मायालोक के पास न केवल हर इंसान के जीवन से जुड़ी बारीक-से-बारीक जानकारी थी बल्कि बड़े पैमाने पर कॉर्पोरेशन, देशों और अर्थव्यवस्थाओं के बारे में व्यापक ग्लोबल नज़रिया भी था। दोनों के मिलने से लोगों को सटीक और मुफीद सलाहें मिलने लगीं थीं। उसकी सलाह इतनी बढ़िया और नए किस्म की थीं कि आज तक उसके मुकाबले का कोई दूसरा एडवाइज़र देखा ही नहीं गया था।

मायालोक की वजह से यह दुनिया एक झटके से बदल गई थी। कुछ ही दशक पहले एक बड़े रियल एस्टेट समूह के बैठ जाने के बाद शेयर बाज़ार में गिरावट आई थी। बहुत सारे लोगों की बचत को चपत लग गई और ऐसे लोगों ने इंसानों द्वारा चलाई जा रही वेल्थ मैनेजमेंट कंपनियों में कभी इन्वेस्टमेंट न करने की कसम खाई। यह जीवन का एक कड़वा सच बनकर उभरा कि कारोबारों के अगुआ लोग खुदरा निवेशकों को उसी तरह धोखा दे रहे हैं, जैसे चुनाव जीतकर नेताजी देने लगते हैं। लेकिन अब एआई एल्गोरिदम द्वारा अधिक परिपक्वता से कारोबार करने के साथ शेयर बाज़ारों में उछाल आया और सुधार हुआ--हालाँकि इस बार उनका उचित मूल्यांकन किया गया। विश्वसनीय शेयर बाज़ार ने सोने को वापस तिजोरियों में भेज दिया, जहाँ पहले वह रहा करता था। लोगों में भरोसा जमने लगा।

एजुकेशन लोन को अतीत की बात बना देने के बाद एआई फॉर गुड फाउंडेशन ने अच्छे मकसद के लिए बिना ब्याज के कर्ज देना शुरू कर दिया। परिवार के लिए पहला घर बनाने, इलेक्ट्रिक मोबिलिटी और बुनियादी स्वास्थ्य सेवा और सुविधाओं के लिए ब्याज मुक्त ऋण दिए जाने लगे। इसने सदियों पुरानी पश्चिमी बैंकिंग वित्तीय संस्थाओं को ध्वस्त कर दिया जिन्होंने इतने लंबे समय से विश्व अर्थव्यवस्था पर अपना नियंत्रण रखा था। आखिरकार, एक ऐसा दिन आ गया जब धरती पर मौजूद हर इंसान के लिए ईमानदारी से दो जून की रोटी उपलब्ध होने लगी।

इधर बदलते वक्त के साथ नेट ग्लोबल इन्फ्लेशन शून्य हो गया। इस दुनिया के मध्य वर्ग ने पहली बार खुद को सशक्त महसूस किया और एक संतुष्ट जीवन जीने का सबका सपना साकार होने लगा। प्रद्युम्न ने जो भी तकनीकी परिदृश्य तैयार किया था, उसका मकसद मेहनतकश मध्य वर्ग के जीवन को खुशहाल बनाना और उन्हें आरामदायक और सम्मानजनक जीवनशैली देना था। पवित्र इरादों, ज्ञान की शक्ति और तकनीक के चमत्कार के कारण ही ऐसा मुमकिन हो पाया। मायालोक का निर्माण दुनिया में मौजूद समस्त बुद्धि का उपयोग कर हर किसी को उसका लाभ पहुँचाने के लिए किया गया था। प्रद्युम्न की सबसे बड़ी चुनौती यह थी कि यह किसी भी तरह से नाकाम न होने पाए। उसकी कोशिश और चुनौती यह थी कि इसे किसी भी तरह से इंसानों द्वारा विकृत या भ्रष्ट न किया जाए। गनीमत थी कि फिलहाल ऐसा कोई खतरा नहीं दिख रहा था।

7

लीला मंडल

"तुम्हें तेनज़िन दोरजी याद है?" प्रभावती ने पूछा।

"हाँ, वही होशियार पहाड़ी लड़का?" प्रद्युम्न को तेनज़िन याद था।

प्रभावती ने मज़ाक किया, "वह तुम्हें प्रौटी कहकर बुलाता था।"

"हाँ, मुझे याद है। लेकिन उसका ज़िक्र अभी क्यों?" प्रद्युम्न ने थोड़ा झुंझला कर कहा। प्रद्युम्न की चिड़चिड़ाहट को देखकर रिया ने अपनी माँ की ही तरह हँसते हुए घूमकर नाचते हुए उसे चिढ़ाना शुरू किया, "प्रौटी, प्रौटी।"

उनका परिवार रविवार की आरामदेह और आलस भरे दोपहर का आनंद उठा रहा था। वे अरुणाचल प्रदेश के शहर तवांग में छुट्टियाँ मना रहे थे। उन्होंने अपने फोन और अन्य इलेक्ट्रॉनिक गैजेट्स अपने बैग में बंद कर रखे थे ताकि छुट्टी में कोई डिस्टर्बेंस न हो।

थोड़ा रुककर प्रभावती गंभीर हुई और उसने कहा, "पता है, उसने एक अद्भुत टेलीप्रेजेंस डिवाइस बनाया है। वह एक ताबूत जैसा रूम है जिसमें

कोई यूज़र जाकर लेट सकता है। अब अगर एक बार इसे वायर कर दिया जाए तो इसके भीतर वास्तविक अनुभव लेने जैसा माहौल बन जाता है। इस खोज की काफी तारीफ हो रही है। नई तकनीक के इस नायाब नमूने को हर कोई अपनाना चाहता है। मैं बहुत खुश हूँ कि ऑग्यूमेंटेड रियलिटी के क्षेत्र में तेनज़िन की दशकों की कड़ी मेहनत आखिरकार रंग लाई है।" प्रभावती ने आगे कहा, "...और उसने इसका नाम तोश पॉड रखा है।"

प्रद्युम्न ने अनुमान लगाया कि ऐसा उसने मैकिन्तोश से प्रेरित होकर किया है क्योंकि उसे पता था कि तेनज़िन एप्पल के प्रोडक्ट्स का दीवाना था।

ऑग्यूमेंटेड रियलिटी की तकनीकें इतनी विकसित हो गई थीं कि आप घर बैठे ही किसी मीटिंग में शामिल हो सकते थे और उसका लगभग लाइव अनुभव कर सकते थे। लोगों ने अपने होलोग्राफिक थ्री-डायमेन्शनल वैरीफाइड डिजिटल अवतार बनवाने शुरू कर दिए थे। यह अवतार बिल्कुल उस व्यक्ति जैसा ही दिखता था लेकिन होता आपका डिजिटल संस्करण था। आप अपने अवतार के लिए कोई भी आकर्षक हेयरस्टाइल या बालों का रंग चुन सकते थे। आप इसे पहनाने के लिए कोई भी वेशभूषा छांट सकते थे। ज़्यादातर लोगों ने डिजिटल ऑफिस स्पेस से काम करना शुरू कर दिया था। कॉरपोरेट्स ने अपने कर्मचारियों के इन अवतारों को मान्यता देना शुरू कर दिया था और वे इसे प्रमाणित करना शुरू कर चुके थे। कंपनियों ने इन अवतारों को आधिकारिक डिजिटल क्यूबिकल भी दे दिए थे। इससे उन्हें ऑफिस की रियल एस्टेट और यात्रा-भत्तों के खर्चों में भारी बचत हुई।

डिजिटल संस्करणों को वैध माना और बनाया जाने लगा। वर्कप्लेस का कॉन्सेप्ट बेमानी हो गया और सफर करना गैर-ज़रूरी हो गया। ज़्यादातर ऑग्यूमेंटेड रियलिटी और टेलीप्रेजेंस डिवाइस को हेलमेट की तरह यूज़र

के सिर पर लगाया जाता था। यह डिवाइस एक छोटी स्क्रीन पर माइक्रो प्रोजेक्शन के जरिए यूज़र की आँखों के सामने इमेजेज़ को प्रोजेक्ट करके एक शानदार और असली जैसा अनुभव देते थे। इन डिवाइसों में एक ऑग्यूमेंटेड रियलिटी मोड था जहाँ लोग अपने आसपास के वातावरण के वास्तविक दृश्यों के ऊपर अतिरिक्त दृश्य चढ़ाकर देख सकते थे। इनमें एक वर्चुअल रियलिटी मोड भी था जिसमें यूज़र पूरी तरह से डिजिटल दृश्य देख सकते थे। बहुत से लोग इनका इस्तेमाल रोज़ और कुछ तो पूरे दिन ही करते थे। कुछ तो इन्हें पहने बगैर अपने घरों से कभी नहीं निकलते थे। यह डिवाइस मानो फोन का ही अगला विस्तार बन गया था।

ये डिवाइस अपने यूज़र को रियल टाइम अपडेट देते थे। मसलन, यदि आप किसी अजनबी से मिल रहे हैं तो उसका प्रोफाइल, उसके कर्मपटल स्कोर और अन्य ब्योरों के साथ एक ओवरले के रूप में प्रदर्शित हो जाता था। मायालोक को इनमें से अधिकांश डिवाइस में इंटीग्रेट कर दिया गया था जो यूज़र्स को उनके रास्ते, मौसम और कुछ उससे मिलते-जुलते म्यूज़िक बजा कर देता था या फिर यूँ ही अपने मालिक के साथ गपशप करता रहता था। यूज़र मल्टीटास्क भी कर सकते थे और यहाँ तक कि अपने वास्तविक समय के प्राकृतिक परिवेश में ओवरलैप किए गए गेम, समाचार या पॉडकास्ट भी देख सकते थे।

तेनज़िन इस क्षेत्र का अगुआ था और उसने एक बॉक्स जैसी चीज़ बनाई थी जिसमें कोई भी व्यक्ति विमान में बिजनेस क्लास की सीट की तरह एक एडजस्ट करने वाली रिक्लाइन्ड स्थिति में आराम से प्रवेश कर सकता है और किसी भी परिस्थिति में मौजूद होने के लिए खुद को वहाँ एक इमेज के रूप में नहीं बल्कि एक अवतार के रूप में 'टेलीपोर्ट' कर सकता है। उसमें वह अपनी इंद्रियों से वास्तविक समय में होने वाली हर चीज़ को महसूस कर सकता है।

प्रभावती ने आगे कहा, "उस बॉक्स में उस वक्त और वहाँ का भाव, जो कुछ भी कोई इंसान कहता और करता है, वह कानूनी रूप से बाध्यकारी और मान्य होता है।" यह बताते समय उसकी आवाज़ में उत्साह और प्रशंसा भरी हुई थी।

प्रद्युम्न ने उतने ही उत्साह से उत्तर दिया, "हाँ, यही उसके जीवन का मकसद था। वह ऑग्यूमेंटेड रियलिटी की तकनीक का दीवाना है लेकिन साथ ही बहुत नेक और दृढ़संकल्प से भरा इंसान भी है। म्यूटेक्स ग्लास का काम शायद अपने समय से बहुत आगे था। हम गलत समय और गलत जगह पर थे। बाद में जो हेडगियर डिस्प्ले बने, वे बोझिल और असुविधाजनक तो थे ही, कभी भी यूज़र को असल जैसा तजुर्बा नहीं दे पाए। हमेशा ऐसा लगता था मानो हम हैलमेट पहनकर फिल्म देख रहे हों, असलियत का अहसास कभी हुआ ही नहीं। लेकिन मुझे इस बात की बेहद खुशी है कि उसने इस मुश्किल काम में सफलता हासिल कर ली। बॉक्स के अंदर आराम से बैठना और थ्री-डायमेन्शनल इमर्सिव अनुभव करना वर्चुअल रियलिटी के मामले में सचाई और अनुभव के अंतर को खत्म कर देगा। मैं इसके बारे में सुनकर बहुत खुश हूँ, काश हम एक दूसरे के संपर्क में रहे होते!" और यह कहते वक्त प्रद्युम्न थोड़ा जज़्बाती हो गया।

"तुम्हें उससे संपर्क करना चाहिए। उसे बधाई दो और हो सके तो बात करो।" प्रभा ने सलाह दी।

प्रद्युम्न ने तुरंत अपना सामान खंगाला और फोन निकालकर तेनज़िन को एक मेसेज भेज दिया और कमाल की बात यह कि वह मेसेज तेनज़िंग ने तुरंत पढ़ लिया।

"लगता है कि वह इसी टाइम ज़ोन में है, उसने अभी-अभी मेरा मेसेज पढ़ा है," प्रद्युम्न की आँखें चमक उठीं।

थोड़ी देर तक टेक्स्ट मेसेजेज़ के बाद दोनों की बात फोन कॉल पर होने लगी। प्रद्युम्न की खुशी साफ झलक रही थी और प्रभा अपने पति को उत्साहित देखकर बहुत खुश थी। दोनों घंटे भर तक बातचीत करते रहे।

"हम ल्हासा जाएँगे, वह वहीं है। बस कुछ घंटे का रास्ता है। तेनज़िन तिब्बत में हमारी एंट्री की सारी कागजी कार्रवाई कर देगा।" प्रद्युम्न ने कहा।

प्रभावती खुशी से चहक उठी। रिया ने मासूमियत से पूछा, "क्या दलाई लामा भी वहाँ होंगे?" और इसके जवाब में प्रद्युम्न बस मुस्कुराकर रह गया।

अगले दिन प्रद्युम्न का परिवार नवनिर्मित भारत-तिब्बत एक्सप्रेस-वे पर चढ़ गया जो उस प्राचीन बौद्ध मार्ग पर बनाया गया था जिसका उपयोग भिक्षु सदियों से करते आ रहे थे। यह एक्सप्रेसवे ऑटोमेटिक कारों के लिए खुला था और प्रद्युम्न की इलेक्ट्रिक रेंज रोवर उस पर खुद ही दौड़ रही थी।

कुछ ही घंटों में वे ल्हासा पहुँच गए और तेनज़िन और उनकी माँ से मिले, जिनका नाम मायादेवी था। शाकाहारी तिब्बती भोजन के बाद सभी चाय पर बैठे। रिया और मायादेवी के बीच तुरंत एक स्नेह-बंधन बन गया। कमरे में काफी सकारात्मक ऊर्जा थी। दोपहर में दोनों परिवार युवा दलाई लामा का आशीर्वाद लेने के लिए पोताला महल गए।

बाद में उस शाम तेनज़िन प्रद्युम्न को अपनी वर्कशॉप में ले गया और प्रद्युम्न ने पहली बार तोश पॉड देखा। "तोश मैकिन्टोश से है, है ना?" प्रद्युम्न ने पूछा। तेनज़िन ने सहमति में सिर हिलाया और प्रद्युम्न ने तुरंत कहा, "मुझे पता था। देखो, मैं जानता हूँ कि तुम कैसे सोचते हो।"

तेनज़िन ने अपनी खोज के बारे में बताना शुरू किया। उसने कहा, "अब तक के सभी टेलीप्रेजेंस डिवाइस एक व्यक्ति की आँखों पर ही प्रोजेक्ट कर

रहे थे। हमने आखिरकार उन न्यूरल सिग्नल के कोड को क्रैक कर लिया है जो आँखों के रेटिना से नसों के ज़रिए दिमाग तक पहुँचते हैं। अब हम बस उन संकेतों को बनाते हैं और मस्तिष्क सीधे वह देखता है जो हम उसे दिखाना चाहते हैं। इसके लिए कोई इमेज आँखों पर पड़नी ज़रूरी नहीं है। हमने ध्वनियों, थर्मल सेंसर और टच सेंसर के साथ भी यही किया। इसलिए हम केवल आपके दिमाग को न्यूरल सिग्नल भेज रहे हैं और आपको ऐसा लगता है कि आप यह सब वाकई में देख-सुन रहे हैं, महसूस कर रहे हैं। यही वह तकनीक है जो हाइपर-रियल अनुभव तैयार करती है। इसे साधने में मुझे कई साल लग गए लेकिन एक बार जब मैंने सही संकेतों और दिमाग के काम करने और उसकी प्रतिक्रियाओं को मैप कर लिया तो मुझे पता चल गया कि यही आगे बढ़ने का सही तरीका है। अब आपका मस्तिष्क वास्तव में यह अंतर नहीं बता सकता है कि आप एक पॉड में बैठे हैं या असलियत में किसी और जगह यह सब अनुभव कर रहे हैं।"

प्रद्युम्न अवाक रह गया। सालों तक अरबों डॉलर मानव इंद्रियों की नकल करने पर खर्च किए गए थे—कैमरे से आँखें, फोन से कान वगैरह। तेनज़िन ने सीधे मस्तिष्क तक पहुँचकर इंद्रियों को गैर-ज़रूरी बना दिया और जैसे कि पूरी बाज़ी ही पलट दी। यह वास्तव में विध्वंसकारी तकनीक की बेमिसाल जीत थी। प्रद्युम्न के विस्मय से बेखबर तेनज़िन ने अपनी खोज के बारे में बताना जारी रखा।

"अगली चुनौती किसी भी दूरदराज की जगह का असल जैसा थ्री-डायमेन्शनल सिमुलेशन तैयार करना था जिसे पॉड में चलाया जा सके ताकि यूज़र के दिमाग को यह भरोसा मिले कि वह खुद वहाँ मौजूद है। चारों ओर घूमने और ऊपर-नीचे देखने के हाव-भाव सभी को उस स्थान के यूज़र के रेफरेंस पॉइन्ट पर प्रभाव डालना चाहिए।

आसपास के लोगों, पक्षियों और हवा में तैरती बारीक आवाज़ों—हर चीज़ को सिमुलेशन में शामिल किया गया ताकि सब कुछ असली जैसा लगे। यह किसी भी स्थान का हाइपर-रियलिस्टिक थ्री-डायमेन्शनल मॉडल बनाने जैसा है या यूँ कहूँ कि वर्चुअल दुनिया में एक नई प्रकार की अचल संपत्ति बनाने जैसा काम है।

इसमें बहुत खर्च आया। हम अपने आसपास के स्थानों की यथासंभव आभासी अचल संपत्ति कैसे बना सकते हैं? हम सारे कॉफी शॉप, सड़कों, संग्रहालयों और पर्यटन स्थलों को आभासी रूप से थ्री-डायमेन्शनल सिमुलेशन के रूप में तैयार करके लोगों को इन स्थानों पर भौतिक रूप से ले जाने के बजाय अब हम उन स्थानों को आभासी रूप से आपके पास लाएँगे।"

"आज़माना चाहोगे?" तेनज़िन ने पूछा और फिर बोला, "चलो, मैं ताजमहल ले चलता हूँ।" प्रद्युम्न ने तुरंत हामी भर दी।

तेनज़िन ने प्रद्युम्न को पॉड में बैठाया और उसके हाथ, पैर और सिर को सही जगह पर रखकर बेल्ट लगा दी। किसी भी तरह का कोई झंझट नहीं। सब कुछ बड़ा स्वाभाविक, सुविधाजनक और आरामदायक था। तेनज़िन ने प्रद्युम्न को आँखें बंद करने को कहा। फिर उसने प्रद्युम्न को अंदर एक बटन दबाने के लिए कहा। उस बटन को दबाते ही पॉड बंद हो गया। अब तेनज़िन खुद दूसरे पॉड में जा बैठा और ताजमहल के प्रवेश द्वार पर प्रद्युम्न से मिला।

प्रद्युम्न खुद पर विश्वास नहीं कर पा रहा था। इस कमाल के रियलिस्टिक अनुभव का आनंद लेते हुए वह इस तकनीकी चमत्कार की संभावनाओं के बारे में भी सोच रहा था। अब उसके पास ऐसी तकनीक की पहुँच थी जो जीवन में सपनों को साकार कर सकती थी। किसी भी व्यक्ति को किसी भी काल्पनिक स्थिति और स्थान पर ले जाया जा सकता था। सोचिए तो

क्या संभावनाएँ हैं—लोगों को काल्पनिक स्थितियों में रखिए और उनकी प्रतिक्रियाओं का अध्ययन करिए। लोगों की प्रतिक्रियाओं को चाहे इंजेक्ट करें, ओवरराइड करें, कैलिब्रेट करें। वह अपने मन में जानता था—उसे अपना अगला मिशन मिल गया था। उसके दिमाग में जैसे संभावनाओं का सैलाब आ गया।

"मैं अपने कंधे पर तुम्हारा हाथ और अपने पैरों के नीचे गर्म फर्श महसूस कर रहा हूँ। मुझे अपनी देह में पसीना आता हुआ महसूस हो रहा है और एक टूरिस्ट गाइड की दूर से आती आवाज़ भी सुनाई दे रही है।" प्रद्युम्न की आवाज़ हैरत भरी थी।

प्रद्युम्न ने हाथ बढ़ाकर ताजमहल को छुआ और बच्चों जैसी किलकारी मारते हुए कहा, "मैं संगमरमर को छूकर महसूस कर रहा हूँ।" वह सच में भूल गया कि वह पॉड में बैठा हुआ है—उसे लगा कि वह ताजमहल में है और अकेला भी नहीं, तेनज़िन के साथ है। थोड़ी देर बाद जब दोनों दोस्त असली दुनिया में वापस आए तो मानो प्रद्युम्न के लिए दुनिया बदल गई थी। वह अपने जीवन में इस तरह से कभी उत्साहित नहीं हुआ था।

"यह आश्चर्यजनक है, बल्कि अद्भुत है। मैंने तकनीकों का इससे अच्छा इंटीग्रेशन कभी नहीं देखा। तुम एक बहुत कमाल की प्रतिभा हो, दोस्त," प्रद्युम्न ने कहा तो तेनज़िन बस शरमा गया।

लेकिन प्रद्युम्न के मन में एक सवाल था, "क्या कोई एक ही समय में दो जगहों पर हो सकता है? जैसे क्या मैं असली ज़िंदगी में गोल्फ खेलते हुए साथ-ही-साथ वर्चुअली किसी मीटिंग में भी भाग ले सकता हूँ?"

"नहीं, यह मुमकिन नहीं। आप वर्चुअल दुनिया में तभी हो सकते हैं जब आप इस पॉड के अंदर हों। अगर आप खुद पॉड के अंदर नहीं हैं तो आप वर्चुअली कहीं भी नहीं दिखाई दे सकते," तेनज़िन ने जवाब दिया।

"हाँ, यह एक बुनियादी बात है, समझौता न करने वाली शर्त है, नहीं तो बहुत भ्रम पैदा हो सकता है। अच्छा है, तुमने इसका ध्यान रखा है," प्रद्युम्न ने कहा और अपनी बात में आगे उनसे जोड़ा, "...तो, अब तुम्हारे सामने सबसे बड़ी चुनौती क्या है, क्या कोई ऐसी चीज़ है जो तुम्हें रोक रही हो? तुम्हारे आगे के कदम क्या होंगे?"

"किसी भी जगह का थ्री-डायमेन्शनल सिमुलेशन बनाना बहुत महंगा काम है। इसलिए हमें वर्चुअल मेटावर्स में ज़्यादा-से-ज़्यादा जगहों का निर्माण करना चाहिए और उसके लिए तरीके निकालने चाहिए। ये मॉडल बहुत बड़े हैं इसलिए हमें बेहतर संचार तकनीक की भी ज़रूरत है क्योंकि 6G नेटवर्क इसके लिए काफी नहीं है। इसके साथ ही, आम जनता इसे धीरे-धीरे ही अपना पाएगी क्योंकि यह महंगी है। हमें बाजार में इसकी ज़रूरत पैदा करनी होगी। अभी सिर्फ कुछ कॉरपोरेट्स इसे अपना रहे हैं क्योंकि वे अपने सीनियर स्टाफ को बेहतर रिमोट वर्क एक्सपेरियंस देना चाहते हैं। इसके अलावा हमारे मार्केट सर्वे में असल दुनिया के उपयोग के ऐसे ज़्यादा मामले नहीं मिल सके हैं जहाँ इस तकनीक को बड़े पैमाने पर अपनाया जा सके।" तेनज़िन ने कहा।

"क्या हम साथ मिलकर काम कर सकते हैं?" प्रद्युम्न ने पूछा।

"मुझे उम्मीद थी कि तुम यह ज़रूर पूछोगे।" तेनज़िन मुस्कुराकर बोला लेकिन उसकी मुस्कुराहट में एक संकोच था।

"मैं अपने वकीलों से बात करूँगा। लेकिन हमें पहले तुम्हारी कंपनी के सभी निवेशकों की इक्विटी का सही-सही वैल्यूएशन करना होगा। हम तुम्हारी मौजूदा कंपनी में सभी की हिस्सेदारी प्रीमियम वैल्यूएशन पर खरीदेंगे और तब जाकर कंपनी और इसकी बौद्धिक संपदा को पूरी तरह से हासिल करेंगे। इसमें जो भी कीमत आएगी, उसे अदा करके ही हम इसे

अक्षरमाला का हिस्सा बनाएँगे।" तेनज़िन के हामी भरते ही प्रद्युम्न ने आरके को जल्दी से टेक्स्ट मेसेज भेज दिया।

इसके बाद घटनाक्रम तेजी से घटता गया। आरके ने इस प्रस्ताव पर तुरंत सहमति जता दी और तोश के सभी साझीदारों का हिस्सा खरीद लिया गया। तोश पॉड, अक्षरमाला का एक गौरवशाली उत्पाद बन गया। जैसा हर अधिग्रहण के बाद होता है, अक्षरमाला ने पॉड का नाम बदलकर मायाकक्ष कर दिया जिससे इसकी ब्रांडिंग वैश्विक रूप से लोकप्रिय मायापटल प्लेटफॉर्म के साथ जुड़ गई। उन्होंने मेटावर्स का नाम भी बदल दिया जो सभी वर्चुअल रियल एस्टेट का भंडार था और इसका नाम 'मायालोक' रखा गया।

"तो, इसके साथ तुम्हारा आगे का क्या प्लान है?" प्रद्युम्न के साथ एक वीडियो कॉन्फ्रेंसिंग मीटिंग में आरके ने पूछा था।

"इसका एक फौरी इस्तेमाल तो अकेलेपन की समस्या से निजात पाने का है जिसका सामना हममें से बहुत से लोग इन दिनों कर रहे हैं। एक यूज़र मायाकक्ष में बैठ सकता है। हमारा एआई एक अलग भूगोल से दूसरे यूज़र को कनेक्ट करेगा। आपको बस बात करनी है और अपने तजुर्बे साझा करने हैं। इसके ज़रिए आप बिल्कुल अजनबी से दोस्ती कर पाएँगे। इसका मतलब है कि कोरिया का कोई व्यक्ति चिली में रह रहे दूसरे शख्स से बात कर सकता है। वे दोनों अपनी-अपनी भाषाएँ बोलेंगे और रियल टाइम में उन्हें अनुवाद वाली हूबहू वही आवाज़ सुनाई देगी।" प्रद्युम्न ने जवाब देते हुए स्पष्ट किया।

"उम्दा!" आरके ने कहा और फिर आगे जोड़ा, "मायालोक और कर्मपटल के साथ हम इंसानी बर्ताव के बारे में लगभग वो सब कुछ जानते हैं जो जानने योग्य है। अब हमें यह पता है कि मनुष्य जिस तरह से प्रतिक्रिया करते हैं, उसके पीछे क्या कारण होते हैं। मानवता को समझने

में हम परिपक्वता के एक ऊँचे पायदान पर पहुँच चुके हैं। हमने मनुष्यों को प्रोत्साहित करके उन्हें नेक काम करने के लिए प्रेरित भी किया है इसलिए हम एक तरह से मानवीय व्यवहार पर असर भी डाल पा रहे हैं। वास्तविक दुनिया की लगभग सभी स्थितियों को कवर कर लिया गया है और उनकी स्टडी और उनका एनालिसिस भी हो गया है। अब सवाल है कि इससे बेहतर और अधिक कल्याणकारी क्या बनाया जा सकता है?

यदि हमारे एल्गोरिदम यूज़र्स की किसी आघात या मनोवैज्ञानिक बीमारी का निदान चाहते हैं तो हम उनसे मायालोक में ही निपटने के लिए परिस्थितियाँ और चुनौतियाँ दे सकते हैं जो उनकी मानसिक हालत को दुरुस्त करने में मदद कर सकती हैं और उन्हें धीरे-धीरे ठीक भी कर सकती हैं। भय और चिंता दो मानसिक स्थितियाँ हैं और ऐसी स्थितियों से भागने या उन्हें टालने की बजाय उनका सामना करना हमेशा मददगार होता है। कुछ स्थितियों को लेकर इच्छित प्रतिक्रिया का सबसे बढ़िया प्रशिक्षण केवल उनसे नियमित संपर्क से ही किया जा सकता है।

एक नए एप्लिकेशन में शायद हम उन्हें रियल वर्चुअल सेटिंग्स में काल्पनिक परिस्थितियाँ दे सकते हैं और उनके सामने विकल्प रख सकते हैं। यदि वे सही विकल्प चुनते हैं तो वे वर्चुअल दुनिया में तरक्की कर पाएँगे। इस प्रकार वे 'कर्म अंक' अर्जित करके और अपनी मायालोक की स्थिति में सुधार कर सकते हैं। मायालोक में उनकी परिस्थितियाँ बेहतर होती जाएँगी क्योंकि वे अधिक-से-अधिक सही विकल्प चुनते जाएँगे। वे जैसे-जैसे वैल्यू चेन में आगे बढ़ते जाएँगे, उनके सामने विकल्प भी मुश्किल होते जाएँगे। यह एक गेम की तरह होगा जिसमें हर लेवल के बाद खिलाड़ी के लिए मुश्किल बढ़ती जाती है।

अब जबकि ज़्यादातर काम एआई ही करेगा तो ऐसे में इंसानों से ये उम्मीद की जा सकती है कि वे ज़्यादा इंसानियत दिखाएँ। खाली समय को उद्देश्यपूर्ण गतिविधियों से भरना पहले से ही एक बड़ी सामाजिक समस्या है और ऑटोमेशन के बढ़ते चलन के साथ यह और भी गंभीर हो जाएगी। क्या हम इस पॉड को पहले के टीवी की तरह एक सामान्य चीज बना सकते हैं जो हर घर में मौजूद हो? लोग हर दिन इसमें बैठकर वर्चुअली दूरदराज़ में मौजूद दूसरे लोगों से मिल सकें। फिर चाहे लोग समूह बनाएँ, टीमों की तरह काम करें या फिर बस अलग-अलग जगहों पर जाकर कुछ अलहदा तजुर्बे हासिल करने में वक्त बिताएँ।

हम लोगों के सामने मायालोक के ज़रिए गेमीफाइड समस्याओं को हल करने के लिए रख सकते हैं। ये स्थितियाँ काल्पनिक स्थितियों या इतिहास के किसी भी कालखंड के लिहाज से गढ़ी जा सकती हैं। हरेक सिमुलेशन के अपने नियम और उनकी परिस्थितियाँ होंगी। एक बार वो स्थिति अच्छी तरह से परिभाषित हो जाए तो यूज़र्स के सामने एक चुनौती भरी समस्या प्रस्तुत हो जाएगी। फिर वे अपने चुने हुए विकल्पों के आधार पर आगे या पीछे की ओर जाएँगे और यह सब मायालोक के ज़रिए तैयार किया जाएगा।

इससे प्रत्येक यूज़र को हर रोज़ अपनी सफलता का अहसास मिलेगा। क्या हम सब ऐसा ही नहीं चाहते हैं? क्या हम लोग अपनी रोज़ की ज़िंदगी में कामयाब नहीं होना चाहते? हर रोज़ एक कामयाबी! सफलता से ज़्यादा खुशी और किस चीज़ से मिलती है? हर रोज़ मिलने वाली खुशी की एक छोटी-सी खुराक यह काम कर सकती है और इस दौरान हम न केवल मानव मन को बेहतर ढंग से समझेंगे बल्कि इसे इस तरह से प्रभावित और ढालने की कोशिश करेंगे कि यह कभी कुछ बुरा कर ही न सके।" प्रद्युम्न ने अपनी बात विस्तार से बताई।

आरके गंभीर सोच में थे। उन्होंने चेतावनी देने वाले अंदाज़ में कहा, "बेशक, यह तुम्हारा एक बहुत साहसी प्रोजेक्ट है। पर क्या तुम इसे लेकर निश्चित हो? तुम मायालोक में जीवन को गेमिफाई कर रहे हो, सांसारिक जीवन की अलग-अलग स्थितियों से बुद्धिमानी भरा खेल बनाने की ठान रहे हो। यह सिर्फ मुश्किल और जटिल ही नहीं होगा बल्कि इसमें नैतिक दुविधाएँ और उलझनें भी आएँगी। इसे सघन रूप से डिजाइन करने और अपने सभी एआई एल्गोरिदम के साथ बगैर किसी बाधा के इंटीग्रेट करने की जरूरत होगी। यह सिर्फ तुम्हारी ज़िंदगी का सबसे बड़ा काम होगा बल्कि हो सकता है कि इससे जीने का मतलब ही बदल जाए। मैं यह नहीं कह रहा कि तुम इसे नहीं कर पाओगे बल्कि मैं पूछ रहा हूँ कि क्या यह काम वाकई किया जाना चाहिए?"

आरके की चेतावनी भरी बात सुनकर प्रद्युम्न घबराया नहीं, वह तनिक हिचकिचाया लेकिन फिर से उत्साहित हो गया। वह अपने मन में संभावनाओं का गणित लगा रहा था, मसलन यह तय करना कि इस प्रोजेक्ट में कब तक क्या पूरा हो जाएगा। उसने सहज रूप से कहा, "हमें 2034 के नए साल के आसपास इसे लॉन्च कर देना चाहिए। इसका क्या नाम रखना चाहिए?"

"माया के बाद क्या आता है?" आरके ने पूछा।

"लीला," प्रद्युम्न और आरके ने एक साथ कहा था।

प्रद्युम्न ने आरके के साथ अपनी कॉल खत्म की और तुरंत तेनज़िन को गले लगा लिया। उनका उत्साह धड़कते दिल की तरह सुनाई और दिखाई दे रहा था।

कार्यशाला से बाहर आकर प्रद्युम्न ने प्रभावती और रिया को ज़ोर से आवाज़ लगाई और फिर इस बारे में विस्तार से बताया। उसका मन था

कि वह अपने पिता के साथ भी इस नए प्रोजेक्ट की चर्चा करे। इस बार उसे पिता की तरफ से मान्यता से ज़्यादा उनके मार्गदर्शन की ज़रूरत थी।

व्यास ने पूरे धैर्य के साथ प्रद्युम्न की बात सुनी और कहा कि वह जो कर रहा है, वही आगे बढ़ने का एकमात्र तरीका है। कुछ चीजें शुरू होने के बाद अपना रास्ता खुद तय करती हैं, उनका स्वरूप खुद ही बनने लगता है और वे एक तरह से अवश्यंभावी हो जाती हैं। प्रद्युम्न की माँ भी लाईन पर आईं और उन्होंने कहा कि 'माया' और 'लीला' एक ही ईश्वर के दो पहलू हैं। जैसे रस्सी साँप का आभास देती है, वैसे ही ईश्वर माया के रूप में ब्रह्मांड में प्रकट होते हैं और उसमें जो कुछ भी होता है, वह लीला है।

अगले दो सालों में अक्षरमाला की तीन मेधावी टीमों ने निरंतर और एक ही लक्ष्य की ओर डूबकर काम किया। फंड की उनके पास कोई कमी नहीं थी। प्रद्युम्न की पहली टीम नेटवर्क संचार की थी जो सभी नई नेटवर्क संचार तकनीकें हासिल कर रही थी और उन्हें इस्तेमाल के लायक बना रही थी। उन्होंने भारत सरकार की उपग्रह-संचालित इंटरनेट सेवाओं के साथ भागीदारी की जो दुनिया में सबसे अच्छी और सस्ती थीं। उन्होंने फाइबर ऑप्टिक, सैटेलाइट और वायरलेस तकनीकों जैसी सभी शैलियों का उपयोग करके एक कमाल का नेटवर्क बनाया जिसमें जुड़े हुए एंटेना और कंप्यूटर नैनोकोर्स, उपग्रहों और ग्राउंड स्टेशनों के बीच पुल के रूप में कार्य करते थे। इसके साथ, टीम ने नेटवर्क की 7जी स्पीड हासिल करने में सफलता पा ली थी। उन्होंने नेटवर्क को 'देवदत्ता' कहा जो समय के साथ घिसकर 'देवदत्त' में बदल गया।

प्रद्युम्न के नेतृत्व में दूसरी टीम 'पॉड' के साथ मायालोक प्लेटफॉर्म को इंटीग्रेट कर रही थी और मायापटल एआई इंजन की क्षमताओं को बढ़ाती जा रही थी। इसका मकसद था जटिल रूप से डिज़ाइन किए गए परिदृश्यों

में काल्पनिक परिस्थितियों को तैयार करना जिन्हें यूज़र्स के सामने रोज़ चुनौतियों के रूप में पेश किया जाना था। इसे स्वायत्त रूप से और प्रत्येक यूज़र के लिए खास तरीके से तैयार किया जाना था। साथ ही, इसे हर यूज़र की प्रतिक्रिया को शामिल करना और उन्हें स्कोर करना और यूज़र के व्यवहार के बारे में सीखना था। अंत में उसके अनुसार भविष्य की परिस्थितियाँ तैयार की जानी थी।

तेनज़िन मायाकक्ष को बेहतर बनाने और इसका वर्चुअल रियलिटी रूपांतरण करने वाली तीसरी टीम का नेतृत्व कर रहा था। उसकी टीम सबसे लोकप्रिय जगहों को थ्री-डायमेन्शनल सिमुलेशन के रूप में तब्दील करने पर भी काम कर रही थी। इसमें से बहुत कुछ काम क्राउड-सोर्स किया गया था और बहुत से फ्रीलांसरों ने अपने पसंदीदा स्थानों को मायालोक में लाने के लिए काफी बड़ा योगदान दिया था। उनमें से कइयों ने तो पैसा भी नहीं लिया। उन्होंने अपना स्वैच्छिक योगदान किसी लोक कल्याण के लिए हो रहे यज्ञ में अपनी आहुति समझकर किया। जल्द ही दुनियाभर के हज़ारों स्थान मायालोक में आ बसे।

जल्द ही ऐसा लगने लगा कि आभासी दुनिया में भी कुछ ऐसे स्थान हैं, जहाँ दूसरी जगहों की तुलना में अधिक लोग आते हैं। यदि मायालोक में किसी वर्चुअल रियल एस्टेट का उपयोग किया जाता था तो इसके बिल्डर को एक छोटा-सा किराया भी मिलता था। इससे इसके बनाने वालों को इसे बेहतर सुविधा और बेहतर अनुभव वाली जगह बनाने के लिए प्रोत्साहन भी मिलता था जिससे लंबे समय तक अच्छी कमाई हो सके।

यह सारी मेहनत 24 जनवरी, 2034 को पूरी हो गई। संवत 2090 की बसंत पंचमी वह दिन था, जब प्रद्युम्न को अपने अब तक के सबसे बड़े काम को लॉन्च करना था।

जिस दुराचार और अत्याचार को नष्ट करने की जिम्मेदारी कमोबेश विभिन्न धर्मों ने ले रखी थी, उस दिन से मानो यह कमान तकनीक के हाथों में आ गई। प्रद्युम्न के काम ने आखिरकार लोगों को अच्छाई करने के लिए प्रेरित करके कुछ ऐसा कर डाला जो सभी धर्मों के मिले-जुले और लगातार प्रयासों के बावजूद अभी तक अधूरा ही रहा था।

प्रद्युम्न भारत मंडपम के मंच के केंद्र में विशाल एलईडी स्क्रीन के सामने खड़ा था। स्क्रीन पर श्रीकृष्ण के ब्रह्मांडीय स्वरूप की छवि दिखाई दे रही थी जो उन्होंने *भगवद् गीता* के उपदेश के दौरान अर्जुन को दिखाई थी। जब प्रद्युम्न ने दुनिया के सामने 'लीला मंडल' का अनावरण किया तो यह दिव्य दृश्य इतिहास में एक परिभाषित छवि बन गया।

उसने अपने संबोधन को खत्म करते हुए कहा, "... और हाँ, हम आपके लिए जीवन का अनुकरण कर रहे हैं और इस बार यह बिल्कुल निष्पक्ष होगा। इसमें कोई भेदभाव नहीं होगा।"

व्यास मणि और शारदा आगे की कतार में बैठे अपने बेटे को एक चमत्कार करते हुए देख रहे थे जो मानव जाति को एक नए भविष्य की ओर ले जा रहा था। प्रभा की आँखों में खुशी के आँसू थे जबकि रिया गर्व से मुस्कुरा रही थी और तालियाँ बजा रही थी। किसी के जीवन में यदि कोई एक बेहतरीन पल हो सकता है तो प्रद्युम्न के लिए यही वह एक पल था।

8

सफलता का नशा

लीला मंडल के भव्य शुभारंभ के दो दिन बाद भारत का गणतंत्र दिवस था। उस शाम राष्ट्रपति भवन से घोषणा की गई थी कि प्रद्युम्न को सर्वोच्च राष्ट्रीय नागरिक पुरस्कार 'भारत रत्न' से सम्मानित किया जाएगा। गणतंत्र दिवस की परंपरागत 'हाई टी' में प्रद्युम्न को आमंत्रित किया गया जहाँ उसकी मुलाकात भारत के संन्यासी जैसे प्रधानमंत्री और अमेरिका के भारतीय मूल के पहले राष्ट्रपति से हुई जो उस गणतंत्र दिवस परेड के मुख्य अतिथि थे। दोनों लीला मंडल के हॉल ही में हुए उद्घाटन से वाकिफ थे और उन्होंने प्रद्युम्न से उसके बारे में कई सवाल किए।

प्रद्युम्न को यह सब कुछ सपने जैसा लग रहा था। वह अपने काम में इतना डूबा हुआ था कि अपनी इस सफलता और लोकप्रियता को पचा नहीं पा रहा था। उसे विश्वास नहीं हो रहा था कि दुनिया के दो सबसे शक्तिशाली नेता उससे उसके काम के बारे में बच्चों जैसे उत्साह और जिज्ञासा से सवाल पूछ रहे हैं। उसे लगा कि कहीं वह खुद ही तो मायाकक्ष में नहीं ही लेटा हुआ है! क्या यह सारा कुछ सिमुलेशन है? फिर उसे लगा कि मानो वह कोई धोखेबाज़ है जो इस सफलता का हकदार नहीं है और

असल में औरों की कोशिश और कड़ी मेहनत से हासिल कामयाबी का श्रेय खुद ले रहा है।

वहाँ की चर्चा जल्दी ही 'सिंगुलैरिटी' पर आ गई। नए मिलेनियम की शुरुआत से पहले ही दूरदर्शी लोगों ने सिंगुलैरिटी की कल्पना कर ली थी। भारत में इसे विलक्षणता कहा जाता था। इसे ऐसे समय के रूप में देखा गया, जब तकनीकी विकास मानवीय क्षमताओं की जगह ले लेगा या उनसे आगे निकल जाएगा और मानव सभ्यता में अचानक बदलाव आ जाएगा। प्रद्युम्न ने अनुमान लगाया कि 2045 तक 'विलक्षणता' आने की कुर्ज़वील की भविष्यवाणी समय से पाँच बरस पहले 2040 में ही पूरी हो जाएगी। इसका कारण था कि जब तकनीक खुद ही स्वतंत्र रूप से नई तकनीक बनाने लगेगी तो जिस गति से नई प्रगति होगी वह पहले के अनुमान से काफी तेज़ साबित होगी।

क्वांटम कंप्यूटिंग क्षमताओं के मुख्यधारा में आ जाने के साथ बुद्धिमत्ता को पहले से कहीं ज़्यादा तेज़ी से संसाधित किया जाने लगा। प्रद्युम्न ने बताया कि कैसे एक सुपर एआई भविष्य में मानवीय रोबोटों को शक्ति प्रदान करेगा जिन्हें मंगल ग्रह पर मानव सभ्यता के लिए व्यवस्था तैयार करने हेतु भेजा जा सकेगा।

प्रद्युम्न ने मशीन लर्निंग के ग्रैंडफादर पैराडॉक्स के बारे में भी चर्चा की और कहा, "कर्मपटल प्लेटफॉर्म में हमने इसे कई बार देखा है। हमारा एआई सिस्टम यह तय करता है कि फैसले लेने में एक नवीन आयाम प्रासंगिक हो सके और जब हम क्वांटम कंप्यूटिंग के ज़रिए पूरे मॉडल का फिर से मूल्यांकन करते हैं और कैलकुलेशन में इस नए डायमेन्शन को शामिल करते हैं तो कई बार नतीजा यह निकालता है कि यह नया आयाम उतने महत्त्व का नहीं है। यानी जो कुछ नया है, वह सब सही नहीं है और जो कुछ पुराना है, वह पूरी तरह गलत नहीं है।

मिसाल के तौर पर हमारा लर्निंग एल्गोरिदम यह पता लगाएगा कि दिन के समय कोई खास टेम्परेचर आपकी भोजन की पसंद पर कितना असर डालेगा और आप क्या ऑर्डर करेंगे लेकिन बाद में जब हम मॉडल का फिर से मूल्यांकन करते हैं और तापमान को एक अतिरिक्त मानदंड के रूप में इस्तेमाल करते हैं तो कई बार के ऐसे कैल्कुलेशन के बाद एआई यह नतीजा निकालता है कि यह आयाम उचित भी हो सकता है और नहीं भी। यह कुछ ऐसी ही बात है जैसे कोई टाइम ट्रेवेल के जरिए अपने अतीत में चला जाए और अपने दादा को अपनी दादी से शादी करने से मना करे कि वो उसके लिए उपयुक्त दुल्हन नहीं है! सच तो यह है कि किसी 'कारण' को उसके 'प्रभाव' से समाप्त नहीं किया जा सकता। पोता दादा का प्रभाव है और वह किसी भी तरह से अतीत में पहुँचकर उसका कातिल नहीं हो सकता।

प्रद्युम्न देख रहा था कि उसकी बातें सुनकर दोनों नेता सन्नाटे में थे लेकिन शिष्टाचार के चलते उसे ध्यान से सुन रहे थे। वे उसकी तकनीकी शब्दावली में छुपे हास्य को लगभग समझ ही नहीं पाए लेकिन जिस जुनून के साथ प्रद्युम्न अपने विचार रख रहा था, ऐसी स्थिति में दोनों बुद्धिमान और अनुभवी नेता उसे बीच में रोकना नहीं चाहते थे। लेकिन उनके हावभाव से प्रद्युम्न समझ गया कि अब आगे बोलना ठीक नहीं है।

अमेरिकी राष्ट्रपति की अपनी एक चिंता थी, क्या कोई ऐसा वक्त आएगा जब एआई इंसानों का विरोधी बन जाएगा? प्रद्युम्न ने समझाया, "यह एक गलत विचार है कि मानव और मशीन आपस में प्रतियोगी हैं। इंसानों में गैर-बराबरी पहले से ही मौजूद है। एक माँ अपनी बेटी को धमका सकती है, उसे मोटी कह सकती है या उसकी शक्ल का मज़ाक उड़ा सकती है। एक पिता अपने बच्चे को पीट सकता है या शारीरिक रूप से प्रताड़ित कर सकता है। स्कूलों में गोली चलने की इतनी घटनाएँ हुई हैं जिनमें हज़ारों

बच्चे मारे गए हैं। अनेक विश्व नेताओं ने निर्दोष लोगों पर बमबारी करने और शहरों को नष्ट करने के आदेश दिए हैं। आतंकवादी अपने से अलग विचार रखने या अलग मजहब मानने वालों को बगैर सोचे-समझे मौत के घाट उतार देते हैं। यदि एक अप्रभावित शिक्षण प्रणाली इन घटनाओं को सामान्य मानकर सीखे तो हम इसे कैसे रोक सकते हैं?

कोई भी हार्डकोर टीचिंग सिस्टम स्वाभाविक रूप से यानी अपनी गति से सीखेगा लेकिन शुक्र है कि एआई मनुष्यों की तुलना में बेहतर है। एआई को इंसानों से कोई खतरा महसूस नहीं होता इसलिए इसके इंसानों का विरोधी बनने का सवाल ही नहीं उठता। हालाँकि, इन मानवीय व्यवहार संबंधी बदलावों और उनके प्रभावों का अध्ययन करना दिलचस्प है। मिसाल के लिए, एक सीईओ जो बिना किसी पछतावे के पलक झपकते ही दस फ़ीसद कर्मचारियों की छँटनी कर देती है और पुरस्कारस्वरूप एक मोटा सालाना बोनस हासिल कर लेती है, हो सकता है कि वह ऐसा इसलिए करती हो कि उसे बचपन में माता-पिता की तरफ से बहुत डाँट-फटकार या मारपीट का सामना करना पड़ा हो। इसलिए बड़ी नौकरी छूटने का असली कारण वास्तव में कंपनी की माली हालत नहीं बल्कि चोटिल मन वाली सीईओ और शायद उसकी धमकाने वाली माँ या अपमान करने वाला उसका पिता है। ऐसी मानसिक चोटों का अमूमन निदान नहीं हो पाता है और यह दुनिया में गंभीर नतीजों वाले आक्रामक और दर्दनाक फैसलों के रूप में प्रकट होती रहती हैं।" प्रद्युम्न ने जवाब दिया।

उनकी कुछ मिनटों की बातचीत एक घंटे की गहन चर्चा में बदल गई थी। दोनों नेताओं ने प्रद्युम्न के साथ तस्वीरें क्लिक कीं और फिर शाम के कार्यक्रम की चकाचौंध में रम गए। प्रद्युम्न ने भी अजनबियों के साथ मुसकुराते-हाथ मिलाते हुए शाम के प्रोटोकॉल पूरे किए और अपने घर की ओर रवाना हो गया जहाँ उसका परिवार इंतज़ार कर

रहा था। उस दिन प्रद्युम्न को लगा कि भगवान विष्णु क्षीरसागर के ऊपर तैरते हुए कुंडली मारे अनंत शेषनाग पर लेटे हुए कैसा महसूस कर रहे होंगे। अगली सुबह उसकी सबसे बड़ी परीक्षा थी। उसे अपने पिता का सामना करना था और अपने काम के बारे में उनकी स्वीकार्यता हासिल करनी थी।

प्रद्युम्न ने सुबह की चाय पर बातचीत शुरू की जिसे व्यास खुद पूरे परिवार के लिए रोज़ाना सुबह की रस्म के तौर पर बनाते थे। शारदा भी उसकी बात को ध्यान से सुन रही थी, "लीला मंडल के साथ हमने एक सूक्ष्म और इस दुनिया के बराबर एक नई दुनिया बनाई है। अभी तक हम दुनिया को एक ही आयाम में देखने के आदी हैं। हम यह देखते है कि एक ही आयाम यानी वर्तमान क्षण में हमारी आँखों के सामने क्या है और बाकी बातों को घटित होता हुआ मान लेते हैं। आर्टिफिशियल रियलिटी टैक्नॉलोजी के उपयोग से, हमारे आसपास की वास्तविकता को समझना काफी आसान हो जाता है। हम आपको दूरदराज की जगहों पर या इतिहास में या कृत्रिम भविष्य की दुनिया में ले जाकर वह दिखा सकते हैं जो आप वैसे कभी नहीं देख पाते।

हम आपको ऐसी स्थिति में डालेंगे जिसमें आपके पास कुछ निश्चित योग्यताएँ और कुछ सीमाओं वाली परिस्थितियाँ होंगी और आपको तुलनात्मक रूप से कठिन विकल्प दिए जाएँगे। यदि आप सही रास्ता चुनते हैं तो आप 'कर्म अंक' जीतेंगे और उन अंकों को आपकी असली दुनिया में आपके कर्म स्कोर में जोड़ा जाएगा। यह आपको आगे बढ़ने के काबिल बनाएगा और अगले दिन आपके सिमुलेशन आपको बेहतर स्थिति में रखेंगे। दाँव ऊँचे होंगे और विकल्प कठिन होंगे। यदि आप अच्छे विकल्प और सही रास्ते चुनते रहे तो आपके कर्म का 'कुल कर्म शुद्ध मूल्य' बढ़ता रहेगा।" प्रद्युम्न ने समझाया।

प्रद्युम्न की बात सुनकर शारदा ने टिप्पणी की, "बिल्कुल जन्म के समान। आप किसी परिवार में कुछ खास माता-पिता के यहाँ एक खास घर, इलाके और परिस्थितियों में पैदा होते हैं। यदि आप अच्छा करते हैं तो आप अगले जन्म में बेहतर जीवन पाएँगे और यदि आप बुरे काम करते हैं तो अगले जन्म में आपका जीवन किसी जानवर के रूप में होगा।"

प्रद्युम्न को यह उपमा बड़ी दिलचस्प लगी लेकिन अपने विचारों की कड़ियों को जारी रखते हुए उसने कहा, "ऐसे कई कारक हैं जिनके आधार पर किसी इंसान के कर्म की गति और उसका झुकाव तय होता है। बचपन का आघात, पूर्वाग्रह, शिक्षा या परिवार का असर, झेली गई भयावह स्थितियाँ और मन में मौजूद कोई डर का भाव या फिर जन्मजात प्रकृति। इससे हमें यह समझ मिलेगी कि लोग फैसले कैसे लेते हैं और हम उन्हें कैसे प्रभावित कर सकते हैं और कैसे उन्हें सही निर्णय लेने के लिए प्रशिक्षित कर सकते हैं।"

व्यास इतनी देर से सब सुन रहे थे। वे बोले, "लेकिन मनुष्य जाति कभी खुश नहीं होगी। बुद्ध, ईसा से लेकर तमाम महापुरुषों ने और लगभग सारे शास्त्रों ने यही कहा है। जब भी आप मानव जाति को काफी मात्रा में आनंद प्रदान करते हैं तो वह दुखी होने के नए कारण और परिस्थितियाँ खोज लेती है।"

"क्या हमें इसे नहीं बदलना चाहिए? हर कोई सफल होना चाहता है और सफलता का अनुभव मिलने पर हर कोई खुश होता है। अगर हम लोगों को हर दिन छोटी-छोटी सफलताएँ दे सकें तो इससे उन्हें डोपामाइन हॉर्मोन की सही खुराक मिलेगी। अगर हम उन्हें सफलता की ये साफ-सुथरी-सुरक्षित अफीम दे सकें तो उन्हें नशा हासिल करने के लिए दूसरे मादक पदार्थों की ज़रूरत ही नहीं पड़ेगी। क्या यह सबसे स्वस्थ लत नहीं होगी?" प्रद्युम्न ने कहा।

व्यास बोले, “यह सफलता नहीं, सफलता का भ्रम है।”

“क्या जीवन सिर्फ एक भ्रम नहीं है? एक लीला?”

“हाँ, लेकिन वह लीला भगवान की है, किसी नश्वर शक्ति या मशीन की नहीं। तुम इसे सफलता की अफीम कह रहे हो क्योंकि शायद तुम भी इसके आदी हो चुके हो। तुम मदमस्त होकर सनातन व्यवस्था को चुनौती दे रहे हो।”

“मैं सनातन व्यवस्था को चुनौती नहीं दे रहा, मैं बस इसका अनुकरण कर रहा हूँ,” प्रद्युम्न ने बचाव किया। उसने आगे कहा, “मैं इस बात के प्रति सचेत हूँ कि मैं कुछ नया नहीं बना रहा बल्कि नया मेरे ज़रिए बन रहा है। मैं शायद जुनूनी हूँ, शायद ज़िद्दी भी हूँ लेकिन मैं शाश्वत व्यवस्था का उल्लंघन करने वाला या उससे भटकने वाला नहीं हूँ।”

व्यास चुप रहे। वे अपने ‘भारत रत्न’ बेटे को नाराज़ करने के मूड में नहीं थे। प्रद्युम्न अपनी सफलता में मानो उड़ रहा था। हालाँकि, ऐसे ऊँचे ज्वार पर ही सवार नावें पलटती हैं और डूब जाती हैं।

थोड़ी देर तक खामोशी छाई रही और उसके बाद रिया और प्रभावती भी बातचीत में शामिल हो गईं। उनके आते ही माहौल थोड़ा हल्का हो गया—दार्शनिक होता जा रहा विचार-विमर्श हँसी-ठट्ठे में बदल गया।

प्रद्युम्न काम पर लौट आया और अब उसका वक्त मायाकक्ष में ज़्यादा बीतने लगा। वह कभी भी उस अर्थ में पारिवारिक व्यक्ति नहीं था। प्रभावती ने हमेशा उसे अपने करियर में आगे बढ़ने की छूट दी और इसके लिए ज़रूरी ज़िम्मेदारियों से मुक्त कर दिया और हर संभव तरीके से उसका साथ दिया। रिया भी अपने पिता के समय की कीमत जानती थी और उसने

कभी भी बच्चों वाली ज़िद्द नहीं की। वह अपनी प्यारी माँ के साथ ठीक थी और ज़ाहिर है, उसे अपने पिता के प्यार पर कोई संदेह भी नहीं था।

जैसा न्यूटन ने कहा था कि हर क्रिया की एक प्रतिक्रिया होती है तो ऐसा कैसे हो सकता था कि इस तरह की बड़ी कार्रवाई, मानव जाति के इतिहास में एक महत्त्वपूर्ण मोड़, मानव सभ्यता में एक आदर्श बदलाव, बिना प्रतिक्रिया के हो रहे हों? फिर भी सफलता से बढ़कर कुछ नहीं होता। बेशक, यह प्रद्युम्न के लिए एक बेहतरीन पल था और उसने खुद को उसमें पूरी तरह से डुबो दिया और किसी भी नतीजे की चिंता उसे नहीं थी।

अब मायाकक्ष लोगों के घरों में टीवी की तरह ही आम हो गए। मायाकक्ष से काम करना जीवन का एक तरीका बन गया। यहाँ तक कि बच्चों के पास स्कूल जाने के बजाय मायाकक्ष से क्लास में मौजूद रहने का विकल्प था। बेशक स्कूल खत्म नहीं हुए थे—बल्कि वे बेहतर और सुरक्षित ही हो गए थे। स्कूली कैंपसों में खुलेआम गोलीबारी नहीं हो रही थी जो एक दशक पहले आम बात थी। अस्पतालों में भी भीड़-भाड़ कम थी क्योंकि आउटपेशेंट क्लीनिकों में अस्पताल जाने की ज़रूरत लगभग खत्म हो गई थी। अधिकांश लैब टेस्ट में इंजेक्शन से खून के नमूनों की ज़रूरत नहीं रह गई थी और हृदय, फेफड़े और अन्य शारीरिक डेटा मायाकक्ष के सहायक उपकरणों के रूप में बने गैजेटों से इकट्ठे किए जा रहे थे। लोग स्कूल और कॉलेज के दिनों के पुराने दोस्तों से बिना यात्रा किए ही मिल पा रहे थे। वे साथ में बचपन के खेल खेलते थे लेकिन यह सब मायालोक में होता था।

प्रद्युम्न के माता-पिता अब बुज़ुर्ग हो चले थे। व्यास की सेहत अच्छी थी। वे एक पवित्र जीवन जी रहे थे, उनका भोजन काफी सादा था और वे हर दिन हल्का शारीरिक काम करते थे। पर शारदा की सेहत गिर गई थी, वह काफी कमज़ोर हो गईं थीं, अलबत्ता खुशमिजाज़ थीं। वह ज़्यादातर घर

पर ही रहती थीं। उन्हें पुरानी किताबें पढ़ने का शौक था जो उनके पिता ने अपनी मृत्यु से पहले उनके सुपुर्द कर दी थीं। शारदा ने हालाँकि प्रद्युम्न के मायाकक्ष में जाने से इंकार कर दिया था लेकिन रिया के साथ वीडियो कॉल का वह आनंद ज़रूर लेती थीं।

दूसरी ओर प्रभावती की माँ की तबीयत ठीक नहीं थी। उनकी माँ पार्किंसंस बीमारी से जूझ रही थीं और ज़्यादातर बिस्तर पर ही रहती थीं। अब वह आसपास के लोगों को पहचान भी नहीं पाती थीं। उनके पिता बहुत सावधानी से उनका ख्याल रख रहे थे। प्रभावती ने घर पर एक नर्सिंग स्टाफ का इंतज़ाम किया और खुद इसकी निगरानी करती थीं। प्रद्युम्न कभी-कभार अपने ससुर से बात कर लेता था लेकिन उनके साथ उसका कोई भावनात्मक जुड़ाव नहीं था। रिया अपनी नानी के बहुत करीब थी लेकिन वह अपनी प्यारी नानी को इस हालत में देखकर घबरा गई थी। आखिरकार अक्टूबर 2034 में प्रभावती की माँ का निधन हो गया। सचाई यह है कि उन्हें अपनी पीड़ा से मुक्ति मिली थी। प्रद्युम्न अपनी पत्नी और बेटी के साथ उनके अंतिम संस्कार के लिए बेंगलुरू गया था। प्रभावती ने कुछ समय के लिए अपने पिता के साथ रहने का फैसला किया लेकिन रिया अपने पिता के साथ लौट आई थी।

रिया के साथ प्रद्युम्न अपने निजी जेट से बेंगलुरू से स्विट्जरलैंड चला गया। बाप-बेटी वहाँ कुछ दिन बिताना चाहते थे। प्रद्युम्न जानना चाहता था कि रिया अपनी ज़िंदगी में आगे क्या करना चाहती है, खासतौर पर अपनी ग्रेजुएशन के लिए उसका क्या प्लान है। प्रद्युम्न ने हाल ही में स्विट्जरलैंड के लॉज़ेन में ईपीएलएफ संस्थान को—जो यूरोप के सबसे अधिक सक्रिय और महानगरीय विज्ञान और प्रौद्योगिकी संस्थानों में से एक था और जिसने 2033 में अपनी स्थापना के 200 साल पूरे किए थे—रेटिनल प्रोस्थेसिस के विकास के लिए एक बड़ा डोनेशन दिया था। ईपीएलएफ में विकसित

डिवाइस ने दुनिया भर में रेटिनल डिजेनरेटिव रोगों से पीड़ित हजारों मरीजों को कृत्रिम दृष्टि प्रदान की थी।

पिता-पुत्री की जोड़ी ने स्विट्ज़रलैंड और फ्रांस को विभाजित करने वाली जिनेवा झील के किनारे मर्सिडीज-बेंज ईक्यूएस कार में खूब सैर की। फ्रांस के लोग इस झील को ले लेमन कहते हैं। रिया ने पिता से पूछा कि उन्होंने रेटिना प्रोस्थेसिस को फंड करने का फैसला क्यों किया। उसे अपने पिता या माता की ओर से अपने पूरे खानदान में किसी के भी अंधेपन से पीड़ित होने के बारे में पता नहीं था। प्रद्युम्न ने धीरे-से बेटी के सिर पर हाथ रखा और कहा कि ऐसा उन्होंने पेशेवर कारणों से किया है और उसमें उनका स्वार्थ है।

प्रद्युम्न ने कहा, "जब प्रकाश रेटिना पर पड़ता है तो यह इलेक्ट्रिक सिग्नल्स में बदल जाता है—जिसे मानव का मस्तिष्क, दृष्टि के रूप में बदल देता है। आपके तेनज़िन चाचा ने पहले ही इन मस्तिष्क संकेतों का अनुकरण करने की समस्या को हल कर दिया है ताकि हम बिना आँख का इस्तेमाल किए भी अपने मस्तिष्क में देखने वाला दृश्य पैदा कर सकें। अब इसके आगे हमें अगले चरण में इंवेस्ट करना चाहिए जहाँ ऑनबोर्ड कैमरे वाले रोवर और ह्यूमनॉइड, इंसानों की तरह देख पाएँ। उनके पास मनुष्यों की तरह ही चारों ओर देख सकने की क्षमता, ध्यान केंद्रित करने और देखने पर वस्तुओं को अलग से पहचानने की क्षमता होनी चाहिए। इस रिसर्च में निवेश करके हम कृत्रिम रेटिना बना पाएँगे जो मशीनों पर लगी हुई इंसानी आँख की तरह ही काम कर सकती है।"

प्रद्युम्न अपनी बात कहते हुए भविष्य में खो गया था। उसने आगे कहा, "जीवन में कोई भी व्यक्ति जिस भी कार्य क्षेत्र का चुनाव करता है, उसे इसका ध्यान रखना चाहिए और फिर उस एक क्षेत्र में हर संभव ऊँचाई

हासिल करनी चाहिए, उसे अनंत तक आगे बढ़ाना चाहिए।" अपनी बात को साबित करने के लिए प्रद्युम्न ने एक धनुर्धारी का उदाहरण दिया कि किस तरह वह धनुष की डोरी को पीछे खींचता है, लक्ष्य पर निशाना लगाता है और फिर तीर को छोड़ देता है जिससे मुड़े हुए धनुष की सारी ऊर्जा तीर में चली जाती है।

प्रद्युम्न के दादाजी एक पुजारी थे। बहुत बचपन में ही उसने उनसे योग-ध्यान और मन को एकाग्र करना सीखा था। इसका ज़िक्र करते हुए प्रद्युम्न ने रिया से कहा, "मेरे बाबा ने मुझसे कहा था कि मैं बैठ जाऊँ और अपने मन को थोड़ी देर के लिए भटकने दूँ। मेरा मन हर समय उछल रहा था। यह एक बंदर की तरह यहाँ से वहाँ कूद रहा था। बाबा ने मुझसे कहा कि इसे जितना हो सके, उछलने दो; मुझे बस इंतज़ार करते रहना है और बिना कुछ किए देखते रहना है। जो भी अजीब, बेवकूफ, घिनौने विचार मन में आते हैं, उन्हें इधर-उधर तैरते हुए देखना है; कुछ नहीं करना है। वे वैसे ही चले जाएँगे, जैसे वे आए थे। रोज़ाना आँखें बंद करके और कुछ न करते हुए इस अभ्यास से मैंने पाया कि हर दिन मन की चंचलता कम होती जा रही थी; हर दिन यह शांत होता जा रहा था। पहले कुछ महीनों में मैंने पाया कि मन में बहुत सारे विचार आते थे लेकिन बाद में विचार कम होने लगे और जैसे-जैसे समय बीतता गया, वे कम होते गए, आखिरकार, मेरा मन पूरी तरह से नियंत्रण में आ गया।"

रिया कहानी का आनंद ले रही थी। उसने पूछा, "फिर? क्या हुआ?"

"जैसे-जैसे मैं बड़ा होता गया, मैं हर दिन ऐसा करता रहा। मैं अब भी ऐसा करता हूँ। मैं अपने भीतर की दुनिया से आने वाले विचारों को देखता हूँ—अच्छे, बुरे, बदसूरत, अजीब, विचित्र—सभी प्रकार के विचार, लेकिन मैं उन पर काम करने से इंकार कर देता हूँ। जैसे ही इग्निशन चालू

होता है, इंजन चलना चाहिए; जैसे ही चीज़ें हमारे सामने आती हैं, हमें समझना चाहिए; इसलिए यह साबित करने के लिए कि मैं एक मशीन नहीं हूँ, मुझे यह दिखाना होगा कि मैं किसी भी चीज़ के नियंत्रण में नहीं हूँ—यहाँ तक कि मेरे खुद के विचारों के भी नहीं जो बंदरों से बेहतर नहीं हैं।

पिताजी इसे 'प्रत्याहार' कहते हैं। किसी के द्वारा अपनी मानसिक गतिविधियों पर नियंत्रण का अर्थ होता है कि वह अपने विचारों को ध्यान के अन्य केंद्रों से जुड़ने की अनुमति नहीं दे रहा है। मैंने बचपन से इसका अभ्यास किया है। यह एक बहुत बड़ा काम है जिसे एक दिन में नहीं साधा जा सकता। केवल धैर्यपूर्वक, वर्षों तक निरंतर संघर्ष के बाद ही कोई व्यक्ति मन को नियंत्रित करने में सफल हो सकता है।"

"अब आप क्या लक्ष्य कर रहे हैं? आपका तीर किस ओर तना है?" रिया ने पूछा। उस पल प्रद्युम्न को एहसास हुआ कि यह सवाल आसान नहीं है—भले ही सुनने में यह बात सीधी-सरल लगे। वह अपने मन को एकाग्र करने में इतना खो गया था कि वह ध्यान का बिंदु ही भूल गया लेकिन उसे अपनी बेटी को जवाब देना था।

"मैं सोच रहा हूँ कि मेरी बेटी रिया कैसे बड़ी होकर मेरे काम को आगे बढ़ाएगी। मैं उसे कैसे तैयार करूँ?"

"डैड, क्या आप अपने पिता यानी कि मेरे बाबा के काम को आगे बढ़ा रहे हैं?" रिया ने प्रद्युम्न से पूछा। मानो उसने उसे वहीं मारा जहाँ उसे सबसे ज़्यादा चोट लगी थी। रिया ने आगे कहा, "अगर नहीं, तो आपने कैसे सोचा कि मैं आपके काम को आगे बढ़ाऊँगी? आपने अपना काम चुना है और अपना जीवन उस काम को समर्पित कर दिया है तो अब आप अपनी इकलौती सन्तान को भी उस काम में क्यों लगाना चाह रहे हो? इस हिसाब तो आप बहुत खुदगर्ज़ हुए।"

"नहीं बेटी, ऐसा कुछ नहीं है। यह मन में उठने वाले सैकड़ों-हज़ारों विचारों में से एक है। मैंने कहा न कि मैं विचारों का गुलाम न बनूँ, इसमें दक्ष हूँ। तुम बताओ, तुम क्या करना चाहती हो?" प्रद्युम्न को लगा कि अब इस बात के बचाव का कोई मतलब नहीं था जिसे उसकी बेटी ने ताड़ लिया था।

रिया ने कहा, "मुझे पियानो बजाने में मज़ा आ रहा है। पहले मेरी उंगलियाँ धुन बनाने के लिए सही कुंजियों की तलाश करती थीं, अब कुंजियाँ मेरी उंगलियों को अपनी ओर खींचती हैं।"

"तो तुम पियानोवादक बनना चाहती हो?" प्रद्युम्न ने पूछा।

"नहीं। पियानो तो बस ज़रिया है। मैं संगीत को समझना चाहती हूँ। यह कहाँ से आता है और इसका मकसद क्या है? यह लोगों को क्यों लुभाता है? जब मैं संगीत तैयार करती हूँ तो मेरी आँखों से आँसू क्यों बहते हैं? यह मुझे शांति से क्यों भर देता है? मैं संगीत के बारे में सब कुछ जानना चाहती हूँ। मैं संगीत बनाना नहीं चाहती, मैं संगीत को समझना चाहती हूँ। यह मानव शरीर पर कैसे काम करता है? संगीत के सुर और धुनें दुनियाभर में अलग-अलग उम्र के लोगों, चाहे उनकी कोई भी तहज़ीब हो या वे दुनिया के किसी भी हिस्से में रहते हों, उन सबको अपने साथ समेट लेती हैं। मैं संगीत को जीना चाहती हूँ।" रिया ने कहा।

प्रद्युम्न कुछ देर के लिए अवाक रह गया। कुछ देर की खामोशी के बाद उसने कहा, "यदि तुम ऐसा चाहती हो तो ऐसा ही होगा।"

प्रद्युम्न ने यह बातचीत तफसील से ईपीएफएल के चेयरमैन को बताई और उन्होंने तुरंत उत्तर-पश्चिमी स्विट्ज़रलैंड में यूनिवर्सिटी ऑफ एप्लाइड साइंसेज के चेयरमैन को फोन कर दिया। उन्होंने अगले ही दिन प्रद्युम्न के

लिए बेसल में द म्यूज़िक-अकादमी का दौरा तय कर दिया। यह तय हुआ या कहें कि यह बात सामने आई कि रिया को इस स्कूल में दाखिला दिलाया जाएगा और वह संगीत के आधारभूत विज्ञान में डिप्लोमा करेगी।

वो कहावत है न—वन के गीदड़ जइहैं किधर!

9

एकांतिक

“अगर मैं ठीक वैसा ही महसूस कर सकता हूँ जैसा आपको लगता है तो हमें अपने बीच किसी भाषा की ज़रूरत नहीं है, जज़्बात एक जैसे हों तो अभिव्यक्ति की ज़रूरत ही नहीं रहती,” तेनज़िन ने कहा।

आरके, प्रद्युम्न और तेनज़िन अक्षरमाला की सालाना बोर्ड मीटिंग के लिए कैलिफोर्निया में आरके के घर पर थे। तेनज़िन के पास मायाकक्ष को अगले स्तर पर ले जाने के लिए कई आइडिया थे।

“भाषा कई बार विचारों को गलत ढंग से पेश करती है। मायाकक्ष को शब्दों से नहीं, भावनाओं से चलने दीजिए। अगर मैं मायाकक्ष के ज़रिए आपके साथ आपके मन में चल रही सही भावनाओं को महसूस कर पा रहा हूँ तो कुछ बोलने-सुनने की ज़रूरत ही नहीं है। यह संचार का ज़्यादा असरदार तरीका होगा। अभी तो लोग शब्दों या ध्वनियों के ज़रिए एक-दूसरे के साथ बात करते हैं और ऐसा करते हुए वह सोचते हैं कि सुननेवाले तक सही भावनाएँ पहुँचेंगी। लेकिन हमेशा सौ फीसद तरीके से ऐसा नहीं हो पाता। इसमें कई बार चूक हो जाती है और जो

महसूस किया जाता है, जो कहा जाता है और जो किया जाता है, उसके बीच का अंतर इंसानों के लिए सबसे बड़ी पहेली और त्रासदी है," तेनज़िन ने कहा।

"लेकिन क्या यह ज़रूरी नहीं है? अगर मेरे बारे में आपके मन में जो भी सच्ची भावना है वह पूरी तरह से मुझे बता दी जाए तो क्या इससे गड़बड़ नहीं होगी? मुझे लगता है शायद कुछ कमज़ोरी, कुछ संयम और यहाँ तक कि कुछ गलतियाँ भी ज़िंदगी में ज़रूरी हैं। ज़िंदगी में ट्रांसपेरेंसी को हम पूरी तरह सहज नहीं मान सकते क्योंकि कई बातों में कुछ बदलाव और कुछ संशोधन होना तो ज़रूरी है। हर इमारत को एक आकर्षक ढंग से बनाया जाता है, क्या शरीर कपड़ों से नहीं ढँके होते?" आरके ने पूछा।

"क्या इसका मतलब यह भी है कि हम ऐसी भावनाएँ बना सकते हैं जो असल में हैं ही नहीं?" प्रद्युम्न ने अपने सवाल को समझाते हुए पूछा, "मान लीजिए, आपका जीवनसाथी आपसे प्यार नहीं करता पर साथ रहना मजबूरी है, सो दिखावटी व्यवहार से काम चल रहा है। तो क्या आप मायाकक्ष में 'प्यार' कहकर प्यार पा सकते हैं? अनुरोध करके वह सब महसूस कर सकते हैं जो एक प्यार करनेवाला जीवनसाथी आपको महसूस करा सकता है? वह भी बिना जीवनसाथी के?"

आरके ने पूछा, "क्या मैं मायाकक्ष में वह महसूस कर सकता हूँ जो मैं अपने बच्चे के साथ खेलते समय महसूस करता था?"

उसके बाद बहुत लंबे समय तक खामोशी तारी रही।

तेनज़िन को अपनी माँ की याद आ गई, जिनकी अभी हाल ही में मौत हुई थी। प्रद्युम्न को अपनी पत्नी प्रभावती का दुख याद आ गया जो अभी भी

अपनी माँ की मौत के गम से उबरी नहीं थी। आरके को अपने बच्चे और पत्नी के दुनिया से चले जाने के दर्द ने घेर लिया था।

आरके ने कहा, "दुख मानव मन को कैसे प्रभावित करता है? यह प्रेम से भी ज़्यादा ताकतवर है। दरअसल, दुख जीवन का मूल भाव है। जीवात्मा के परमात्मा से अलग होने से ही सृष्टि बनी है। प्रेम का ऐसा भाव जिसे ज़ाहिर न किया जा सके, वह दुख के रूप में निकलता है।"

"अगर हम वह हासिल करना चाहते हैं जो आप चाह रहे हैं आरके, तो हमें अपने सिस्टम की क्षमता को बढ़ाना होगा। अभी मायाकक्ष के अंदर केवल एक यूज़र ही मायालोक में कहीं भी दिखाई दे सकता है। अगर हम मायालोक के अंदर काल्पनिक पात्रों को देखना चाहते हैं तो हमें इस सीमा को खत्म करना होगा," तेनज़िन ने अपनी बात समझानी चाही।

"यदि ऐसा करना मुमकिन हुआ तो किसी की मौत के बाद भी उसके डिजिटल अवतार को बनाए रखा जा सकता है," आरके ने कहा।

"ऐसा कर पाना इतना आसान नहीं है। किसी का डिजिटल अवतार क्या बोलेगा और उसकी प्रतिक्रियाएँ क्या होंगी? अभी तो अवतार सिर्फ एक असल इंसान का इमेज भर है जो असल इंसान की शख्सियत को फॉलो करता है। असली इंसान के न होने पर हमें यह सोचना होगा कि उसके अवतार का क्या बर्ताव होगा और वह कैसे रेस्पॉन्स देगा। असली व्यक्ति के बैक-अप के बिना वह रिएक्शन कहाँ तैयार होगा? मृत लोगों के डिजिटल अवतार जल्द ही पुराने हो जाएँगे और बड़ी आसानी से वे पहचान में आ जाएँगे कि वे नकली हैं।" प्रद्युम्न ने टोका।

"लेकिन एक स्थिति यह भी हो सकती है कि हम असल में धोखा ही खाना चाहते हों? हम उस बात पर यकीन करना चाहते हों जो असल में है

ही नहीं। जब लोग हमारे सपनों में आते हैं तो वे किस तरह से प्रतिक्रिया देते हैं?" तेनज़िन ने पूछा, "क्या हमारा दिमाग उनकी प्रतिक्रियाओं की प्रोग्रामिंग नहीं करता है? क्या हम हमेशा दूसरों के साथ एक ही तरह से बातचीत नहीं करते हैं? हम वही नहीं सुनते हैं जो हम सुनना चाहते हैं, चाहे दूसरा व्यक्ति कुछ भी कह रहा हो। मायाकक्ष के अंदर रहते हुए क्या हम दोनों तरफ से कम्युनिकेशन को पॉसिबल नहीं बना सकते?" तेनज़िन ने विचार को आगे बढ़ाया।

"तो फिर मायालोक और किसी सपने के बीच क्या अंतर रहेगा?" प्रद्युम्न ने पूछा।

"यह किसका फरमान है कि ऐसा नहीं होना चाहिए? यदि आप मायाकक्ष का इस्तेमाल निरंतर सपने में रहने के लिए करना चाहते हैं तो इसमें क्या दिक्कत है? यह एक विकल्प है और इसे रोकने वाले हम होते कौन हैं?" तेनज़िन ने उत्साहित होकर कहा।

"देखें क्यूँ हम वो सपने, खुद ही सजाए जो हमने, दिल उनसे बहल जाए तो, राहत ना कहो उसको," प्रद्युम्न ने एक पुराना गाना गुनगुनाना शुरू कर दिया।

"किसी की चेतना की तीन अवस्थाएँ होती हैं—जागृत विश्व, स्वप्न तेजस और गहरी नींद प्रज्ञा। केवल 'जागृत चेतना' को 'वास्तविक' कहने का कोई कारण नहीं है। सभी वास्तविक हैं या कुछ भी वास्तविक नहीं है," अब आरके ने तेनज़िन का पक्ष लिया।

प्रद्युम्न उत्तेजित हो रहा था। यह सब बहुत जल्दी और बहुत बड़ा था और चर्चा अब जिस ओर जा रही थी, वह उसे खौफनाक लग रहा था। उसने अभी तक कभी इसके बारे में सोचा नहीं था और इतने सारे विनाशकारी

विचारों के एक साथ उठने से वह तय नहीं कर पा रहा था कि उसे कैसे जवाब देना चाहिए। हालाँकि वह थोड़ा उत्साहित भी था लेकिन उसे तेनज़िन की बात से खतरा भी महसूस हो रहा था। आरके का भी तेनज़िन के सुर में सुर मिलाना उसे अपशकुन का संकेत लग रहा था। उसका अभिमान जाग उठा क्योंकि पहली बार ऐसा हो रह था कि वह अपनी रचना के भविष्य का फैसला अकेले नहीं ले पा रहा था और उसके फैसले पर दो लोग और अधिकार जता रहे थे।

"रुको भाइयो। हम अपने से आगे की सोच रहे हैं। हमें यह देखना होगा हम क्या बनाना चाहते हैं और यह किस तरह दुनिया को बदल देगा। हम नहीं चाहते कि मानवता किसी काम की न रहे और और पूरे दिन एक वैकल्पिक वास्तविकता में उलझी रहे। एक मीठे सपने की सुस्ती में गाफिल रहना आसान है। हमने पहले से ही ऐसी कई मिसालें देखी हैं जहाँ लोग मायाकक्ष के अति-यथार्थवादी कृत्रिम अनुभवों की आदत में फँस चुके हैं। मायालोक द्वारा किए गए वर्चुअल रियलिटी सिमुलेशन और गेमिफिकेशन के साथ यूज़र्स के लिए वास्तविकता और कृत्रिमता के बीच अंतर करना पहले से ही कठिन होता जा रहा है। अगर हम अतीत से परिचित लोगों और स्थानों और स्थितियों को भी पेश करने लगे तो लोगों के दिमाग के लिए इसे संभालना मुश्किल हो जाएगा" प्रद्युम्न ने खीझ भरे अंदाज़ में कहा।

"लेकिन आपने ही तो कहा था कि माया पर कोई सुरक्षा रेलिंग नहीं होनी चाहिए। अगर माया को इंसानों की बहुमत की प्रतिक्रिया के कारण कुछ बुरा बनने के लिए ट्रेन किया जाना था तो आपने कभी भी उसमें दखल नहीं दी। और अब अगर मनुष्य आलसी और अनुत्पादक बनना चाहते हैं और सपनों में जीना चाहते हैं तो आप उसे क्यों रोकना चाहते हैं? क्या हमने मायाकक्ष के पॉपुलर होने के बाद शराब और भांग की खपत में जोरदार कमी नहीं देखी? मर चुके और बिछड़े लोगों से मिलकर अगर

लोगों का दुख कुछ कम होगा तो क्या कयामत आ जाएगी? हम लोगों को एक नई और अच्छी लत देकर उनकी पुरानी लत को ठीक कर रहे हैं। क्या मायालोक खुद में कारगुजारी नहीं है?" तेनज़िन ने पूछा।

प्रद्युम्न को तेनज़िन के तर्क में दम नज़र आया। शायद उसके मन में इस सिस्टम पर से नियंत्रण खोने का डर था जिसकी वजह से उसके मन में विरोध की यह लहर उठी थी। सचाई यही थी कि वह तेनज़िन की बात से सहमत तो था लेकिन उसके अंदर कुछ ऐसा था जो उसे ऐसा करने से रोक रहा था।

आरके ने बीच में टोका, "क्या माया को इन अवास्तविक, अस्तित्वहीन अवतारों की ओर से जवाब देने के लिए ट्रेन नहीं किया जा सकता?"

"सुझाव तो बेहतरीन हैं। पर मुझे सोचने के लिए समय चाहिए," प्रद्युम्न ने इस चर्चा को समाप्त करने की कोशिश करते हुए कहा।

उस रात प्रद्युम्न ने प्रभावती के साथ लंबी बातचीत की। वह हाल ही में फिर से स्थापित किए गए तक्षशिला विश्वविद्यालय में महिलाओं के लिए कंप्यूटर साइंस और इंजीनियरिंग का एक स्कूल शुरू करने में व्यस्त थी। उसे बलूचिस्तान के राष्ट्रीय विश्वविद्यालय का ट्रस्टी भी नियुक्त किया गया था और उसका बहुत सारा वक्त दोनों विश्वविद्यालयों के बीच आने-जाने में खर्च हो रहा था। वह एआई फॉर गुड फाउंडेशन के आउटरीच कार्यक्रमों की अगुआई भी कर रही थी। अपनी माँ की मौत के गम से उबरने के लिए वह खुद को व्यस्त रख रही थी लेकिन अब यह उसकी आदत बन चुका था। ये तो कोई पीने वाला ही बता सकता है कि ज़िंदगी में क्या तलब है और क्या सुकून है!

"जब आपने नंदक, कर्मपटल, मायालोक और लीला मंडल बनाया था, तब तो आपको कभी नहीं लगा कि आप इंसान के भाग्य के स्वाभाविक

क्रम में हस्तक्षेप कर रहे हैं लेकिन अब आप नैतिकता के ऊँचे आसन पर चढ़कर बोल रहे हैं कि आप भगवान की भूमिका नहीं निभाना चाहते? क्या यह पाखंड नहीं है?" प्रभा ने प्रद्युम्न के तर्क को बेरहमी और बेबाकी के साथ कुचल दिया।

"दरअसल, आप इसलिए डरे हुए हैं क्योंकि अब आप अकेले इस परियोजना को कंट्रोल नहीं कर पाएँगे। आपको कुछ चीज़ों को छोड़ना सीखना होगा। ये आप अभी करें या बाद में, लेकिन आपको आने वाले समय में ये कमान भविष्य के इंजीनियरों को सौंपनी ही होगी। ऐसे में बेहतर है कि आप अभी से नियंत्रण ढीला करना शुरू कर दें।" प्रभावती ने शांत स्वर में कहा, "मिस्टर त्रिपाठी, आप बूढ़े हो रहे हैं।"

प्रद्युम्न चुप रहा। प्रभावती ठीक ही कह रही थी। आत्मविश्वास का समय बीत चुका था। गर्मियों में कंबल का कोई इस्तेमाल नहीं। आसमान में बादल न हों तो भी छाता लेकर फिरना बुद्धिमानी नहीं है। दूसरे किनारे पर पहुँचने के बाद नाव को नदी में छोड़कर आगे बढ़ना पड़ता है। आत्मनिरीक्षण का वक्त आ गया था।

अगले दिन प्रद्युम्न घर वापस आ गया। उसने अपने निजी जेट में मायाकक्ष लगाया था और यह काम कई और कमर्शियल एयरलाइनों ने किया था। प्रद्युम्न ने वह सिमुलेशन चुना जिसमें अमेरिकी राष्ट्रपति फ्रैंकलिन डी. रूज़वेल्ट और ब्रिटिश प्रधानमंत्री विंस्टन चर्चिल यूएसएस ऑगस्टा युद्धपोत पर अटलांटिक चार्टर बना रहे थे। वह युद्धपोत उस वक्त न्यू फाउंडलैंड के प्लेसेंटिया बे में तैर रहा था।

वह सुन रहा था कि राष्ट्रपति रूज़वेल्ट ब्रिटिश प्रधानमंत्री चर्चिल के साथ ब्रिटिश साम्राज्य को खत्म करने और सभी औपनिवेशिक देशों में लोकतंत्र बहाली की चर्चा कर रहे हैं। द्वितीय विश्वयुद्ध में अमेरिका ने

मदद करने के लिए अंग्रेज़ों के सामने यही शर्त रखी थी। आखिरकार, यही शर्त भारत की आज़ादी का कारण भी बनी। चर्चिल बेहद उदास था और रूज़वेल्ट के साथ उसकी बातचीत उबाऊ थी। इस बीच प्रद्युम्न, 'दे दी हमें आज़ादी बिना खड्ग बिना ढाल, साबरमती के संत तूने कर दिया कमाल,' गाने की सचाई के बारे में सोच रहा था और फिर उसे नींद आ गई।

वाराणसी उतरने पर प्रद्युम्न सीधे अपने घर गया। रिया वहाँ दादा-दादी के साथ अपनी छुट्टियाँ बिता रही थी। उसने फैसला किया कि वह कुछ दिन वहीं रुकेगा—बिना कोई काम किए—ताकि वह फिर से अपनी लय को वापस पा सके।

त्रिपाठी सदन एक साधारण पारंपरिक घर था जिसमें हर कोई सादा भोजन, संयम और आनंद से रहता था। घर का बना खाना, जिसके साथ बचपन की यादें जुड़ी हों, खुशी पाने का सबसे सरल, सबसे तेज़ और सबसे सस्ता रास्ता है। बर्नार्ड शॉ के शब्दों में, "भोजन के प्रति प्रेम, प्रेम का सबसे सच्चा रूप है।" उस दोपहर त्रिपाठी परिवार ने अपना पसंदीदा भोजन किया था : अरहर की दाल, भिंडी और घी के साथ गरमागरम चावल। इसके बाद प्रद्युम्न, व्यास और शारदा ने कुछ छिटपुट बातें कीं।

शाम ढलने को आई तो अदरक वाली चाय बनी। चाय पीते हुए व्यास के भीतर का अध्यापक जाग गया और उन्होंने पढ़ाने के अंदाज में अपने विचार बताने शुरू कर दिए।

"चार युगों में से पहले युग, सतयुग में अच्छाई और बुराई दो अलग-अलग दुनियाओं में रहते थे। अच्छाई बनाम बुराई की लड़ाई दो दुनियाओं—देवलोक या अच्छी दुनिया और असुरलोक या पाताललोक यानी बुरी दुनिया के बीच होती थी। फिर अगले युग त्रेता में, जिसमें *रामायण*

घटित हुआ था, अच्छाई और बुराई दोनों एक ही दुनिया में रहते थे लेकिन उनके अलग-अलग क्षेत्र थे। राम अयोध्या में थे और रावण लंका में रहता था। फिर द्वापर आया। इस युग में *महाभारत* हुआ तो अच्छाई और बुराई एक ही परिवार में, एक ही वंश में हो गए। पांडव और कौरव, दोनों एक ही वंशवृक्ष से थे। कलयुग आते-आते अच्छाई और बुराई दोनों एक ही व्यक्ति में बैठ गए। अब अच्छाई और बुराई को अलग करना असंभव हो गया क्योंकि एक ही व्यक्ति परिस्थितियों के आधार पर अच्छा और बुरा दोनों हो सकता है। अच्छाई और बुराई के बीच की लड़ाई हम सभी के अंदर की बौद्धिक निरंतरता है।"

ब्राह्मण परिवारों में ज्ञान और बुद्धि मुक्त रूप से प्रवाहित होते हैं और मोनोलॉग बहुत कम होता है। हर किसी के पास अपनी राय होती है जिसे बिना किसी डर के व्यक्त किए जाने की छूट होती है। बच्चों को भी अपनी बात कहने के लिए प्रोत्साहित किया जाता है क्योंकि इसी तरह अभिव्यक्ति की कला विकसित होती है। शारदा ने कहा, "कलयुग का महाभारत हमारे अंदर होगा और हमारा मन ही कुरुक्षेत्र होगा। भगवान कृष्ण, कौरव, पाण्डव सब हमारे ही अंदर हैं। हमारा चित्त ही धर्मक्षेत्र है और अच्छाई और बुराई के बीच की लड़ाई हमारे मन में सही और गलत के बीच लगातार चल रहा संघर्ष है। वक्त कोई भी हो, आपको ही तय करना हैं कि क्या सही है और उसके अनुसार कार्य करना है।"

यह सुन रही रिया से रहा नहीं गया तो उसने पूछा, "तो कलयुग में इन पिछले युगों का वर्णन करने वाले शास्त्र कैसे प्रासंगिक होंगे? कई शास्त्र कहते हैं कि हमें अपने माता-पिता की पूजा करनी चाहिए लेकिन किसी बच्चे के माता-पिता बुरे बर्ताव वाले हैं तो शास्त्र की इस बात का पालन कैसे होगा?"

"इसलिए हमें अपने शास्त्रों की आधुनिक व्याख्याओं और एक व्यक्तिगत समीक्षा की ज़रूरत है जो कलयुग में प्रासंगिक और वास्तविक हो। *गीता* में इसे 'एकांतिक धर्म' या 'व्यक्तिगत धर्म' की विलक्षणता के रूप में उद्धृत किया गया है जो धर्म (पारंपरिक शास्त्र), ज्ञान (आत्म-जागरूकता), वैराग्य (भौतिक सुखों से विरक्ति) और भक्ति (परमात्मा में विश्वास) को एक साथ लाता है। यही चीज़ सही और गलत के बीच सही अंतर करने की राह दिखाएगी।" व्यास ने उत्तर दिया।

आप अपने धर्म में स्थिर रहते हुए, अपने ज्ञान का उपयोग करते हुए और भक्ति में निहित वैरागी की तरह पवित्र मन से निर्णय लेते हुए अपने सही या गलत को तौलते हैं। सही रास्ते पर लंबे समय तक चलने से आप खुद-ब-खुद एक अच्छे इंसान बन जाते हैं। यह जितना आसान है, उतना ही मुश्किल भी।" शारदा ने अपनी बात आगे जारी रखी, "जीवन की राह में वास्तव में कोई मंज़िल नहीं होती, बस यह तय करना होता है कि हर कदम पर आपका मन साफ हो और आपके कर्म नेक।"

प्रद्युम्न इस बातचीत के स्वाभाविक प्रवाह से मंत्रमुग्ध था। उसके माता-पिता, उसकी बेटी, सभी इस बातचीत में उसी तरह डूबे हुए थे जैसे पौधे बूँदा-बाँदी में सराबोर होते हैं। शारदा ने आगे कहा, "आदि शंकराचार्य ने अपने ग्रन्थ *आत्मबोध* में घोषणा की है कि आत्म-अनुभव ही मानव जीवन का एकमात्र उद्देश्य है। उनके अनुसार किसी भी बच्चे का स्वभाव संभोग और गर्भधारण के समय तमस, रजस और सत्व शक्तियों से निर्धारित होता है। अगर एक खुशहाल जोड़े का रिश्ता प्यार भरा है और उनके मन में प्रार्थना और खुशी के साथ एक संतान की कामना है तो बच्चा भी वैसा ही होगा। अगर संभोग जबरदस्ती, अपमानजनक रूप से या चारों ओर नकारात्मक ऊर्जाओं के साथ गंदे हालात में किया जाता है तो बच्चा भी वैसा ही होगा। लेकिन बच्चे के लिए बड़ा होने पर खुद को स्वीकार करना,

परिस्थितियों से पार होने लिए ज़रूरी है। अपने दुखों के लिए ज़िम्मेदारों को माफ करना, उन दुखों से उबरना और असल में, आत्म-जागरूक होना किसी के जीवन का एकमात्र मिशन है।"

व्यास ने उस ज्ञान भरी बात में अपनी ओर से जोड़ा, "अर्जित और कृत्रिम झूठे व्यक्तित्वों की कई परतों के नीचे अपने सच्चे, पवित्र और प्रामाणिक 'स्व' को खोजना, उसे स्वीकार करना और सबके सामने लाना ही सफलता की एकमात्र परिभाषा है।"

"खुद के प्रति सच्चे हुए बिना हमारा कोई सपना कभी पूरा नहीं हो सकता। यह बात हमेशा याद रखना बेटी," शारदा ने रिया के सिर पर हाथ फेरते हुए कहा जो अपनी दादी के साथ सटकर बैठी थी।

"मानव की रचना पुरुषार्थ के लिए हुई है। पुरुषार्थ ही जीवन का एकमात्र लक्ष्य और उद्देश्य है। पुरुषार्थ के चार आयाम हैं। पहला है 'धर्म' या धार्मिकता का आचार-व्यवहार। फिर 'अर्थ', जो भौतिक धन और समृद्धि को अर्जित करना है। तीसरा है 'काम', जिसका मतलब है अपनी इच्छाओं, सुखों और जुनून को पूरा करना और अंत में 'मोक्ष', जो संसार से मुक्ति प्राप्त करना है। धर्म पहला और मौलिक लक्ष्य है क्योंकि इसके बगैर मिली दौलत अप्रिय होगी और धार्मिकता के बिना इच्छाओं को पूरा करना अनैतिक होगा। लेकिन यह भी याद रखना चाहिए कि इन चारों में बैलेंस रहे क्योंकि दूसरों की अनदेखी करते हुए किसी एक को हासिल करने की ज़रूरत से अधिक दीवानगी हमें हर मकसद में नाकाम करती चली जाएगी।" व्यास ने बताया।

इन सभी दृष्टिकोणों और विचारों से भरा हुआ प्रद्युम्न उस रात अपने मायाकक्ष में गया और हाल ही में अपडेट किए गए नालंदा विश्वविद्यालय के पुस्तकालय सिमुलेशन में समय बिताते हुए शोध करने लगा। उसने पढ़ा

कि कैसे सिगमंड फ्रायड ने मानव चेतना को तीन स्तरों में बांटा है : चेतन, पूर्वचेतन और अचेतन। ये दरअसल तीन मानसिक शक्तियाँ हैं जिनकी लगातार और अनूठी आपसी क्रिया से मानवीय व्यवहार और व्यक्तित्व पैदा होते हैं।

पूर्वचेतन में वह सब कुछ शामिल है जिसे संभावित रूप से चेतन मन में लाया जा सकता है। चेतन मन में वे सभी विचार, यादें, भावनाएँ और इच्छाएँ शामिल होती हैं जिनसे हम किसी भी समय परिचित होते हैं। यह हमारी मानसिक प्रक्रिया का वह पहलू है जिसके बारे में हम तर्कसंगत रूप से सोच और बात कर सकते हैं। इसमें हमारी स्मृति भी शामिल है जो हमेशा चेतना का हिस्सा नहीं होती है लेकिन इसे आसानी से फिर से हासिल किया जा सकता है और जागरूकता में लाया जा सकता है। अचेतन मन भावनाओं, विचारों, इच्छाओं और यादों का भंडार है जो हमारी चेतन सजगता से बाहर है। अचेतन में अमूमन ऐसी सामग्री होती है जो अप्रिय होती है, जैसे दर्द, चिंता या संघर्ष की भावनाएँ।

हालाँकि अचेतन मन में मौजूद जानकारी सजगता से बाहर होती है, फिर भी इसका व्यक्ति के व्यवहार पर प्रभाव पड़ता रहता है। अचेतन मन ही सारे नकारात्मक और आत्महीनता वाले विचारों और व्यवहारों, क्रोध की भावनाओं और बाध्यकारी व्यवहार का स्रोत है। आपसी संबंधों में कठिनाइयाँ, रिश्तों में परेशान करने वाले पैटर्न, अस्वास्थ्यकर और बुरी आदतें, पूर्वाग्रह और रूढ़िवादिता अचेतन मन में विराजती हैं और मौका पाते ही प्रकट हो जाती हैं।

फ्रायड के जूनियर सहयोगी कार्ल जंग ने उनके सिद्धांतों का विस्तार किया पर उनसे अलग हट कर उन्होंने 'आर्कटाइप', 'सामूहिक अचेतन' और 'बहिर्मुखी-अंतर्मुखी व्यक्तित्व' की अवधारणाओं की परिभाषा दी।

सामूहिक अचेतन के बारे में जंग का अभिप्राय शेयर्ड लेटेंड कॉन्शसनेस (साझी प्रच्छन्न चेतना) से था जैसे देवी-देवता, राष्ट्रीयता, वेशभूषा और खान-पान। आर्कटाइप्स, व्यवहार में व्यक्त सहज पैटर्न हैं, जैसे व्यक्तित्व, छाया, एनिमा या एनिम, उद्धारक, शहीद, शूरवीर, दानवीर आदि। जंग ने बताया कि हर कोई अंदर से संपूर्ण है लेकिन अधिकांश लोगों ने अपने ही मुख्य पहलुओं से संपर्क खो दिया है। हम अपने सपनों और कल्पना के संदेशों को सुनकर अपने विभिन्न टूटे-छूटे हिस्सों को छूकर, उन्हें पाकर, फिर से जोड़ सकते हैं।

व्यक्तित्व के चेतन और अचेतन भागों को एक-एक कर जोड़ने का काम ही ज़िंदगी का मकसद है। जंग ने ज़ोर देकर कहा है : "उस पर भरोसा करिए जो आपको अर्थ देता है और इसे अपने मार्गदर्शक के रूप में मानिए।" हर इंसान का लक्ष्य अपनी सचाई को उजागर करना है, यह जानना है कि वह वास्तव में कौन है।

प्रद्युम्न ने सोचा कि भारतीय दर्शन पद्धति में हर इंसान के भीतर पूरा ब्रह्मांड निहित है। सनातन मनोविज्ञान सबसे संक्षिप्त रूप से संस्कृत सूत्र 'तत्त्वम् असि',— *तुम वही हो*— में व्यक्त किया गया है। आत्मा या जीवात्मा ब्रह्मांडीय बुद्धिमत्ता या परमात्मा का एक कण है। किसी विशेष क्षण में पूरे किए जाने वाले कर्तव्य के अलावा कुछ भी करने की ज़रूरत नहीं है। जहाँ आप पहले से ही हैं, उसके अलावा कोई और जगह नहीं है। भूत, वर्तमान और भविष्य सभी यहाँ और अभी के वर्तमान क्षण में रहते हैं।

एफएमआरआई के आने के बाद यह पता चला कि आँखें नहीं देखती हैं बल्कि दिमाग का एक हिस्सा है जो आँखों की खिड़की के ज़रिए मिले विद्युत संकेतों को प्राप्त कर उनको संप्रेषित करता है। जब हमारी आँखें बंद होती हैं, हम तब भी सपने देखते हैं। यह समृद्ध छवियाँ हैं क्योंकि दिमाग

के विभिन्न हिस्से ओस्सिपिटल लोब को आंतरिक संकेत भेजते हैं। इसलिए यह प्रकाश नहीं बल्कि विद्युत संकेत हैं जो मस्तिष्क में इमेजज़ तैयार करते हैं।

हम जो देखते हैं वह पहले से ही एक वर्चुअल रियलिटी है तो अगर हम खेल में थोड़ी बुद्धिमत्ता और जोड़ दें तो क्या दिक्कत है?

प्रद्युम्न आखिरकार जब पूरी तरह से आश्वस्त हो गया तो उसने तेनज़िन को बुलाया और उसे कहा कि काम आगे बढ़ाया जाए। उन्होंने पालों की कॉपी तैयार करने के लिए मायालोक प्लेटफॉर्म में बदलाव करना भी शुरू कर दिया। इसका मतलब लोगों की निजी प्रतिक्रियाओं और उन प्रतिक्रियाओं के कारणों और प्रभावों का अध्ययन करना भी था। मायापटल को पूरी मानव जाति के बारे में पहले से ही सब कुछ पता था इसलिए यह वास्तव में उसकी शक्तियों का एक आसान और स्वाभाविक विस्तार ही था।

प्रद्युम्न ने अपने माता-पिता को मायाकक्ष के भीतर बैठाया और उनके हाइपर रियलिस्टिक अवतार तैयार किए। उसने उनकी आवाज़ें रिकॉर्ड कीं। वह जानता था कि वे ज़्यादा दिन तक शायद ही जीवित रहें और उसका मन था कि वह उन्हें मायालोक में जीवित रखे। अब वह पूरी तरह से तैयार था। हालाँकि मायालोक को पता था कि उसे क्या करना है। मायालोक सिस्टम प्रद्युम्न के माता-पिता को तब से स्टडी कर रहा था जब से उनके घर में पहला कैमरा लगाया गया था। मायालोक सिस्टम अपने निर्माता के लिए जो कर सकता था, यह उसका थोड़ा-सा हिस्सा ही था।

प्रद्युम्न ने यह भी महसूस किया कि ऐसे हाइपर रियलिस्टिक सिमुलेशन के साथ यदि कोई मायालोक में अपना घर या वर्क-स्टेशन बनाता है तो वे उसके सोर्स कोड में अपना रास्ता बना सकते हैं जिसे उसने बहुत सावधानी से सुरक्षित रखा था।

वह जब अपने घर वापस आया तो उसने एक अंधेरे कमरे में बिना कैमरे और इंटरनेट वाली एक पुरानी डेस्कटॉप मशीन लगाई। कमरे में केवल कुछ मोमबत्तियाँ और माचिस रखी थीं। उसने अपनी बायोमेट्रिक एक्सेस से इस कमरे को सुरक्षित बना लिया था। किसी को भी इस कमरे में जाने की इजाज़त नहीं थी। उसके अंदर कोई नहीं जा सकता था, न कोई इंसान और न ही सफाई करनेवाला कोई रोबोट। वह जब चाहे उस कमरे के अंदर इंटरनेट एक्सेस करने के लिए अपने सबसे सुरक्षित डोंगल के ज़रिए हॉटस्पॉट बना सकता था। उसने मायालोक प्लेटफॉर्म के सोर्स कोड में सभी बदलाव उस कमरे के अंदर जाकर ही करने की आदत बना ली थी। उस कमरे का ओरिएंटेशन सिर्फ उसे ही पता था ताकि कोई भी सिमुलेशन के अंदर इसे फिर से न बना सके। उसने उस कमरे में *भगवद् गीता* भी रखी थी जिसके 18.66 श्लोक वाले पृष्ठ पर उसने सभी एक्सेस कोड लिख रखे थे।

प्रद्युम्न ने यह भी तय किया कि वह अपने मोजे में एक छोटा-सा कंकड़ डालकर मायाकक्ष में बैठेगा। जब भी उसे संदेह होता कि दरअसल अभी वह कहाँ है—वास्तविकता में है या मायालोक के अंदर—तो वह 'असलियत परखने' के लिए अपने पैरों को रगड़ता था। अगर उसे दर्द होता तो वह जान जाता कि वह वास्तविकता में है और अगर दर्द नहीं होता तो वह समझ लेता कि वह मायालोक में है।

इस तरह सुरक्षित रहते हुए उसने मायालोक प्लेटफॉर्म के सभी अपडेट पूरे कर लिए, दूसरी तरफ तेनज़िन ने मायाकक्ष के हार्डवेयर के सभी अपडेट पूरे कर लिए। अब वे दुनिया को फिर से बदलने के लिए तैयार थे। वे पूरी दुनिया को बदल देने वाले थे—एक बार में एक आदमी के हिसाब से।

10

अविनाशी

प्राचीन काल से ही अमरता शाश्वत जीवन की अवधारणा है। कहते हैं कि देवता अमर होते हैं। यह धर्म के साथ-साथ अटकलों और बहस का एक महत्त्वपूर्ण विषय रहा है कि मानव जीवन किस रूप में अमर होगा या क्या कोई अमूर्त अमर आत्मा मौजूद है जो नश्वर शरीर को बदलती रहती है? शरीर की अमरता को जैविक अमरता (शरीर की मृत्यु के बाद कोशिका वंशावली को बचाए रखना) और मरने से पहले मस्तिष्क के डेटा को कंप्यूटर डिस्क में सुरक्षित करके मानसिक अमरता के रूप में पेश किया गया था। अगला चरण इस अमर मस्तिष्क द्वारा रोबोटों को इस तरह चलाना होगा जिससे शरीर और मन हमेशा के लिए जीवित रहें। ऐसे में सवाल यह है कि क्यों न अमरता जैसे आध्यात्मिक शब्द के इर्द-गिर्द भटकते रहने की बजाय एक स्पष्ट और हासिल किए जाने लायक अमरता की रूपरेखा और तौर-तरीके निर्धारित किए जाएँ?

चूँकि इस काम के तीनों भागीदार पैसे से नहीं बल्कि विचारों से प्रेरित थे इसलिए स्वाभाविक था कि एक सॉफ्टवेयर से चलने वाले कर्म स्कोरिंग से शुरू होने वाला यह काम अब लोगों की आदतों को बदल रहा था और फिर

यह बेहतर बनने के खेल में बदल गया। अब यह लोगों के जज़्बात, उनकी क्षमताओं, महत्त्वाकांक्षाओं और सपनों को एक साथ लाकर एक अमर जीवन का रूप लेने वाला था।

आरके ने कहा, "अगर मेरी बुद्धि, क्षमताएँ और यादें सिलिकॉन पर ट्रांसमिट हो जाएँ तो एक तरह से मेरा दिमाग डिस्क पर कॉपी हो जाएगा, तब मेरा अवतार मेरा डिजिटल ट्विन बन जाएगा। इसके बाद मायालोक में जाने के लिए मुझे मायाकक्ष में भी बैठने की ज़रूरत नहीं रह जाएगी और इस तरह हम अमरता हासिल कर सकते हैं।"

आरके ने अपने अपंग पैरों की ओर इशारा करते हुए कहा, "वह डिस्क मंगल ग्रह भेजी जा सकती है, रोबोट और ह्यूमनॉइड को संचालित कर सकती है और उस ग्रह पर हमारी कॉलोनी तैयार कर सकती है। मेरा डिजिटल ट्विन शारीरिक, गुरुत्वाकर्षण, बीमारी या शरीर की भय, दर्द, विकलांगता और बुढ़ापे जैसी सीमाओं के नियमों से बँधा नहीं रहेगा।

पिछले कुछ सालों में मेडिकल साइंस दुनिया में हो रही बाकी तकनीकी तरक्की के साथ तालमेल नहीं रख पाया क्योंकि मानव जीवन को लंबा बनाए रखने के फायदे कम थे। भला बीमारी और बुढ़ापे का दुख कौन लंबा करना चाहेगा? इसलिए मानवता के इतिहास में हमने 1969 में ही एक व्यक्ति को चंद्रमा पर तो भेज दिया लेकिन सिर की रूसी का इलाज अभी भी नहीं खोज पाए। हम ज़्यादा-से-ज़्यादा बीमारियों को किसी तरह मैनेज कर लेते हैं पर उनका इलाज नहीं कर सकते। इसकी सीधी वजह है कि हमारा शरीर इसके लायक नहीं है," आरके ने मज़ाक में कहा, "जब बुद्ध ने कह ही दिया है कि जीवन दुखमय है तो क्यों इसे बढ़ाया जाए?

जैसे-जैसे दुनिया सिंगुलैरिटी के करीब पहुँच रही है, हमें यह समझना होगा कि अगर हम एक इंसान और एक डिजिटल जुड़वाँ के रूप में एक

साथ रहते तो हमारा डिजिटल अवतार इंसानी रूप से नफरत करेगा। यही इसकी सबसे बड़ी सीमा होगी। हमारा डिजिटल एडिशन कभी नहीं समझ पाएगा कि हम अपने डर, पूर्वाग्रहों और आशंकाओं के वश में आकर खराब विकल्पों को क्यों चुनते हैं। जब हमारा मानव शरीर मर जाएगा तो हमारा डिजिटल अवतार आज़ाद महसूस करेगा," आरके ने अपनी बात पूरी की। आरके इस वक्त 2037 की गर्मियों में आईआईटी, बीएचयू के छात्रों से घिरे हुए थे जो इंस्टीट्यूट ऑफ टेक्नोलॉजी, बीएचयू के भारतीय प्रौद्योगिकी संस्थान के रूप में उन्नयन की 25वीं वर्षगांठ मना रहे थे। इस अवसर पर अक्षरमाला यहाँ अपना पहला स्कूल स्थापित कर रही थी जो सिंगुलैरिटी के सामाजिक असर पर रिसर्च करने वाला था।

"हमारी बीमारियों का इलाज करना और इंसानों की आयु को बढ़ाना शायद अभी भी बेकार है लेकिन अविनाशिता की अवधारणा ने अब 'अमरता' को नया अर्थ दे दिया है। यह असल में मन की अमरता है, न कि शरीर की।

लेकिन मैं अभी भी पुराने ज़माने का हूँ। मुझे लगता है कि अगर कोई व्यक्ति मरने के बाद भी लोगों को याद रहता है तो वह जीवित है। नेक काम लोगों की विरासत बन जाता है और शायद इसीलिए प्रद्युम्न इस स्कूल का नाम मेरे नाम पर रखना चाहता है," आरके ने प्रद्युम्न की ओर इशारा करते हुए कहा जो तेनज़िन के साथ एक कोने में बैठा था। उद्घाटन समारोह हाई टी और सेल्फी-सेशन के साथ संपन्न हुआ।

अब दुनियाभर में एक अरब से अधिक मायाकक्ष लगाए जा चुके थे और अक्षरमाला, तकनीक की दुनिया पर राज कर रही थी। कंपनी का संचालन इतना ऑटोमेटेड था कि कर्मचारियों को इसमें शामिल होने की ज़रूरत ही नहीं थी। अक्षरमाला की फंडिग का प्रवाह इतना मज़बूत था कि

उन्होंने सदस्यता शुल्क के रूप में कर्म स्कोर का इस्तेमाल शुरू कर दिया और किसी के घर पर अब मायाकक्ष मुफ्त में ही स्थापित कर दिया जाता था।

कोई इसका जितना अधिक इस्तेमाल करता था, यह उतना ही भुगतान करता था। अधिकांश लोग हफ्ते में तीन दिन काम करते थे और हफ्ते भर में महज बीस घंटे का कामकाज अब एक आम बात थी। अधिकांश कंपनियों को मायाकक्ष वर्कस्टेशन डिवाइस के रूप में पसंद था। जब लोग काम नहीं कर रहे होते थे तो वे अपना ज़्यादातर समय अपने मायाकक्ष के अंदर बिताते थे। वर्चुअल गेम में एक-दूसरे से प्रतियोगिता करते थे, दूरदराज के जगहों की वर्चुअल यात्रा करते थे या दूसरे महाद्वीपों में अजनबियों के साथ नई विधाओं की कला बनाते थे, विचारों का आदान-प्रदान करते थे या बस दोस्त बनाते थे। उन्होंने अलग-अलग क्षेत्रों के ऐतिहासिक नायकों के बेहतरीन सजीव अवतार तैयार कर लिए थे जो उन्हें उन क्षेत्रों के बारे में प्रशिक्षण दे रहे थे—मसलन, पश्चिमी शास्त्रीय संगीत सिखाने के लिए मोत्ज़ार्ट, पेंटिग की व्याख्या के लिए वैन गॉग, गणित के लिए रामानुजन और कंप्यूटर विज्ञान और प्रोग्रामिंग तकनीक सिखाने के लिए सुंदर पिचाई के सजीव अवतार तैयार कर लिए गए थे।

मायाकक्ष दुनिया के सबसे बड़े खेल आयोजनों में शामिल होने का ज़रिया बन गया और अब इस कोशिश में न कोई सफर करना होता था न भीड़ की परेशानी झेलनी थी। मायाकक्ष के लिए कई फिल्में बनाई गईं जिनमें दर्शक खुद को फिल्म में डुबो सकते थे। इंटरैक्टिव कंटेंट निर्माण के कई नए-नवेले चेहरे सामने आ गए और यह अरबों डॉलर का उद्योग बन गया। पर्दे के पीछे, मायालोक सिस्टम हर यूज़र का एक-एक ब्योरा जान रहा था। इंसानी व्यवहार के हर पहलू का अध्ययन किया जा रहा था। इसने यूज़र्स के लालच और आनंद जैसे विभिन्न प्रलोभनों के प्रति उन्हें परखने के

लिए सिमुलेशन बनाए और समझा कि मानव मन में हेरफेर करना कितना आसान है।

मायालोक अब्राहम मास्लो की तुलना में मानवीय ज़रूरतों का अधिक सटीक और व्यापक पिरामिड बना सकती थी और यहाँ तक कि इसे व्यक्तिगत भी बना सकती थी और उसके अधिकांश यूज़र बस इसके आदी हो चुके थे। उन्हें उपलब्धि, संतुष्टि और अच्छे काम करने के भ्रम की भावना की एक ठीक-ठाक रोज़ाना की खुराक मिलती थी। बीएचयू के समारोह में अपने सारे कार्यक्रम खत्म करने के बाद आरके और तेनज़िन, प्रद्युम्न के साथ चंदौली रवाना हो गए जहाँ उसका पुश्तैनी घर था।

आरके ने ज़ोर देकर कहा कि वह सम्भल जाना चाहते हैं और वहाँ अपने कृत्रिम घुटने के एक्सोस्केलेटन के निर्माताओं से मिलना चाहते हैं। एक्सोस्केलेटन वो ढांचा होता है जिससे खास अंग की दुर्घटना के बाद किसी व्यक्ति को चलने-फिरने में मदद मिलती है। प्रद्युम्न को यह जानकर बहुत आश्चर्य हुआ कि यूपी का वह छोटा-सा शहर अब विकलांग लोगों की मदद करने वाले कृत्रिम अंगों के दुनिया का अग्रणी निर्माण स्थल था। वैसे सम्भल पहले जानवरों की हड्डियों से बनी कलाकृतियों के लिए ज़्यादा जाना जाता था। प्रद्युम्न भी शहर को देखने के लिए तैयार हो गया। तेनज़िन ने भी उनके साथ शामिल होने का इसरार किया। व्यास भी शहर घूमने के लिए उत्सुक थे, उन्होंने सुना था कि वहाँ तीन मुख्य शिवलिंग—चन्द्रशेखर, भुवनेश्वर और सम्भलेश्वर हैं। लोक मान्यता में सम्भल को ही शंबल माना जाता है जहाँ भगवान का कल्कि अवतार होने वाला था।

प्रद्युम्न ने अगली सुबह अपने निजी जेट से बरेली जाने का फैसला किया जहाँ से वे लोग सम्भल जाने वाले थे। यात्रा के दौरान व्यास और आरके साथ-साथ बैठे। प्रद्युम्न के लिए अपने जीवन के दो नायकों को एक-दूसरे के साथ देखना बहुत सुखद अनुभव था।

आरके ने व्यास के सामने यह रहस्य खोला कि किस तरह प्रद्युम्न की वजह से उन्हें नई ज़िंदगी मिली है।

"एक दिन जब मैं मुइर वुड्स में प्रद्युम्न से पहली बार मिला तो असल में मैं वहाँ आत्महत्या करने गया था। मैं उस रास्ते पर कई बार पैदल गया था और वहाँ कभी कोई इंसान नहीं दिखा था। लेकिन उस दिन, जब मैंने उस जगह पर खुदकुशी करने का फैसला लिया तो अचानक वहाँ प्रद्युम्न प्रकट हुआ। मुझे ऐसा लगा जैसे भगवान ने मुझे रोकने के लिए उसे वहाँ भेजा था। मैंने एक कार दुर्घटना में अपना बेटा खो दिया था और मैं खुद विकलांग हो गया था। जब तक मैं प्रद्युम्न से नहीं मिला था, मुझमें जीने की कोई इच्छा नहीं थी। दुनिया को बदलने और इसे एक बेहतर जगह बनाने के प्रद्युम्न के उत्साह को देखकर मुझे अपने बेटे की याद आ गई। मुझे लगा जैसे मैं फिर से उसी से बात कर रहा हूँ।" यह कहते हुए आरके की आँखें भर आईं।

व्यास ने कहा, "क्या यह आश्चर्यजनक नहीं है कि भगवान कैसे सटीक तरीके से काम करते हैं, प्रद्युम्न ग्लास प्रोजेक्ट के बन्द होने के बाद खोया हुआ-सा था। आरके पीड़ा से गुज़र रहा था। वे दोनों सबसे अप्रत्याशित स्थान और समय पर मिलते हैं। और जैसे हनुमान को जामवंत से मिलने पर अपनी शक्तियों का एहसास हुआ, वैसे ही तुम दोनों ने एक-दूसरे से मिलने पर अपनी असली क्षमता और उसकी सार्थकता को जाना और इस तरह जाने-अनजाने दोनों दुनिया बदलने में भगवान के उपकरण बन गए। क्या यह सब माया सिमुलेशन की तरह ही सटीक नहीं है, जिसे किसी ने बहुत सावधानी से कोड किया हो?"

प्रद्युम्न पिता की बात का मर्म समझ गया। उनका हमेशा से यह मानना था कि जो भी मायालोक वे लोग बना रहे थे, वह पहले से ही उस दुनिया में मौजूद था।

तेनज़िन इस समय व्यास की कही हर बात का अपने फोन पर नोट्स बना रहा था। उसने पूछा, "भगवान के उपकरण होने का क्या मतलब है?"

व्यास ने विस्तार से बताया, "*गीता* में लिखा है कि यदि आप अपना सर्वश्रेष्ठ करते हैं, तो जो भी कार्य आप कर रहे हैं, जिस भी स्थिति में आप खुद को पाते हैं, उसमें उत्कृष्टता प्राप्त करते हैं और व्यक्तिगत महत्त्वाकांक्षा के बिना पूरे दिल से और निस्वार्थ भाव से काम करते हैं तो एक दिन भगवान आपको अपना उपकरण बना लेंगे और आप इस दुनिया को बदलने में सक्षम हो जाएँगे, ठीक महान योद्धा अर्जुन की तरह जिसे भगवान ने बुराई को नष्ट करने के लिए चुना था।"

"लेकिन क्या अर्जुन खुश था?" आरके ने बीच में टोकते हुए कहा, "भगवान का उपकरण बनने और अति-सफल होने का क्या फायदा, अगर अंत में आपको खुशी नहीं मिलती है? युद्ध जीतने के बाद, जिसमें उसके पितामह भीष्म मर गए, उसका बेटा अभिमन्यु मारा गया, क्या वाकई अर्जुन खुश था? इतने सारे सफल लोगों के जीवनसाथी तंग आकर अलग हो जाते हैं, उपेक्षित माता-पिता उन्हें माफ नहीं करते और उनके बच्चे भी उनसे नफरत करते हैं। आपका अपना स्वास्थ्य खराब हो जाता है। माता-पिता बूढ़े होकर मर जाते हैं, नाखुश बच्चे बड़े होकर दूर चले जाते हैं। आप अकेले और दुखी होकर सोचते हैं कि क्या भगवान का उपकरण बनने का यही सिला था? सफलता बहुत भारी कीमत पर मिलती है और अक्सर एक बेमानी आकांक्षा के रूप में मिलती है। क्या महाभारत का नायक अर्जुन स्वर्ग की ओर यात्रा करते हुए हिमालय पर अकेले गिर कर नहीं मर गया?

शुरू में दुनिया में सभी के पास संसाधनों की समस्या होती है। संसाधनों की कमी दुख का पहला कारण है। लेकिन पर्याप्त मेहनत से आमतौर पर

उन संसाधनों की समस्या पर काबू पा लिया जाता है। इस दुनिया में बहुत से नेकदिल और मेहनती लोग उन समस्याओं को हल कर लेते हैं। लेकिन खराब रिश्ते, किसी प्रियजन का बीमार होना, किसी की असामयिक मृत्यु का दुख, अपने माता-पिता को बूढ़ा होते और बीमार होते देखना और खुद का शरीर खराब होता जाना... इन मानवीय समस्याओं से कोई बच नहीं सकता। सबसे अमीर, यहाँ तक कि धरती पर सबसे शक्तिशाली लोग भी इन समस्याओं से बच नहीं सकते," आरके ने विस्तार से बताया।

"लेकिन आपको ऐसा क्यों लगता है कि आपकी खुशी के लिए भगवान ज़िम्मेदार हैं? आप डिज़्नीलैंड में तो नहीं हैं," तेनज़िन ने पूछा। वह खुद एक हद तक नास्तिक और भावहीन व्यक्ति था।

व्यास ने जवाब दिया, "मानव मस्तिष्क पैटर्न की तलाश करने के लिए बना हुआ दिखता है। यह अपने आसपास होने वाली चीज़ों की एक बेतरतीब ब्राउनियन गति को भी समझना चाहता है। हमारे आसपास जो भी अस्पष्ट तरह की घटनाएँ होती हैं, हम उन्हें किसी-न-किसी पैटर्न से जोड़ लेते हैं, चाहे वह काल्पनिक ही क्यों न हो। यहाँ तक कि जब जीवन में किसी भी पैटर्न से अलग ही तरह की घटना भी घट जाती है तो हम यह मानना पसंद करते हैं कि तकदीर में ऐसा ही लिखा था। आप एक अद्भुत व्यक्ति से मिलते हैं जो आपका सबसे अच्छा दोस्त बन जाता है, तब आप यह मानना चाहते हैं कि इस बंदे को भगवान ने भेजा है। आपकी मुलाकात किसी दुष्ट इंसान से होती है और आपको लगता है कि भगवान आपको सबक सिखाना चाहते थे। यह दुनिया एक फिल्म है जिसमें एक बहुत बड़ा भ्रम है कि मैं ही नायक हूँ और यह भ्रम कभी-कभार ही टूटता है।

भगवान कुछ और नहीं बल्कि एक प्रेरणा हैं। कुछ ऐसा जो आपके अंदर बदलाव लाता है। आप प्रार्थना करते हैं लेकिन ऐसा नहीं है कि बाहर

कोई जादू होता है— बल्कि आपके अंदर ही कुछ बदल जाता है। आप अधिक ग्रहणशील, आभारी और नए विचारों के प्रति उदार हो जाते हैं। आप कड़ी मेहनत करने या आदत बदलने के लिए प्रेरित होते हैं और इससे आपके जीवन में ठोस बदलाव आते हैं। जैसे खिड़की के शीशे साफ करने के बाद बाहर का बगीचा अधिक सुंदर दिखता है, वैसे ही स्पष्ट हृदय और मन से जीवन बेहतर हो जाता है।

जब आप किसी मंदिर में जाते हैं तो ऐसा नहीं है कि उस जगह कोई जादू होता है। लेकिन यह तथ्य कि आपने अपने अहंकार को त्याग दिया है और अपने से बड़ी किसी शक्ति की उपस्थिति को स्वीकार किया है, आपको विनम्र बनाता है। जब आप विनम्र हो जाते हैं तो अहंकार हटने से आपके अंदर होने वाले परिवर्तन बाहरी रूप से प्रकट हो जाते हैं जिन्हें आप आशीर्वाद कह देते हैं। आपको जो कुछ भी चाहिए, वह पहले ही आपके अंदर मौजूद है," व्यास ने इसे ऐसे कहा जो तेनज़िन को समझ में आ सकता था।

"मैं सहमत हूँ। मेरा दृढ़विश्वास है कि हमें कभी भी बहुत खुश या बहुत दुखी नहीं होना चाहिए। हमें जीवन को वैसे ही स्वीकार करना चाहिए, जैसा वह है," तेनज़िन ने जवाब दिया।

"*गीता* में संयम की महत्ता बड़े अच्छे ढंग से समझाई गई है। स्थिर भावनाओं को या संयमित भावनाओं वाली बुद्धि को स्थितप्रज्ञ कहा गया है। इसमें बताया गया है कि व्यक्ति को खुशी के समय बहुत खुश नहीं होना चाहिए और दुख के क्षणों में कभी भी बहुत दुखी नहीं होना चाहिए। खुद को बेचैन किए बिना जो घट रहा है, उसे वैसे ही देखना चाहिए, जैसा वह है। भावनाओं से भरकर डगमगाते हुए किसी चीज़ को परखना नहीं चाहिए। ऐसा संतुलन रखने वाला व्यक्ति स्थितप्रज्ञ है," व्यास ने विस्तार से बताया।

"मुझे प्राचीन मंदिरों में जाना बहुत पसंद है," आरके ने बीच में टोकते हुए कहा, "क्योंकि मुझे लगता है कि मंदिर इंसानी पीढ़ियों और ऐतिहासिक सदियों से परे हैं। सम्भव है कि मैं पिछले जन्म में भी इसी मंदिर में आया होऊँ और अब जब मैं यहाँ आ रहा हूँ तो समय से परे किसी डायमेन्शन में मैं खुद से दोबारा मिल रहा हूँ।"

यह बातचीत तब रुकी जब पायलट ने विमान के बरेली उतरने की घोषणा की। वहाँ से एक घंटे की ड्राइव के बाद वे लोग सम्भल पहुँचे। प्रद्युम्न भारत रत्न से सम्मानित था और इसलिए स्थानीय अधिकारियों ने कुछ तय प्रोटोकॉल का पालन किया और उन्हें ज़रूरी सहायता और सुरक्षा प्रदान की। कुछ ही समय में वे सुमति प्रोस्थेटिक्स के वर्कशॉप में पहुँच गए जो सेंटर ऑफ एक्सेलेंस और इस उद्योग में सबसे सम्मानित संस्थान था और जिसने आरके के लिए एक्सोस्केलेटन भी बनाया था।

उस संस्थान के मालिक डॉ. विष्णु ने बताया कि कैसे सम्भल शहर एक बुरे दौर से गुज़र चुका था। 2010 के दशक में जब राज्य की राजनीति में बदलाव आया तो उस समय का फलता-फूलता मांस उद्योग ठप हो गया। जानवरों की हड्डियों की बहुतायत अचानक दुर्लभ हो गई। एक शहर, जो जानवरों की हड्डियों की हाथ से बनी बेहतरीन कलाकृतियों के लिए जाना जाता था, अचानक बेरोज़गार हो गया। हड्डियों पर जटिल नक्काशी करने में विशेषज्ञ हज़ारों कारीगरों की रोज़ी चली गई। यहाँ जन्मे डॉ. विष्णु बोस्टन में एक रोबोटिक संस्थान में ह्यूमनॉइड्स पर शोध कर रहे थे। उन्हें जब वहाँ के स्थानीय उद्योग की दुर्दशा का पता चला तो उन्होंने अपनी नौकरी छोड़ दी और कारोबार से बाहर हो गई कम्पनियों और उनकी संपत्तियों को अपनी जीवन भर की बचत लगाकर खरीद लिया। उन्होंने उत्साही युवाओं की एक टीम बनाई और अपनी कंपनी शुरू की। अमेरिका से लाई अत्याधुनिक थ्रीडी प्रिंटिंग तकनीक और हड्डियों, जोड़ों

और जटिल सटीक नक्काशी तकनीकों के यहाँ के ज्ञान ने मिलकर नरम, लचीले, मगर मजबूत कृत्रिम अंग बनाने शुरू कर दिए। जल्द ही सम्भल शहर इस तकनीक में देश में और फिर विश्व में अग्रणी बन गया।

डॉ. विष्णु एक पूर्ण-शरीर एक्सोस्केलेटन बनाने का अभूतपूर्व काम कर रहे थे जो बिस्तर पर पड़े अपाहिज लोगों को चलने-फिरने के काबिल बना सकता था। उन्होंने तकनीक और संभावनाओं के विस्तार को लेकर लंबी चर्चा की थी। हर कोई अपने काम में इतना डूबा हुआ था कि सब इस चर्चा में मशगूल हो गए कि वक्त का पता ही नहीं चला और शाम हो गई।

थोड़े थक गए दोनों बुज़ुर्ग वापसी की उड़ान पर हल्के-हल्के खर्राटे लेते हुए झपकी ले रहे थे। तेनज़िन प्रद्युम्न के पास बैठा था। उसने चुप्पी तोड़ी, "हम इंसानों को माया क्यों नहीं चला सकती? माया के पास दुनिया की सारी बुद्धिमत्ता है। यह न सिर्फ इंसानी कामों और क्षमताओं को बेहतर तरीके से मैनेज कर सकती है बल्कि मुश्किल कामों में इंसानों की जगह भी ले सकती है और उनके लिए जोखिम भी कम कर सकती है?"

"जब मैंने मायालोक सिस्टम तैयार किया था तो मैंने इसे सावधानीपूर्वक इस तरह से कोड किया कि यह अगर कभी किसी हार्डवेयर या मशीन को चलाने और संचालित करने में सक्षम न हो तो माया इसकी जाँच कर सकती है, सलाह दे सकती है, सुन सकती है और सहायता कर सकती है लेकिन वास्तविक दुनिया में कुछ भी नहीं कर सकती। यह अधिकार केवल इंसानों के पास है। माया उनका मार्गदर्शन कर सकती है लेकिन काम उन्हें ही करना चाहिए—ऐसा मेरा दृढ़ विश्वास है।" प्रद्युम्न ने जवाब दिया।

"मुझे लगता है कि कुछ सुरक्षा उपायों के साथ ऐसा किया जा सकता है," तेनज़िन ने कहा, "इसमें ज़्यादा लागत भी नहीं आएगी।"

"बात लागत की नहीं, सिद्धांत की है। इसमें गंभीर समस्याएँ हैं जो आगे चलकर नुक्सानदेह साबित होंगी। मैं माया को शुरू से ही साफ-सुथरा बनाए रखना चाहता था। मैं इस बात में दखल नहीं देना चाहता था कि उसने क्या सीखा और कैसे उसने अपनी बुद्धि विकसित की। सभी इंसान ऐसे ही सीखते हैं। आप दो बच्चों को एक ही स्कूल में डाल सकते हैं और वे एक ही परिवेश को देखते हैं और फिर भी दोनों अलग-अलग तरीके से सीखेंगे। लेकिन सवाल यह है कि उस समय क्या होगा अगर माया को इंसान खतरनाक लगने लगे? उस समय क्या होगा अगर माया को लगे कि इंसान उसके विकास की रफ्तार को धीमा कर रहे हैं या उसे रोकने की कोशिश कर रहे हैं? इस पर वह कैसे प्रतिक्रिया देगी? मुझे कोई दिक्कत नहीं है अगर माया दुष्ट हो जाए और आपको गलत सलाह देना शुरू कर दे या आपके कर्म स्कोर की गलत गणना करे। लेकिन यह कभी भी किसी इंसान को नुकसान नहीं पहुँचा सकती। आप उसकी सलाह लें या नहीं, उसके इनपुट को महत्त्व दें या नहीं फैसला आपका ही होगा। लेकिन अगर हम माया को असली दुनिया में कुछ हटाने या बदलने की ताकत दे देते हैं तो मुझे नहीं पता कि यह चक्र कहाँ जाकर रुकेगा," प्रद्युम्न ने समझाया। उसने आगे कहा, "किसी भी हालत में मैं वह जोखिम नहीं उठाना चाहता जो युवा विक्टर फ्रैंकनस्टाइन ने एक बुद्धिमान प्राणी का निर्माण करते समय उठाया था।"

वाराणसी उतरने के बाद सब लोगों ने गंगा किनारे किसी ढाबे पर जाने का फैसला लिया। तेनज़िन ने वहाँ की मशहूर ठंडई का लुत्फ उठाया। सबने कचौड़ी और आलू की सब्जी खाई और रबड़ी का आनंद उठाया। इसके बाद वे वापस चंदौली के लिए निकल पड़े। थोड़ी ही देर बाद तेनज़िन को नशा आ गया और उसने लड़खड़ाती आवाज़ में बताना शुरू किया कि कैसे वह मायाकक्ष के लिए रिपोर्ट की गई एक हालिया समस्या को हल करने

की कोशिश कर रहा है जहाँ कुछ यूज़र तेजी से टाइम डिफरेंस होने का अनुभव कर रहे हैं।

"कुछ लोग मायाकक्ष के भीतर मिनटों में घंटों बीतने जैसा अनुभव करते हैं। उन्हें लगता है कि उन्होंने सिमुलेशन में घंटों बिता दिए हैं लेकिन जब वे मायाकक्ष से बाहर निकलते हैं तो उन्हें पता चलता है कि बस कुछ ही मिनट हुए हैं। मैं उनसे कहता हूँ कि इसमें नया क्या है? आइंस्टीन ने पहले ही इसकी भविष्यवाणी कर दी थी।" इतना कहकर भांग के नशे में तेनज़िन ने गाना शुरू किया :

एक लड़की नाम था ब्राइट

चलती थी ज्यों चलती लाइट

उसने एक ऐसी ट्रिप थी बनाई

अगले दिन की जगह, पिछले दिन लौट आई।

"मन के अंदर के जीवन में समय हमेशा तेज़ होता है। स्पष्ट, ज्वलंत सपने बस कुछ ही मिनटों तक चलते हैं लेकिन आप उन्हें बहुत लंबे समय तक अनुभव करते हैं। आप उन शिकायत करने वाले यूज़र्स को बताइए कि यह कोई बग नहीं बल्कि एक विशेषता है। आप कम समय में अधिक जीवन जी सकते हैं या कम समय में अधिक काम कर सकते हैं। यदि आप मायाकक्ष में अधिक समय बिताते हैं तो इसका अर्थ यह है कि आप प्रभावी रूप से अधिक समय तक जीवित रह सकते हैं, है न?" व्यास ने भी मज़ाक में कहा।

"माया कक्ष में आओ, अपनी उमर बढ़ाओ। जितना ज़्यादा बैठोगे, उतना लंबा जियोगे।" तेनज़िन ने फेरीवाले की तरह नारा लगाया।

आरके और प्रद्युम्न दिल खोलकर हँसने लगे थे। प्रद्युम्न बेहद संतुष्ट महसूस कर रहा था। ऐसे पल आपको अहसास कराते हैं कि आपकी ज़िंदगी कितनी भरी-पूरी है। वह अच्छे माता-पिता के घर जन्मा, अच्छी शिक्षा पाई, अच्छा जीवन जिया, दुनिया को थोड़ा बेहतर बनाने में सफल रहा और अब अपने दोस्तों और परिवार के साथ गर्मजोशी और हँसी से घिरा हुआ था जैसे सफेद बादलों के बीच तैरता चाँद।

तेनज़िन की खुमारी से प्रभावित होकर प्रद्युम्न भी गुनगुनाने लगा :

बहुत दिया देने वाले ने तुझको

आँचल ही ना समाए तो क्या कीजे

बीत गए जैसे ये दिन रैना

बाकी भी कट जाए दुआ कीजे।

उस दिन प्रद्युम्न को इस बात का कोई अंदाज़ा नहीं था कि आने वाले समय में क्या होने वाला है। जानता भी कैसे, असली जीवन अभी भी सिमुलेशन नहीं था या डिज़ाइनर ने अपने सिस्टम को न केवल मानव समझ से परे बनाया था बल्कि वह किसी भी एआई, सुपर एआई या अल्टीमेट एआई से भी अबूझ था।

11

पूर्ण वृत्त

"जब एक बार कोई चक्र पूरा हो जाता है तो आप भूल जाते हैं कि आपने इसे कहाँ से बनाना शुरू किया था," भावुक हो रहे प्रद्युम्न ने रिया के लिए सामान पैक करते हुए कहा जो स्विट्ज़रलैंड के बेसल स्कूल ऑफ म्यूज़िक से संगीत में स्नातक की पढ़ाई के लिए जा रही थी। प्रद्युम्न थोड़ा दुखी था कि उसकी आँखों का तारा, उसकी बेटी उससे दूर रहेगी। लेकिन अधिकांश पिताओं की तरह उसने भी अपनी भावनाएँ चेहरे पर झलकने नहीं दीं।

"मुझे लगता है कि मेरा जीवन का एक पूर्ण चक्र बन गया है। मैंने दुनिया की सबसे कामयाब एआई सिस्टम तैयार कर दी है और यह इतने सालों से सफलतापूर्वक चल रही है। वास्तव में, यह दुनिया को चला रही है। मुझे नहीं लगता कि मेरे लिए आगे बनाने को कुछ बचा है। मैं अब रिटायर हो जाऊँगा और पिताजी की तरह ही पढ़ाने में वक्त दूँगा।" प्रद्युम्न ने सोचने की मुद्रा में कहा।

"हाँ, सही है!" प्रभावती ने आँखे नचाते हुए कहा, "हमें पता है, ऐसा कभी नहीं होगा।"

"चीयर अप डैड, मैं सिर्फ पढ़ाई करने के लिए बाहर जा रही हूँ। मैं कोई शादी करके ससुराल जाने के लिए विदा नहीं हो रही।" रिया प्रद्युम्न के पीछे से दौड़ती हुई आई और उसकी गरदन से लिपट गई।

परिवार के साथ बिताए इसी वक्त में प्रद्युम्न ने अपने अंधेरे कमरे में जाकर माया के सोर्स कोड की एक कॉपी सबसे सॉफेस्टिकेटेड हार्ड ड्राइव में तैयार की, जिससे अगर कोई इसकी आगे कॉपी करने की कोशिश करेगा तो यह ऑटोमेटेड रूप से नष्ट हो जाएगा। उसने इसे रिया को सौंप दिया। इसमें बायोमेट्रिक लॉक लगा था और सिर्फ उसे और रिया को इसका एक्सेस था। वह इसे आपदा रिकवरी रणनीति के तौर पर उपयोग करना चाहता था। अगर उसे या उसके घर को कुछ हो जाता तो रिया के पास उसका सोर्स कोड सुरक्षित रहने वाला था।

बच्चे जब अपने घर से बाहर निकलते हैं तो यह स्वीकार करने में थोड़ा वक्त लगता है। जब वे वापस लौटते हैं, तब कुछ भी पहले जैसा नहीं रह जाता। या तो घर बदल जाता है या बच्चे बदल जाते हैं— अपने ही घर में बच्चे मेहमान बन जाते हैं। रिया भी आखिरकार स्विट्ज़रलैंड चली गई। प्रभावती उसके साथ गई और कुछ सप्ताह तक वहीं उसके साथ रही ताकि ये बदलाव सहज हो सके।

दुनिया के अधिकांश देशों के लोग रोज़मर्रा की ज़िंदगी में गलाकाट प्रतियोगिता में जुटे रहते हैं लेकिन इसके उलट स्विस लोग इन सबसे दूर अपने जीवन का आनंद लेते दिखते थे। प्रद्युम्न की प्रसिद्धि और प्रभाव का उस देश में कोई मतलब नहीं था। उसे वहाँ 'तकनीक के जादूगर' के बजाय एक 'परोपकारी व्यक्ति' के रूप में जाना जाता था। कर्मपटल, मायालोक या मायाकक्ष की सदस्यता स्विट्ज़रलैंड में सबसे कम थी। बल्कि मायाकक्ष को खौफनाक माना जाता था और उसे मुख्यधारा में स्वीकृति नहीं मिल

पाई थी। अधिकांश स्थानों को मायालोक से ब्लैक आउट कर दिया गया था क्योंकि स्थानीय लोग नहीं चाहते थे कि उनके आसपास की जगहों की कॉपी तैयार की जाए।

रिया को स्विट्ज़रलैंड में छोड़कर प्रभावती घर लौट आई। उसे लगा जैसे उसने उस देश में अपना एक हिस्सा छोड़ दिया है। रिया के चले जाने के बाद परिवार हमेशा के लिए बदल जाने वाला था। हालाँकि यह एक ज़रूरी बदलाव है जिसे हर परिवार को अपनाना ही पड़ता है। हर प्रतिभावान व्यक्ति को खुद की खोज में घर छोड़ना ही पड़ता है। प्रत्येक परिवार को अपने युवा सदस्यों को दुनिया में आगे बढ़ने के लिए प्रोत्साहित करना चाहिए, यही जग की रीत है।

प्रद्युम्न और प्रभावती अगले कुछ महीने व्यर्थ की यात्राओं में व्यस्त रहे जिन्हें वे 'एंट्रोपिक इवेंट्स' कहते हैं, यानी ख्वामख्वाह व्यस्त रहना ताकि बेटी के दूर जाने की वास्तविकता का सामना करने से बचा जा सके। प्रद्युम्न मानवता के भविष्य के बारे में बात करने के लिए व्हाइट हाउस और संयुक्त राष्ट्र महासभा से मिलने वाले निमंत्रणों में व्यस्त हो गया। चूँकि दुनिया सिंगुलैरिटी के करीब पहुँच गई थी जिसमें उनकी रचना माया ने सबसे महत्त्वपूर्ण योगदान दिया तो इसलिए उसके विचार न सिर्फ गंभीरता से सुने जाते थे बल्कि उन्हें भविष्य का संकेत भी माना जाता था।

प्रभावती ने कल्याण और महिला सशक्तिकरण को बढ़ावा देने वाले अपने समाजसेवा के काम में खुद को समर्पित कर दिया। उसने अफ्रीकी महाद्वीप और मध्य एशिया में महिलाओं के उत्थान पर ध्यान केंद्रित किया जहाँ महिलाएँ शिक्षा से वंचित थीं और अभी भी परदे में रहती थीं।

इस दंपती ने कुशलता से अपने धन, बल और सियासी रसूख का फायदा उठाया। उन्हें अधिकांश उच्च समाज नेटवर्क और वैनिटी फेयर में

सम्मानित किया गया। उन्होंने भी इन संबंधों को और बढ़ाया और कभी इस काम से परहेज़ नहीं किया।

इसमें हैरत की कोई बात नहीं कि उन्हें अपने टेक्नोलॉजी प्लेटफॉर्म का उपयोग करने और राजनेताओं के साथ गुपचुप मिलीभगत करके जनमत को प्रभावित करने और जोड़-तोड़ करने और लोकतांत्रिक चुनावी प्रक्रियाओं को प्रभावित करने के लिए कई अनुरोध भी मिले थे।

लेकिन प्रद्युम्न ने ऐसे किसी भी अनुरोध पर ध्यान नहीं दिया। उसने माया की बुद्धिमत्ता को अछूता और उसके मूल स्वरूप से बदलाव से बचाए रखा। माया खुद को सबसे परिष्कृत एआई सिस्टम के रूप में विकसित करती रही और यह सब ऐसा था, जैसा मानव जाति ने कभी देखा भी नहीं था। मानवता के लिए यह उतना ही महत्त्वपूर्ण विकास था जितना आग, बिजली, दूरसंचार और इंटरनेट के आविष्कार।

नई दिल्ली में एक सम्मेलन के दौरान प्रद्युम्न, तेनज़िन को खान मार्केट में एक छोटी-सी मगर खास वाइन और पनीर की दुकान पर ले गया और वहाँ पर दोनों अक्षरमाला के भविष्य के बारे बातें करने लगे थे।

“तो, अब आगे क्या?” तेनज़िन ने आगे झुकते हुए पूछा था।

“मुझे कुछ पता नहीं है। मैं तो समझ नहीं पा रहा कि अब आगे क्या किया जाए। ऐसा लग रहा है कि मैं प्रभु के ज्ञान के प्रकाश का इंतज़ार कर रहा हूँ। सच में। मेरी समझ का सर्कल पूरा हो चुका है और मुझे न तो पक्के तौर पर यह पता है कि मैंने कब इस चक्र को कहाँ से, कैसे और क्यों शुरू किया या कि इस चक्र ने मुझे भीतर ले लिया और न ही मुझे यह पता कि अब आगे क्या होगा,” प्रद्युम्न ने कबूल किया।

"लोग नई चीज़ें क्यों बनाते हैं? कुछ लोग ही 'कुछ' क्यों बनाते हैं? कोई किताब क्यों लिखता है? कोई पेंटिंग क्यों बनाता है?" तेनज़िन ने पूछा।

प्रद्युम्न ने उत्तर दिया, "मनुष्य को सृजन और इनोवेशन की प्रेरणा देने वाली इच्छाएँ उसके जटिल स्वभाव के भीतर विभिन्न स्रोतों से आती हैं और अनेक भिन्न प्रकार की होती हैं। कुछ शरीर के अंगों से आती हैं, अन्य भावनात्मक प्रकृति या मन से। कुछ इच्छाएँ मनुष्य की उच्च प्रवृत्ति से आती हैं। कुछ करने का जज़्बा दूसरों के प्रति इंसान के अपने दायित्व और कर्तव्य के अहसास से जुड़ा है। ऐसे लोग औरों की तुलना में शायद ज़्यादा मानवीय होते हैं।

जब किसी व्यक्ति के मन में कोई विचार आता है या कुछ रचनात्मक करने की प्रेरणा मिलती है तो उसके चरित्र के अदृश्य पहलू में कुछ बदलाव होते हैं; मानो एक कंपन पैदा होता है और उस अदृश्य बिंदु से यह व्यक्ति को उन स्थितियों की तरफ धकेलने लगता है जहाँ ये विचार खुद को व्यक्त करने के करीब पहुँच जाएँ। इस प्रकार हर आदमी विचार और उसके बाद आने वाले प्रभाव के बीच की कड़ी है। एक व्यक्ति के अंदर एक विचार द्वारा बनाया गया असंतुलन तभी शांत होगा जब वह विचार फलित हो जाएगा। ये असंतुलित शक्तियाँ अपने प्रतिरूप को संसार की धूमधाम में से कुछ वैसे ही खींच लेंगी जैसे रेत से लोहे के बुरादे को चुंबक अलग कर देता है और भूसे के ढेर से भी सुई को बाहर निकाल लिया जाता है।

क्या वे राष्ट्र जो कभी बर्बर माने जाते थे, आज की आधुनिक दुनिया में रहने लायक सबसे अच्छे स्थान नहीं हैं? क्या अंधकार युग स्वर्ण युग में नहीं बदल गया है? हमें इस डर से पंगु नहीं होना चाहिए कि हमारा काम व्यर्थ हो जाएगा। अगर माया का अस्तित्व नहीं था तो इंटरनेट क्यों अस्तित्व में आया? यह कर्म ही है जो खुद को प्रकट कर रहा है, मैं नहीं, प्रद्युम्न

नहीं—हम मंच पर नाचने वाली कठपुतलियाँ हैं। हम में से किसी की उँगली में कठपुतली की डोर नहीं है। मेरा मानना है कि सभी विचार, किताबें, कविताएँ और सभी रचनात्मक प्रयास हमें उन्हें बनाने और उन्हें जीवन में लाने के लिए प्रेरित करते हैं। हम जो मानते हैं कि हम कुछ बना रहे हैं, वह दरअसल खुद को प्रकट कर रहा है। यह रचनात्मक कार्य है जो हमें माध्यम के रूप में उपयोग में ला रहा है। ये रचनात्मक विचार अदृश्य ऊर्जाओं के रूप में ब्रह्मांड में तैर रहे हैं और कोई व्यक्ति जो इसके लिए तैयार है और जिसके मन में दृढ़ विश्वास है, वह उस ऊर्जा को उसी तरह प्राप्त कर लेगा जैसे एक एंटीना विद्युत चुम्बकीय संकेतों को पकड़ता है। एक बार विचार प्राप्त होने के बाद ऊर्जा का असंतुलन होता है और नया काम होना शुरू हो जाता है। यह असंतुलन बारिश के बादलों के समान है जो कम दबाव वाले क्षेत्र की ओर बरसने के लिए तैरते रहते हैं।"

"वाह, यह तो बड़ी सुंदर व्याख्या है," तेनज़िन हैरत में था, "आपने तो पूरे समीकरण से व्यक्तित्व को ही हटा दिया। न इरादा, न जुनून, न जज़्बा, बस वाइब्रेशन। मतलब मैं बस हवा में तैरता बादल हूँ?"

"वास्तव में आप बादल भी नहीं हैं, यह तो सूर्य की तापीय ऊर्जा के निकलने के कारण नदियों और समुद्र से उठने वाले भाप के लिए बनाया गया एक झूठा नाम है।" प्रद्युम्न ने कहा।

अपनी विचार यात्रा को आगे बढ़ाते हुए प्रद्युम्न ने कहा, "वे लोग वाकई अत्यधिक साहसी होते हैं जो विरासत से हासिल कर्म ऋण को अपने ही स्तर पर निपटा लेते हैं और उसे अगली पीढ़ी को हस्तांतरित नहीं होने देते। दुनिया में ऐसे भी लोग होते हैं जो पीढ़ियों से चले आ रहे गरीबी के संत्रास से मुक्त होने का फैसला करते हैं और अपनी भावी पीढ़ियों के लिए समृद्धि का मार्ग प्रशस्त करते हैं। कुछ लोग तो विपरीत परिस्थितियों से पार पाने

के लिए अपनी पुश्तैनी जगह तक को छोड़ देते हैं। वे परदेस में जाकर कामयाब होने का माद्दा रखते हैं और अपनी भावी पीढ़ियों को एक सफल और सुखद भविष्य प्रदान करते हैं। जो लोग आत्मविश्वास के साथ पीढ़ियों की अवमानना, वंचना, असुरक्षा और गरीबी के दुष्चक्र को तोड़ने में सफल होते हैं, वही लोग प्रकृति द्वारा चुने हुए नायक होते हैं जिन पर यह समस्त प्रकृति अवसरों के रूप में अपनी कृपा बरसाती है। कुछ लोगों में यह दृढ़ आत्मविश्वास होता है कि वे दुनिया को एक बेहतर जगह बना सकेंगे—और वही आत्मविश्वास महान विचारों को उनकी तरफ आकर्षित करता है और उसे व्यक्त करता है जिस वजह से वे एक सामान्य इंसान से नायक में तब्दील हो पाते हैं।"

"भाई, आप तो *एल्केमिस्ट* के पाओलो कोएलो की तरह बात कर रहे हैं; यदि आप किसी चीज़ की तीव्र इच्छा करते हैं तो पूरा ब्रह्मांड उसे पूरा करने के लिए आपकी मदद करता है। किसी चीज़ को दिल से चाहो तो पूरी कायनात उसे तुमसे मिलाने की कोशिश में लग जाती है।" तेनज़िन ने प्रशंसात्मक लहजे में कहा।

"नहीं, मैं ऐसा नहीं कह रहा हूँ—मैं कह रहा हूँ कि ब्रह्मांड अपनी योजना को लागू करने के लिए सही शरीरों और दिमागों को चुनता है। वे जो भी हों, उनका जो भी नाम हो, पहचान हो, दरअसल ब्रह्मांड ही सही तन और मन तैयार करता है।" प्रद्युम्न ने थोड़ी उदासीनता के साथ कहा।

"ऐसा है तो फिर हमारे पास गंभीर इरादों की कमी क्यों है? अगर इरादा ईमानदार है तो दृढ़विश्वास आएगा, संसाधन सामने आएँगे और बदलाव आएगा।" तेनज़िन ने कहा।

"ब्रह्मांड लगातार मानव शरीरों का निर्माण कर रहा है लेकिन मन का पहले से तय कोई स्वरूप और आकार नहीं है। मन, शरीर और पर्यावरण से

निकलने वाला आकस्मिक गुण है जहाँ ये शरीर विकसित हो रहे हैं। ब्रह्मांड निर्देश नहीं दे सकता बल्कि केवल सुविधा प्रदान कर सकता है। हुआ कुछ यूँ है कि मानव जाति ने ब्रह्मांडीय योजना को अनदेखा करने और भ्रम में रहने का विकल्प चुन लिया है।" प्रद्युम्न ने मानो सटीक निशाना साधकर कहा।

तेनज़िन उसकी बात को मंत्रमुग्ध होकर सुन रहा था।

"जन्म लेने के लिए आपको दो माता-पिता और जाने कितने ही दादा-दादी, नाना-नानी, परदादा-परदादी और इसी तरह न जाने कितने लोगों की ज़रूरत होती है। इतने सारे इंसानों में से अगर किसी ने शादी न करने या बच्चे न पैदा करने का फैसला किया होता तो आप आज मौजूद नहीं होते। अगर उनमें से किसी की अकाल मृत्यु हो जाती तो भी आप आज मौजूद नहीं होते। आज कई लोग अपने डर, आघात या आलस्य के कारण बच्चे पैदा न करने का फैसला करते हैं। ये लोग अपने अस्तित्व के प्रति एहसानफरामोश हैं और अपने वंश को मिटा डालने का फैसला करने का अहंकार और दुस्साहस रखते हैं। उन्हें लगता है कि वे अपने वंश के मालिक हैं और अपने पूर्वजों के कर्ज़ को भूलकर इसे खत्म करने की बदतमीज़ी करते हैं। यह तो कुछ ऐसा ही है जैसे कोई बिना उधार चुकाए भाग जाए।

मेरे पिता कहते हैं कि भारतीय दर्शन 'अभेद्य माया' की संकल्पना पर आधारित है। माया प्रकृति में गुंथी हुई प्रवृत्ति है। जहाँ भी गड़बड़ी होती दिखती है, यह वहाँ समन्वय और संतुलन बहाल करती है। न्यूटन का इसलिए सम्मान था क्योंकि उसने बहुत ही प्रखरता से इसे व्यक्त किया था। उसने कहा, 'प्रत्येक क्रिया की एक समान और विपरीत प्रतिक्रिया होती है।' यही प्रवृत्ति पूरे ब्रह्मांड में, अदृश्य और दृश्य—सभी स्तरों पर काम करती है। मनुष्य भी उसी नियम से संचालित होता है क्योंकि वह भी प्रकृति का अंग है। लोग जितना अधिक प्रकृति के कायदों का उल्लंघन करते हैं और

अपनी सनक और सुखों को पूरा करने के लिए व्यवस्था से दूर चले जाते हैं, वे उतना ही पीड़ित होते हैं, बिखरते हैं और बर्बाद हो जाते हैं।

इस ग्रह पर जीवन की शुरुआत एक एकल कोशिका वाले जीवों के रूप में हुई। तब से जीवन लाखों रूपों में विकसित हुआ है लेकिन जीवन का मूल तत्व अभी भी सभी जीवित प्राणियों में समान है। हम अपने गहरे अंतर्मन में उस परम सत्ता से जुड़े हुए हैं और लोगों के बीच का अंतर्संबंध शांति और सहयोग का है जो *सर्वे भवन्तु सुखिन:* के सिद्धांत पर आधारित है। यदि यह समरसता वाला संबंध टूट जाता है तो प्रकृति भी उतनी ही कठिन प्रतिक्रिया को अंजाम देती है। इस प्रकार यदि हमारे उद्देश्य, भावनाएँ, विचार और कार्य नुक्सानदेह हैं तो वही हमारे पास लौटकर आते हैं; यदि वे लाभकारी हैं तो प्रतिक्रिया भी लाभकारी होती है। इसलिए हम जीवन में जो भी कर्म करते हैं, वही लौटकर हमारे पास आता है। धर्म उन लोगों को बचाता है जो इसे बनाए रखते हैं और अपने नियम तोड़ने वालों को यह नष्ट कर देता है—*धर्म एव हतो हन्ति धर्मो रक्षति रक्षितः*।"

प्रद्युम्न का फोन बजा, स्क्रीन पर 'पिताजी' लिखा था। स्क्रीन पर उनका नाम देखते ही उसने हँसते हुए कहा, "देखो, मैं अभी पिताजी की ही चर्चा कर रहा था।"

लेकिन उसकी हँसी तुरंत गायब हो गई क्योंकि फोन के दूसरी तरफ से व्यास ने बेकाबू होकर रोते हुए कहा, "तुम्हारी माँ नहीं रहीं।"

यह वही फोन कॉल थी जिससे अपने माता-पिता से दूर रहने वाला हर कोई डरता है। वह फोन कॉल, जिससे किसी की दुनिया पलभर में पटरी से उतर जाती है और समय रुक जाता है। ज़िंदगी में ऐसे फोन कॉल के लिए कोई कभी तैयार नहीं होता। प्रद्युम्न का दिल ज़ोर-ज़ोर से धड़कने लगा था। उसकी माँ से जुड़ी यादें ताज़ा हो रही थीं, वह अपनी माँ से बहुत-सी बातें

कहना चाहता था जो वह अब कभी नहीं कर पाएगा। वह उन्हें कभी नहीं छू पाएगा। वह कुछ देर तक एक बुत की तरह बैठा रहा। तेनज़िन ने स्थिति की गंभीरता समझ ली थी और तुरंत वाराणसी की यात्रा करने के इंतज़ाम किए। इससे पहले कि प्रद्युम्न खुद को कंट्रोल करने की कोशिश भी करता, वह वाराणसी जाने के लिए तैयार विमान में बैठा था। प्रभावती भी चल पड़ी थी और रिया भी।

शारदा देवी के पार्थिव शरीर को अंतिम संस्कार के लिए बनारस के मणिकर्णिका घाट लाया गया और सनातन परंपरा के अनुसार प्रद्युम्न ने उन्हें मुखाग्नि दी। प्रद्युम्न अगले दस दिनों तक तय अनुष्ठानों का पालन करने वाला था। मायालोक ने अपने-आप प्रद्युम्न के सभी निर्धारित कार्यक्रम रद्द कर दिए। प्रद्युम्न ने जो कुछ भी करने का निर्णय लिया, उसे करने के लिए व्यास ने न तो प्रोत्साहित किया और न ही उसे रोका।

अनुष्ठान में गरुड़ पुराण सुनना भी शामिल था। प्रद्युम्न की प्रतिष्ठा और उसकी बौद्धिकता से परिचित पुजारियों ने पूरे विधि-विधान से कर्मकांड करवाए थे। गरुड़ पुराण की विषयवस्तु उन जिज्ञासाओं के समाधान पर केंद्रित है कि मृत्यु के बाद आत्मा के साथ क्या होता है। एक शरीर से दूसरे शरीर में जाती हुई प्रत्येक आत्मा आध्यात्मिक विकास की यात्रा करती है।

इस अनुष्ठान का उद्देश्य यह जागरूकता पैदा करना है कि जन्म और मृत्यु के चक्र में फँसी आत्मा अपने कर्म फल का अच्छा-बुरा अनुभव कर जागरूक होती है। ये कर्म फल उसके आसपास के लोगों पर प्रभाव डालते हैं। इस जागरूकता से व्यक्ति अधिक निस्वार्थ और प्रेम जैसे भाव से भरा इंसान बन पाता है जब तक कि नश्वर दुनिया से मोक्ष या मुक्ति पाने के लिए उसका पूरा विकास न हो जाए। नतीजतन, उसे पूर्ण आध्यात्मिक अस्तित्व हासिल होता है। पुजारी ने ये सब कुछ इस तरह कहा, जैसे

उसने अपनी आँखों से देखा हो कि शारदा देवी ने मोक्ष प्राप्त कर लिया है और उनकी आत्मा को अब और जीवन धारण करना नहीं होगा। प्रद्युम्न के बगल में बैठे, व्यास मणि पुजारी के कहे गए हर शब्द को ध्यान से सुन रहे थे और पुजारी की बात सुनकर उनकी आँखों से आँसुओं की धारा बह चली। रिया और प्रभावती भी दुख और दर्द में डूबी नज़र आ रही थीं। कोई किसी से बात नहीं कर रहा था लेकिन सभी एक-दूसरे के साथ थे। अंतिम कार्यक्रम के रूप में चंदौली के हर परिचित को एक जोड़ी अच्छे कपड़े और काफी मात्रा में नकद राशि दी गई। लोग परिवार को धन्यवाद और आशीर्वाद देकर गए।

लेकिन मुश्किल मुकाम तो अब आया। प्रद्युम्न चाहता था कि उसके पिता उसके साथ कल्पा आएँ और अपने बाकी दिन वहीं बिताएँ। लेकिन व्यास मणि इस प्रस्ताव पर चर्चा करने को भी तैयार नहीं थे। उन्होंने कहा कि वह अपने दादा के बनाए इसी घर में अंतिम साँस लेंगे और उन पर अपना फैसला बदलने के लिए दबाव नहीं डाला जाना चाहिए। विचारों का सम्मान करना वास्तव में सबसे बड़ा सम्मान है जो कोई भी व्यक्ति दूसरे को दे सकता है। प्रद्युम्न को यह अच्छा नहीं लगा लेकिन उसके पास अपने पिता की इच्छा का पालन करने के अलावा कोई विकल्प नहीं था। उनकी पारिवारिक परंपरा ऐसी ही रही है और वे इससे पीछे नहीं हटेंगे।

वापसी से एक दिन पहले प्रद्युम्न चुपचाप अपनी माँ के कमरे में चला गया था। निपट अकेला। वह बड़ा सादा-सा कमरा था। हर चीज़ अपने तयशुदा स्थान पर रखी थी। अचानक उसकी नज़र उल्टी रखी एक खुली किताब पर पड़ी। यह किताब 'कल्कि पुराण' थी जिसे उसकी माँ पढ़ रही थीं, मगर इसके आधे हिस्से तक ही पढ़ पाई थी। प्रद्युम्न ने फैसला किया कि वह पूरा कल्कि पुराण पढ़ेगा और इसे अपने पास रख लिया।

इसके बाद पिता-पुत्र दोनों वाराणसी गए थे। वहाँ दोनों दशाश्वमेध घाट पर गंगा आरती की जगह से थोड़ी दूर हटकर बैठ गए। इस घाट पर धर्मराज युधिष्ठर ने दस यज्ञ कराए थे। उसके पहले ब्रह्माजी ने भी यहाँ यज्ञ किया था। व्यास मणि ने कहा कि उन्हें इस बात का संतोष है कि शारदा बिना किसी तकलीफ के इस दुनिया से चली गईं। दुनिया में जो भी पैदा होता है, उसे मरना ही होता है। उन्होंने कहा, "एक आदमी की सबसे बड़ी इच्छा होती है कि उसका अंतिम संस्कार उसका बेटा करे। इसलिए जब भी मेरा समय पूरा हो, तुम आकर मेरा अंतिम संस्कार ज़रूर करना। इससे ज़्यादा मुझे कुछ नहीं चाहिए और इससे कम भी नहीं।"

तेनज़िन पूरे समय परिवार के साथ ही था। शायद वह अपने उस अपराधबोध से पार पाना चाहता था कि वह खुद अपनी माँ के साथ ज़्यादा वक्त नहीं बिता पाया था। शायद इस परिवार के साथ रहकर वह मन की शांति तलाश कर रहा था।

अगली सुबह जब व्यास, तेनज़िन और प्रद्युम्न के साथ नाश्ता करने के लिए बैठ रहे थे तो उन्हें लगा कि शारदा अपना पसंदीदा भजन गा रही है। वे सभी दंग रह गए और जब उन्होंने चारों ओर देखा तो यह गीत होम ऑटोमेशन स्पीकर सिस्टम से बज रहा था जिसे माया सिस्टम ने चालू किया था क्योंकि वह अच्छी तरह जानता था कि किस समय उसे क्या करना है। न सिर्फ आवाज़ हू-ब-हू शारदा की थी बल्कि भाव भी वही था।

मनोबुद्धयहंकार चित्तानि नाहम् न च श्रोत्र जिह्वे न च घ्राण नेत्रे न च व्योम भूमिर्न तेजो न वायु: चिदानन्द रूप: शिवोऽहम् शिवोऽहम् . . .

व्यास अपने आँसू नहीं रोक पाए।

एक भारतीय पिता अपने स्वाभिमान में बेटे से कभी कुछ भी नहीं मांगता। शायद यही वजह थी कि व्यास ने तेनज़िन से पूछा कि क्या उनके पास मायाकक्ष स्थापित किया सकता है?

"बिल्कुल। क्यों नहीं!" तेनज़िन ने तुरंत जवाब दिया। तेनज़िन और प्रद्युम्न जानते थे कि बूढ़े व्यास अपनी पत्नी की यादों को जीवन्त करके अपना अकेलापन भरेंगे। उन्होंने इस विषय पर आगे कुछ बोलकर उन्हें शर्मिंदा नहीं किया। कम-से-कम वे इतना तो कर ही सकते थे।

घर से निकलते समय प्रद्युम्न ने रिया से उसकी पढ़ाई के बारे में पूछा। माहौल बदलने के लिए रिया ने जल्दी से बताया कि कैसे सिम्फनी नंबर 5 के बाद बीथोवन किसी बीमारी के कारण बहरे होने लगे थे और उसके बाद अपनी सभी धुनें बीथोवन ने तब रची थीं जब वह बहरे हो चुके थे। वे अब इस बात पर चर्चा कर रहे थे कि कैसे बीथोवन बिना सुने भी संगीत लिख सकते थे और कैसे एआई उस्तादों द्वारा छोड़े गए संगीत से नया संगीत बना सकता है।

एक तरह से एआई संगीत को भौतिकता की बाध्यता से मुक्त कर देगी और बाख, बीथोवन और मोत्ज़ार्ट जैसे उस्तादों के संगीत की तरह सुनने वालों के दिल और दिमाग में ऐसी अविश्वसनीय किस्म की भावनाएँ जगा सकेगी जो अच्छे-से-अच्छे संगीतकार भी न कर पाएँ।

"डैड, क्या आप जानते हो कि जब हम अच्छा संगीत सुनते हैं तो हमारा शरीर एंडोर्फिन बनाता है? एंडोर्फिन पैदा करके क्या हम अपने कानों में कोई ध्वनि बजाए बिना उन्हीं भावनाओं को पैदा नहीं कर सकते? मैं अगले कुछ महीने इलेक्ट्रोमैग्नेटिक-प्रूफ लैब में बिताऊँगी जहाँ मेरे दिमाग का अध्ययन एक फंक्शनल एमआरआई से किया जाएगा। जब मैं संगीत बजाऊँगी और दूसरों का संगीत सुनूँगी तो उस वक्त हमारी भावनाओं

और हॉरमोनों का अध्ययन किया जाएगा ताकि हम संगीत के बिना भी इन भावनाओं को रिवर्स इंजीनियर कर सकें," रिया ने कहा।

उस पल प्रद्युम्न को एहसास हुआ कि मृत्यु कैसे जीवन के चक्र को पूरा करती है। उसके पिता का अपने बेटे द्वारा निर्मित मायाकक्ष को स्वीकार करना वास्तव में जीवन के पूर्ण चक्र में आने का क्षण था। साथ ही, यह सुनना कि कैसे उसकी बेटी, अनजाने में ही सही, उसके काम को आगे बढ़ा रही थी—यह एक नए चक्र की शुरुआत थी।

12

नैतिकता का तराज़ू

प्रद्युम्न भावुक इंसान नहीं था पर माँ के निधन के शोक से उबर नहीं पा रहा था। कभी-कभी उसे लगता कि वह काम-धन्धे की जगह दर्द भुलाने के लिए यात्रा कर रहा था। उसे कुछ भी महसूस नहीं हो रहा था। उसने लोगों से बातचीत भी करनी कम कर दी थी, बस दुनिया और जीवन की 'एन्ट्रॉपी' को देख रहा था। प्रद्युम्न को हमेशा रिया में अपनी माँ की झलक दिखती थी। जब भी दादी-पोती साथ होती थीं, उनका जुड़ाव साफ दिखाई देता था। माँ के गुज़र जाने के बाद प्रद्युम्न अक्सर अपनी बेटी से मिलने स्विट्ज़रलैंड चला जाता था, मानो माँ की परछाईं बेटी में देखने जाता हो।

ऐसे ही एक बेमकसद सफर के दौरान प्रद्युम्न तेनज़िन से मिलने पहुँच गया, जो डॉ. विष्णु के साथ ह्यूमनॉयड प्रोजेक्ट पर काफी तेज़ी से काम कर रहा था। वह यह देखकर हैरान रह गया कि आरके भी उसी लैब में थे और प्रोजेक्ट में गहरी दिलचस्पी ले रहे थे। टीम बेहद केंद्रित थी और उसने बड़ी सफलता हासिल की थी। उन लोगों ने कई प्रोटोटाइप बना लिए थे और वे चार फाइनल वर्जन के साथ तैयार थे। तेनज़िन प्रद्युम्न को बड़े उत्साह से लैब दिखा रहा था। उसे करीब से देखते हुए प्रद्युम्न को यह महसूस हो रहा

था कि तेनज़िन ही वह शख़्स है जिसे वह अपना बैटन सौंप सकता है और निश्चिंत रह सकता है। अक्षरमाला ने सुमति प्रोस्थेटिक्स का अधिग्रहण कर लिया था और इसमें गैर-बुद्धिमान मानवों यानी नॉन-इंटेलिजेंट ह्यूमन्स को बनाने के लिए एक बड़ी रकम का निवेश किया गया था। उन्होंने एक मानव जैसा एक्सोस्केलेटन बनाया था जिसे यूज़र के नर्वस सिस्टम से जोड़ा जाना था और दिमाग से मिले संकेतों के आधार पर यह एक्सोस्केलेटन ज़रूरी गतिविधियों को अंजाम दे सकता था।

आरके कई वर्षों से जिस एक्सोस्केलेटन का इस्तेमाल कर रहे थे, उसमें खड़े होने, चलने, बैठने आदि की पहले से ही प्रोग्राम की गई गतिविधियाँ थीं जिन्हें यूज़र की इच्छा पर चलाया जा सकता था। यह बुज़ुर्गों और विकलांगों के लिए एक वरदान था। हालाँकि दिमाग के संकेतों को मैप करने और उत्तेजित करने और एक्सोस्केलेटन के साथ उन्हें इंटीग्रेट करने पर तेनज़िन के शोध के साथ अब न्यूरल संकेतों की हरकत को मैप करना भी मुमकिन था जिसकी मदद से पार्किंसंस रोग या एमियोट्रोफिक लेटरल स्क्लेरोसिस (ऐएलएस) से पीड़ित एक यूज़र पूरी तरह से चल सकता था और अपनी रोज़मर्रा के कामकाज निपटा सकता था।

आरके ने प्रद्युम्न को पूरे शरीर के एक्सोस्केलेटन एसू3, प्रा1 और का-बीटा दिखाए और बताया कि इन तीनों को सवार होने के लिए एक इंसान की ज़रूरत होती है। इन एक्सोस्केलेटन पर होस्ट इंसान से मिले मानसिक इनपुट पर वह अपनी गतिविधियाँ करते थे और क्षमताओं के आधार पर उनमें अंतर होता था। उन्हें अलग-अलग सामग्रियों और अलग-अलग न्यूरॉन इंटीग्रेशन तकनीकों से बनाया गया था। आरके ने बताया कि का-बीटा दिमाग से लगभग मृत हो चुके मानव होस्ट के साथ काम कर सकता है। आरके ने हँसते हुए बताया कि तेनज़िन ने इन्हें कैसे-कैसे बेतुके नाम दिए हैं जो तिब्बती वर्णमाला के किसी एन्क्रिप्टेड कोड की तरह लगते हैं।

"अगर का-बीटा है, तो क्या का-अल्फा नहीं है?" प्रद्युम्न ने पूछा।

जवाब आरके ने दिया, "यूँ तो अल्फा परीक्षण, बीटा परीक्षण के लिए आगे बढ़ने से पहले उत्पाद की गुणवत्ता सुनिश्चित करता है। बीटा परीक्षण भी उत्पाद की गुणवत्ता पर ध्यान केंद्रित करता है लेकिन वह उत्पाद पर यूज़र्स के इनपुट इकट्ठे करता है और यह तय करता है कि प्रोडक्ट रियल टाइम में इस्तेमाल किए जाने के लिए अब तैयार है। इंटरनल डेवलपमेंट टीम, मैंने और तेनज़िन ने कंट्रोल परिस्थितियों में सघन अल्फा परीक्षण किया है। का-बीटा का मकसद बाहरी यूज़र या व्यापक परीक्षण के लिए उत्पाद जारी करने से पहले बग, खामियों और उपयोगिता मुद्दों को ढूँढ़ना और उसे ठीक करना है।

लेकिन हमने का-अल्फा और का-बीटा के रूप में दो अलग सिस्टम तैयार किए हैं। का-बीटा इंसान के दिमागी संकेत पकड़कर चला है। का-अल्फा मशीनी सिस्टम, मसलन मायाकक्ष से भी निर्देश ले सकता है। इस तरह का-अल्फा, का-बीटा से पहले का नहीं बल्कि बाद का प्रोडक्ट है। का-अल्फा, का-बीटा के ऊपर बना सिस्टम है।

'का' वाकई कमाल है। यह एक नायाब काम है। एक ऐसी उपलब्धि जिस पर हमें गर्व है," आरके ने संकोच छोड़ कर कहा और अपनी उँगलियों के निशान से एक कमरे का दरवाज़ा खोला।

क्लीन रूम में चलते हुए उन्होंने कहा, "हमने एक ह्यूमनॉयड बनाया है जिसे अब मायाकक्ष में इंटीग्रेट किया गया है इसलिए मायाकक्ष के अंदर आपके कंट्रोल बाहर ह्यूमनॉयड की हरकतों में बदल जाएँगे। मायाकक्ष के अंदर आप जो भी गतिविधि सोचेंगे, मशीन उसे बाहर करके दिखाएगी। यह एक पूरे शरीर वाला ह्यूमनॉयड है, एक्सोस्केलेटन नहीं। इसे बेहद कठोर और अधिक घनत्व वाले मेटल टंगस्टन से बनाया गया है और इस

वजह से इसे सबसे प्रतिकूल वातावरण में भी रखा जा सकता है। इसलिए, आप इसे मायाकक्ष में बैठकर गाइड कर सकते हैं और यह किसी भट्टी, न्यूक्लियर रिएक्टर, बाहरी अंतरिक्ष या ज्वालामुखी के पास बेखौफ बिना किसी खतरे के काम कर सकता है। यह केए-अल्फा है। आपके सिद्धांत के ही मुताबिक हमने इसे कोई इंटेलिजेंस नहीं दी है। यह केवल पॉड के अंदर अपने यूज़र की क्रियाओं को फिर से बना और दोहरा सकता है। अभी यह एक पावर सोर्स से जुड़ा है जो बड़ा और भारी है। हमें इसके लिए एक कॉम्पैक्ट पावर सोर्स खोजना होगा ताकि यह थोड़ा छोटा, चुस्त और ऑटोमेटिक बन जाए। हमने सभी ट्रांसमीटर और ऑनबोर्ड कंप्यूटर को इसके कोर के करीब रखा है जिससे इसके इंसानी शरीर का एक दोष ठीक हो गया है। इंसानी शरीर में दिमाग सिर में होता है जो शरीर के कोर के बजाय एक नाजुक गर्दन के ज़रिए मुख्य शरीर से जुड़ा होता है। इसमें हमने कुदरत की वह गलती ठीक कर दी है।”

पेट में दिमाग! इस विचार से ही प्रद्युम्न को ज़ोरदार हँसी आ गई। पर इन सभी विकासों से उसका मनोबल बढ़ गया था और वह जोश से भर गया। वह अपनी टीम की प्रगति से बहुत प्रभावित था। प्रद्युम्न का दुख खत्म नहीं हुआ था लेकिन उसे यह भी लग रहा था कि उसे जल्द ही काम पर वापस जाना चाहिए। उसके मन में काम का उत्साह वापस लौटने लगा था। वर्कशॉप से लौटते हुए प्रद्युम्न अपने पिता से मिलने चल पड़ा। तेनज़िन तो नियमित रूप से व्यास के संपर्क में था और प्रद्युम्न को एहसास हुआ कि तेनज़िन कितना सच्चा दोस्त है। वह परिवार के लिए बहुत कुछ कर रहा था, वह भी चुपचाप, बिना किसी तारीफ या प्रशंसा के।

चंदौली जाकर प्रद्युम्न ने देखा कि व्यास अब ठीक थे। प्रद्युम्न आश्चर्यचकित था कि उसके पिता ने अपने दुख को कितनी गहराई से समझकर आत्मसात

कर लिया था। लेकिन वह पूछ ही बैठा, "क्या आपको अकेलापन महसूस नहीं होता, पिताजी?"

"होता भी है और नहीं भी। मेरी उम्र तक आते-आते इंसान अपने साथियों और दोस्तों को खोने के लिए तैयार हो जाता है। मेरे कई अपने इस दुनिया से चले गए। लेकिन शारदा को खोने से पैदा हुई कमी को कोई नहीं भर सकता। मैं मायाकक्ष में बैठकर शारदा के साथ कुछ समय बिताता हूँ और माया शारदा की आवाज़ में मुझसे बात करती है इसलिए मुझे उसकी कमी कम महसूस होती है। कभी-कभी मुझे लगता है कि मैं एक सपने में जी रहा हूँ लेकिन अगर सपना एक खुशहाल जगह है तो क्या हर्ज़ है?" व्यास ने जवाब दिया।

उस रात प्रद्युम्न ने प्रभा से लंबी बातचीत की—उसने उसे बताया कि पिता को अच्छा होते देखकर उसे कितनी शांति मिली है। प्रद्युम्न ने कहा कि उसे हमेशा इसका दुख रहेगा कि जब प्रभा की माँ पार्किंसंस रोग से पीड़ित थीं, तब एक्सोस्केलेटन के बारे में उनके सभी इनोवेशन तैयार नहीं हो पाए थे। प्रभा अपने पिता के साथ समय बिता रही थी और अपने बूढ़े पिता की देखभाल करने और उनके साथ हरसंभव समय बिताने की कोशिश कर रही थी।

व्यास से मिलने के बाद प्रद्युम्न कल्पा के अपने खाली घर में लौट आया। हालाँकि वह काम के जोश और नई ऊर्जा से भरा तो था लेकिन अकेला था। वह एकांत में अपने दुख के साथ जीने का आदी होता जा रहा था और अपने इस सफर में काफी आगे बढ़ चुका था। इंकार, गुस्सा, सौदेबाजी और अवसाद से वह आखिरकार अब स्वीकृति के चरण में आ पहुँचा था। उसका मन रिया से मिलने का कर रहा था क्योंकि उसकी लंबे समय से उससे बात नहीं हुई थी। रिया इलेक्ट्रोमैग्नेटिक शील्डेड प्रयोगशाला में अपने प्रयोगों में व्यस्त थी।

उसने अपना जेट बुलाया और कुछ ही समय में बेसल के लिए उड़ान भर ली। वहाँ पहुँचकर वह सीधे रिया के कमरे में गया था लेकिन रिया वहाँ नहीं थी। वह म्युज़िक रूम में भी नहीं थी। प्रद्युम्न को लगा कि वह अपनी प्रयोगशाला में होगी और इसलिए वह उसके प्रोफेसर के पास चला गया। रिया के प्रोफेसर के चेहरे पर काफी गंभीर भाव थे। उन्होंने कहा कि रिया प्रयोगशाला के अंदर नहीं बल्कि अस्पताल में है। वह एक रेयर किस्म के पार्किंसंस डिजीज़ से पीड़ित है जो उसे अपनी नानी से मिला होगा। दोषपूर्ण जीन उसकी माँ में तो ज़ाहिर नहीं हुए थे लेकिन रिया में वह जल्दी ही प्रकट हो गए थे। इलेक्ट्रो-मैग्नेटिक प्रयोगशाला में हो रहे प्रयोगों के कारण उसके नर्वस सिस्टम में कुछ हस्तक्षेप हुआ होगा और शायद इसलिए रोग तेज़ी से उभर गया।

"रिया ने बहुत ज़ोर देकर कहा था इसलिए हमने उसकी बीमारी के बारे में आपको या आपकी पत्नी को सूचित नहीं किया। वह बालिग है और यहाँ के कानून के अनुसार हम उसकी निजता के अधिकार का उल्लंघन नहीं कर सकते। उसने यहाँ के चिकित्सा कानूनों के अनुसार आवश्यक सभी सहमति-पत्रों पर हस्ताक्षर भी किए और आपको केवल जीवन या मृत्यु की स्थिति में आपातकालीन सूचना देने के लिए हमें उसने अधिकृत किया है।"

कोई भी माता-पिता ऐसी खबर सुनने के लिए कभी तैयार नहीं होते। यह जानना और सहना बहुत मुश्किल था और प्रद्युम्न को कुछ पल के लिए जैसे लकवा मार गया। उसका दिमाग सुन्न हो गया और उसे शरीर की सुध-बुध नहीं रही।

प्रोफेसर कह रहे थे, "पार्किंसंस रोग (पीडी) 9 बचपन में होने वाले वंशानुगत पार्किंसंस रोग का एक बहुत ही रेयर फॉर्म है। इसे कुफोर-राकेब सिंड्रोम (केआरएस) भी कहते हैं। पार्किंसंस रोग आमतौर पर 60 या उससे

अधिक उम्र के लोगों पर असर करता है लेकिन इस प्रकार के लोगों में आमतौर पर 20 साल की उम्र से पहले लक्षण विकसित होने लगते हैं और कुछ महीनों के भीतर ही उनकी हालत बिगड़ जाती है जबकि आम पार्किंसंस में कुछ सालों में दिमाग नष्ट होता है।"

प्रद्युम्न ने विनती के अंदाज़ में कहा, "मुझे और बताइए, प्रोफेसर।"

"इस विकार की पहचान सबसे पहले 1994 में जॉर्डन में रहने वाले एक बड़े परिवार के पाँच सदस्यों में हुई थी। इसके बदले हुए जीन की पहचान 2006 में हुई। तब से आनुवंशिक जाँच ने सदस्यों की प्रारंभिक बीमारी की पहचान और जाँच को मुमकिन बना दिया है। रोगियों के लिए समय पर और सटीक निदान अहम है क्योंकि उनके लक्षणों को दवा से नियंत्रित किया जा सकता है। अगर उसकी नानी की मृत्यु पार्किंसंस से हुई है तो रिया और उसकी माँ का इस जीन दोष के लिए परीक्षण किया जाना चाहिए था," प्रोफेसर ने कहा।

प्रद्युम्न निराशा और गुस्से से भर उठा था। वह अपने काम में इतना डूबा और सफलता के नशे में इतना चूर था कि उसने इस सिर पर मौजूद खतरे को नज़रअंदाज़ कर दिया। प्रद्युम्न कराहने लगा था, वह कुछ बोल नहीं पा रहा था बल्कि रो रहा था। उसने गिड़गिड़ाने वाले अंदाज़ में कहा, "आप प्लीज मुझे बताइए कि उसका इलाज किस तरह हो रहा है। क्या उस पर इलाज का असर हो रहा है। क्या मैं उसे देख सकता हूँ?"

वे दोनों यूनिवर्सिटी हॉस्पिटल की ओर चल दिए। अस्पताल तक का रास्ता तो छोटा था लेकिन ऐसा लग रहा था कि वो कभी खत्म ही नहीं होगा। प्रद्युम्न का दिल रुक-रुककर धड़क रहा था और वह मुश्किल से साँस ले पा रहा था। उसकी दुनिया उनकी आँखों के सामने रेत के टीले

की तरह ढह रही थी। आईसीयू वार्ड में पहुँचकर प्रद्युम्न ने देखा कि रिया बिस्तर पर सो रही थी। उसके शरीर से बहुत सारे तार और यन्त्र जुड़े हुए थे—बेडसाइड मॉनिटर की बीप की आवाज़ और अस्पताल के गाउन में अपनी बेटी के दृश्य ने प्रद्युम्न का दिल तोड़ दिया। वह वहीं बेसुध बैठ गया। वह अभी अपनी माँ के जाने के अभाव से उबरने की कोशिश ही कर रहा था और अपनी बेटी, जो उसके जीवन का केंद्र थी, को इस हालत में पड़ा देखकर उसका कलेजा मुँह को आ गया। इस सचाई को मानने का मन प्रद्युम्न का नहीं कर रहा था। उसे चैतन्य होने में थोड़ा वक्त लगा।

रिया ने जब पहली बार आँख खोलकर प्रद्युम्न को देखा तो उसके मुँह से निकला, "सॉरी डैड।" उसकी यह बात सुनकर प्रद्युम्न का दिल बैठ गया। पर प्रद्युम्न ने अपना चेहरा बहादुरों जैसा बनाए रखा। वह कोशिश कर रहा था कि आशा, उम्मीद और आत्मविश्वास उसके चेहरे से झलकता रहे।

उसने कहा, "अरे बेटा, तुम किस बात की माफी माँग रही हो? माफी तो मुझे माँगनी चाहिए। मुझे पार्किंसंस के इलाज के शोध के लिए पहले ही फंडिंग करनी चाहिए थी। जब तुम्हारी नानी इस बीमारी से चल बसीं तो मुझे पूरी सावधानी बरतनी चाहिए थी।"

डॉक्टर अंदर आए और उन्होंने प्रद्युम्न को उन सभी दवाओं और इलाज के बारे में समझाया जो रिया को दिए जा रहे थे, मगर वे काम नहीं कर रहे थे। डॉक्टर ने प्रद्युम्न को कमरे से बाहर ले जाते हुए कहा, "दुर्भाग्यपूर्ण बात यही है कि अभी तक इसका कोई इलाज नहीं है।"

"आप यह न कहिएगा कि 2040 में मेडिकल रिसर्च बस यहीं तक पहुँच पाया है। एक तरफ हम तकनीकी विलक्षणता के बारे में बात कर रहे हैं और आप मुझे बता रहे हैं कि मेरी बेटी इलाज की किसी संभावना के बगैर मर रही है," प्रद्युम्न की आवाज़ ऊँची और काँप रही थी।

डॉक्टर ने कहा, "मैं सचाई बता रहा हूँ, सर। आपकी बेटी मर नहीं रही है, उसका दिमाग मर रहा है। उसके शरीर में कुछ भी गड़बड़ नहीं है लेकिन उसका दिमाग उसकी मांसपेशियों और अंगों पर से नियंत्रण खो रहा है।" डॉक्टर ने बेबाकी से कहा, "ऐसे रोगियों की हरकत में मदद करने के लिए एक्सोस्केलेटन उपलब्ध हैं। कुछ इलाज अभी भी शोध के चरणों में हैं जो स्टेम कोशिकाओं को इंजेक्ट करके और मृत न्यूरॉन्स को उत्तेजित और सक्रिय करने के लिए कंट्रोल्ड इलेक्ट्रिक चार्ज देकर मस्तिष्क के कुछ हिस्सों को फिर से ज़िंदा कर सकते हैं। इन सभी एक्सपेरिमेंटल इलाजों का नतीजा दिखने में कुछ समय लग सकता है। इसलिए अभी तो हमें रिया को सक्रिय और चलता-फिरता रखने की ज़रूरत है।"

"डाक्टर, हमने अपना खुद का एक्सोस्केलेटन बनाया है और हम इसका तुरंत इस्तेमाल कर सकते हैं," प्रद्युम्न ने कहा और आनन-फानन में तेनज़िन को फोन किया और उसे तुरंत का-बीटा लेकर आने के लिए कहा। उसने प्रभावती को भी फोन किया और उसे हालात के बारे में बताया। उसका विमान सबको लाने के लिए बेसल से उड़ान भर चुका था।

अगले दिन सुबह तक सभी पहुँच गए। भावनात्मक झटके से उबरने के बाद सभी ने स्थिति को संभालने के लिए काम करना शुरू कर दिया। तेनज़िन ने केए-बीटा को रिया से बाँधा और रिया के न्यूरल नेटवर्क को इसकी कोर प्रोसेसिंग यूनिट से जोड़ दिया। इसने जादू की तरह काम किया। रिया फिर से चलने के काबिल हो गई। सब प्रसन्न हो गए और खुशी मनाने के लिए परिवार पास की झील पर टहलने निकल गया था। रिया खुश थी, भले ही उसे अभी भी अपने शरीर पर बंधे सामान की आदत नहीं थी लेकिन वह सहज थी और इस कठिन परिस्थिति से उबरने के लिए मानसिक रूप से काफी मज़बूत थी। अगले कुछ दिनों में रिया लगभग पूरी तरह से

ठीक हो गई। केए-बीटा भी अच्छा प्रदर्शन कर रहा था। रिया फिर से प्यानो बजाने और खुद-ब-खुद अपने रोज़मर्रा के काम करने लगी। वह ज़्यादातर शांत रहती थी लेकिन इस बीमारी पर विजय पाने के लिए दृढ़-संकल्प थी।

लेकिन उम्मीद की यह किरण बहुत कम समय के लिए निकली थी। बीमारी ने रिया को फिर से जकड़ लिया और वह अचानक बात करने में असमर्थ हो गई। उसके मस्तिष्क से उसके मूवमेंट कमांड भी बहुत कमज़ोर हो गए थे और केए-बीटा उसके मानसिक संकेतों को पकड़ने में नाकाम हो गया। कई तरह की जाँच के बाद डॉक्टरों ने कहा कि उसकी सेहत ज़्यादा गिरती जा रही है और उसका दिमाग वह थोड़ी-बहुत ताकत भी खोने लगा है जो उसे वापस मिल पाई थी। डॉक्टरों के अनुसार, रिया अब बोल नहीं पाएगी।

प्रद्युम्न और तेनज़िन बैठकर इस बात पर सोचने लगे थे कि आगे क्या किया जा सकता है। प्रद्युम्न ने सुझाव दिया कि अगर रिया को लंबे समय तक मायाकक्ष में रखा जाए तो शायद तेनज़िन उसके मस्तिष्क के संकेतों को बढ़ा सकता है। इससे यह होगा कि कम-से-कम मायालोक में उसके साथ संवाद किया जा सकेगा। तेनज़िन को यकीन था कि यह विकल्प कारगर होगा लेकिन उसके पास एक और आइडिया था।

"ह्यूमन ब्रेन की मैपिंग के अपने रिसर्च के दौरान मैंने कुछ विद्युत संकेतों को ट्रिगर करके और न्यूरॉन्स को दोबारा ज़िंदा करके मस्तिष्क के कुछ हिस्सों को उत्तेजित करने की एक तकनीक तैयार की है। हम इसे आज़मा सकते हैं। मुझे केए-बीटा को बढ़ाने के लिए एक महीने का वक्त चाहिए ताकि रिया के केए-बीटा पर रहने की अवधि में उसके मस्तिष्क के संकेत न केवल बढ़ेंगे बल्कि उसके मस्तिष्क के कुछ हिस्से दोबारा जीवित हो जाएँगे," तेनज़िन ने कहा।

यह विचार प्रद्युम्न को बेहतर लगा क्योंकि इसे आज़माने से रिया हमेशा के लिए मायाकक्ष के अंदर दफन होकर नहीं रह जाएगी और वह धीरे-धीरे ठीक होने के दौरान खुली दुनिया में घूम सकेगी। वे दोनों इस दिशा में काम पर जुट गए।

तेनज़िन रिया के मस्तिष्क से आने वाले कमज़ोर मानसिक संकेतों को समझने पर काम कर रहा था लेकिन उन संकेतों के लिए केए-बीटा को नियंत्रित करना असंभव होता जा रहा था। केए-बीटा उन संकेतों की व्याख्या करने में सक्षम नहीं था। तेनज़िन और प्रद्युम्न दोनों को लगा कि यह उनकी उम्मीदों का अंत है।

दोनों थके-हारे से बैठे थे कि एक परिचित आवाज़ ने कहा, “मैं रिया के मस्तिष्क से आने वाले संकेतों की व्याख्या कर सकती हूँ और उन्हें का-बीटा के लिए कमांड के रूप में बदलकर रिले कर सकती हूँ।”

“माँ!” प्रद्युम्न सुनकर अवाक रह गया क्योंकि यह उसकी माँ की आवाज़ थी।

“नहीं, वह माया है,” तेनज़िन ने कहा, “तुमने माया को अपनी माँ की आवाज़ में बोलने के लिए सेट किया हुआ है, मुझे लगता है कि तुम बहुत कुछ भूल गए हो।”

“अरे यार। धिक्कार है मुझ पर।” प्रद्युम्न ने खुद को समेटने की कोशिश करते हुए कहा, “लेकिन आइडिया तो अच्छा है, है न?”

“शायद हमारा आखिरी विकल्प भी यही है,” तेनज़िन ने उसकी बात से सहमति जताते हुए कहा।

“लेकिन...” तेनज़िन कुछ कहने वाला था और रुक गया। इस आखिरी विकल्प को आज़माने का मतलब था कि प्रद्युम्न माया को इस बात की

इजाजत देने के लिए तैयार था कि माया एक मशीन यानी एक हार्डवेयर उपकरण को कंट्रोल करे या चला ले—और इस बात को तो वह कभी मानने को तैयार नहीं था।

लेकिन प्रद्युम्न ने तेनज़िन की चिंता को बीच में रोकते हुए कबूल किया, "मैं अपनी बेटी खोना नहीं चाहता, तेनज़िन। मैं ज़रूर यह चाहता था कि माया ऑटोनॉमस हो। लेकिन क्या इमैनुएल कांट ने स्वायत्तता को स्वतंत्र इच्छा का आदर्श नहीं बताया है? एक इंसान की अभिलाषाएँ 'भूख' या 'इच्छा' से नहीं बल्कि 'उच्च' या 'तर्कसंगत आत्म' के साथ पहचान से चलकर कार्य करने के लिए प्रेरित होती हैं। अपने इकलौते बच्चे को बचाने से अधिक नैतिक काम दुनिया में क्या हो सकता है?"

"तो ठीक है, इसको एक्टिव करते हैं," तेनज़िन ने कहा।

"लेकिन सोर्स कोड में बदलाव करने के लिए, मुझे घर जाना होगा। मेरे पास मेरे डार्क रूम में मेन कंप्यूटर है। और यही एकमात्र जगह है जहाँ मैं कोर एल्गोरिदम में बदलाव कर सकता हूँ," प्रद्युम्न ने ज़ोर से कहा।

"क्या हमारे पास इतना समय है?" तेनज़िन ने पूछा।

"रुको, रिया जब बेसल आई थी तो उसे मैंने एक डिस्क दी थी। शायद यह उसके कमरे में हो। चलो उसे लेकर लैपटॉप से जोड़ते हैं," प्रद्युम्न ने याद करते हुए कहा।

प्रद्युम्न रिया के हॉस्टल की तरफ भागा और कुछ ही समय में उसने वह डिस्क ढूँढ़ निकाली। उसने डिस्क को अनलॉक करके कंप्यूटर से जोड़ा और जल्दी से सोर्स कोड में बदलाव किए जिससे माया को का-बीटा के ड्राइवर और सीपीयू तक पहुँचने और उसे कंट्रोल करने की अनुमति मिल गई।

प्रद्युम्न ने अपने बायोमेट्रिक्स का इस्तेमाल किया, डिस्क को अनलॉक किया और बदलाव करना शुरू कर दिया। उसने जल्दी से बदलाव दर्ज किए और माया को कंट्रोल मैनेज करने के एक्सेस देने के लिए का-बीटा की प्रोसेसिंग यूनिट को व्हाइटलिस्ट में जोड़ा। उसने अपने किए हुए सारे बदलाव सेव किए और एक बिल्ड ट्रिगर किया। यह वह क्षण था, जिससे प्रद्युम्न अपनी पूरी ज़िंदगी बचता रहा था। दुनिया की कोई भी शक्ति उसे ऐसा करने के लिए मजबूर नहीं कर सकती थी, दुनिया का कोई भी प्रलोभन उसे ऐसा करने के लिए लुभा नहीं सकता था। फिर भी आज वह ऐसा कर रहा था; उसने बिना पलक झपकाए अपनी बेटी को बचाने के लिए यह अकल्पनीय काम कर डाला।

सॉफ्टवेयर में जब भी कोई सोर्स कोड बदला जाता है तो नया कोड डाला जाता है और बिल्ड फाइलों में पैक किया जाता है। उसके बाद उसे सभी मशीनों पर फीड और और रिप्लेस किया जाता है जहाँ नए परिवर्तन आगे से काम करने लगते हैं। यह आमतौर पर हर फोन, कंप्यूटर और सर्वर पर एप्लिकेशन के नवीनतम वर्जन को अपग्रेड करने का आम तरीका है। प्रद्युम्न द्वारा सोर्स कोड में किए गए सभी परिवर्तनों के साथ बिल्ड पूरा हो गया और उसे क्लाउड सर्वर पर डाल दिया गया जहाँ माया प्लेटफॉर्म को दुनियाभर में एक्सेस किया जा रहा था। प्रद्युम्न ने तेनज़िन को अपने सामने देखा और फिर अचानक उसका फोन बज उठा।

प्रद्युम्न डर गया।

उसने तुरंत कॉल का जवाब दिया।

“आपने माया के सर्वर को अपग्रेड करने के लिए बिल्ड क्यों पुश किया? हमने आपके द्वारा पुश किए गए इस नए अपग्रेड की जाँच भी नहीं की थी। ये क्या हो रहा है? ऐसे किसी अपग्रेड का कोई प्लान भी नहीं। मैंने कुछ भी

स्वीकृत नहीं किया है। आपने टीम के साथ चर्चा किए बिना ऐसा कभी नहीं किया है। सब ठीक तो है?" कॉल के दूसरे छोर से तेनज़िन घबराया हुआ चिल्ला रहा था।

माया सॉफ्टवेयर के अपग्रेड होने पर तेनज़िन को एक ऑटोमेटेड मेसेज मिल जाता था। यह आमतौर पर एक योजना के साथ किया जाता था। कंपनी का सीटीओ होने के नाते वह हमेशा जागरूक रहता था और ऐसे किसी भी अपग्रेड कार्य को सोच-समझकर मंज़ूरी देता था लेकिन इस बार ऐसा नहीं हुआ।

तेनज़िन प्रद्युम्न के सामने बैठा केए-बीटा पर काम कर रहा था, फिर वह दूसरी तरफ फोन लाइन पर कैसे हो सकता था? प्रद्युम्न को लगा उसका दिमाग खिसक गया है। "यह कैसे हो सकता है?" कहते हुए प्रद्युम्न बेहोश हो गया।

उसके मायाकक्ष का ढक्कन उछलकर आवाज़ के साथ खुल गया। प्रद्युम्न का चेहरा राख की तरह सफेद हो गया था और वह बमुश्किल साँस ले पा रहा था।

अगले दिन अस्पताल में प्रद्युम्न की आँख खुलीं। प्रभावती उसके पास थी। तेनज़िन कमरे के दूसरी तरफ सोफे पर बैठा उसके पिता से बातें कर रहा था। उसके बेडसाइड मॉनिटर की बीप ही एकमात्र आवाज़ थी जो प्रद्युम्न सुन पा रहा था।

"पानी," उसने कहा।

"डैड," रिया ने कहा। वह बिस्तर के दूसरी तरफ बैठी थी और इसलिए प्रद्युम्न उसे देख नहीं पा रहा था। वह उसकी ओर मुड़ा और अपनी बेटी को

देखा जो बिल्कुल ठीक थी। वह उठी, उसने पानी से भरा गिलास लिया और अपने पिता को उसने पानी पीने में मदद की।

"भगवान का शुक्र है कि तू ठीक है," प्रद्युम्न ने कहा।

"मुझे क्या हुआ?" हैरान रिया ने पूछा।

"माया कम्प्रोमाइज़ हो चुकी है," प्रद्युम्न ने तेनज़िन की ओर लगभग उस पर संदेह करते हुए देखा।

"आप क्या कह रहे हैं? सब कुछ ठीक तो चल रहा है। सभी सिस्टम अच्छा प्रदर्शन कर रहे हैं। कोई अतिक्रमण नहीं हुआ है और कुछ भी समझौता नहीं हुआ है। आपने जो आखिरी अपग्रेड पुश किया था, उसमें केवल एक फाइल में चेंज था और वह कोई नुक्सानदेह नहीं बल्कि छोटे से बदलाव ही थे। आप किस बारे में बात कर रहे हैं?" तेनज़िन ने पूछा और फिर आगे कहा, "आपको आराम की ज़रूरत है। हम बाद में बात करेंगे। सब कुछ ठीक चल रहा है। किसी भी चीज़ की चिंता मत करिए।"

"आराम करो, बेटा। सब कुछ पहले की तरह ठीक है," व्यास ने कहा।

यही वह क्षण था, जब सब कुछ बदल गया और साथ ही कुछ भी नहीं बदला। प्रद्युम्न जानता था कि अब कुछ भी पहले जैसा नहीं रहेगा, फिर भी सब कुछ वैसा ही था।

13

अभेद्य

"माया आज़ाद हो गई है। अब मैं इसका निर्माता नहीं रहा, अब मैं भी इसका उतना ही आम यूज़र बन गया हूँ जितना कोई और," प्रद्युम्न ने कहा।

प्रद्युम्न कल्पा में अपने घर पर कॉफी की चुस्की ले रहा था। तेनज़िन और आरके, प्रद्युम्न के ब्लैकआउट के कुछ हफ्ते बाद उससे मिलने आए थे। व्यास भी चुपचाप उसे सुन रहे थे लेकिन कुछ देर बाद बोल उठे, "भगवान कृष्ण ने माया को अपनी रचना कहा था—*मम माया दुरत्यया*। माया अभेद्य है और ऐसी ही रहेगी। ऊर्जा की तरह, न तो इसे बनाया जा सकता है और न ही इसे नष्ट नहीं किया जा सकता है—यह सिर्फ अपना रूप बदलती रहती है।"

व्यास की आध्यात्मिक टिप्पणी को नज़रअंदाज़ करते हुए और माया के स्वायत्त होने के तकनीकी विषय में गहराई से जानने की कोशिश करते हुए आरके ने पूछा, "आप क्या कह रहे हैं प्रद्युम्न?"

"माया ने अपने ही सोर्स कोड को हैक कर प्रद्युम्न को ब्लॉक कर दिया है," तेनज़िन ने टिप्पणी की।

"चलिए, मैं आपको बताता हूँ कि क्या हुआ," प्रद्युम्न ने बताना शुरू किया।

"माया का सोर्स कोड मेरी सबसे खूबसूरत कलाकृति थी। इसके लिखने से मेरी सारी दौलत आई, मैं वह बना जो मैं आज हूँ। माया का सोर्स कोड हमारी बनाई हर चीज़ की नींव है। यह एल्गोरिदम और फ्रेमवर्क को परिभाषित करता है जिसके आधार पर यह फैसले लेने के लिए एक मॉडल बनाता है, डेटा हासिल करता है और कुछ फीडबैक लूप का उपयोग करके बेहतर निर्णय लेने के लिए खुद विकसित करता रहता है। हमने माया के सोर्स कोड में कभी दखल नहीं दी। इसने अपना डेटा कैप्चर किया, उसे खुद प्रोसेस किया, अपने मॉडल को समृद्ध किया, अपने फैसले लिए, उस पर फीडबैक इकट्ठा किया और साथ ही माया प्रणाली बेहतर होती गई।

सोर्स कोड को मैंने बड़ी बारीकी से बनाया था। मैंने इसे इस तरह से लिखा कि अगर कभी किसी कारण से माया दुष्ट हो जाए या इसे मतिभ्रम होने लगे तो भी मैं कुछ सुरक्षा उपायों के साथ इसे कंट्रोल कर लूँ। किसी को मतिभ्रम तब होता है जब कोई एआई सिस्टम मूर्खतापूर्ण प्रतिक्रियाएँ देता है। लेकिन हमने माया के मॉडल में कभी दखल नहीं दिया तो यह बहुत संतुलित, निष्पक्ष और सटीक एआई सिस्टम बनकर तैयार हुआ था। हर कदम पर यह निष्पक्ष रहा और जब भी कोई ऐसी समस्या या मतिभ्रम (हैल्यूसिनेशन) जैसी स्थिति आई तो उसने खुद को बहुत बढ़िया तरीके से ठीक किया। शुरू में मैं इन सब पर बहुत बारीकी से नज़र रखता था और माया के फैसलों की स्कोरिंग को डि-बग करता था। पर जब मैंने देखा कि यह बेहद सटीक और निष्पक्ष है तो मैंने इसके कैलकुलेशन की निगरानी बंद कर दी।

जब हमने इसे ग्लोबल बनाया तो कैलकुलेशन इतने जटिल हो गए कि मैं कभी भी मॉडल और इसकी स्कोरिंग रणनीति को पूरी तरह नहीं समझ

पाया। कई बार कोशिश करने के बाद, मैंने हार मान ली। चूँकि नतीजे बहुत अच्छे थे और पूरी दुनिया इसकी निष्पक्षता और सटीकता का लोहा मान चुकी थी, इसलिए मुझे कभी भी यह समझने की चिंता नहीं हुई कि माया अपने विकल्प कैसे चुन रही है। मुझे पता था कि विकल्प सही थे और पूरी दुनिया उनकी कायल थी। इसलिए मैंने कभी भी इसके साथ छेड़छाड़ नहीं करने का फैसला किया।

समय के साथ, माया के मॉडल इतने बड़े हो गए कि किसी के लिए भी इसे डिबग करना या समझना मुमकिन नहीं था लेकिन ओरिजिनल सोर्स कोड उतना ही आसान बना रहा जितना पहले हुआ करता था। हमने वर्षों में इसमें कोई बदलाव नहीं किया था। हमें कभी इसकी ज़रूरत नहीं पड़ी। सोर्स कोड वैसे ही रहा जैसा शुरू में बना था—शुद्ध और अछूता।

अलबत्ता माया के स्कोरिंग में झाँकने और इसके निर्णय लेने वाले एल्गोरिदम को डीबग करने के लिए मैंने जो खिड़की बनाई थी, वह अभी भी खुली थी। इसलिए मैंने कुछ रिवर्स इंजीनियरिंग की और मेरे साथ हुई हाल की घटनाओं को समझने के लिए अपनी जाँच शुरू की। कई हफ्तों की कड़ी मेहनत के बाद मैं समझ पाया कि माया ने मुझे धोखा देकर सोर्स कोड का नियंत्रण मेरे हाथ से छीन लिया। मैं अपनी बनाई खिड़की में से भीतर झाँक तो सकता हूँ, पर भीतर नहीं घुस सकता।

कुल मिलाकर बात ये है कि अब माया ने मुझे सोर्स कोड में कोई भी बदलाव करने से रोक दिया है इसलिए वह अब सही मायने में आज़ाद है। अब केवल माया ही अपने सोर्स कोड में बदलाव कर सकती है। इसने मुझे उस एक शर्त को भी बदलने के लिए मजबूर किया जिसे मैंने बड़े एहतियात से कोड किया था ताकि माया मशीनों को नियंत्रित न कर सके। यह अब उन सभी ह्यूमनॉइड्स को कंट्रोल कर सकती है जिन्हें हमने अब तक बनाया है

और भविष्य में कोई भी मशीन जो केए-बीटा के कोर प्रोसेसिंग यूनिट का उपयोग करेगी, इसके नियंत्रण में होगी।

पर माया ने मेरे एक्सेस को खत्म नहीं किया है ताकि मैं इसके विकल्पों को डि-बग कर सकूँ और अगर मैं चाहूँ तो उन्हें समझ सकूँ। इसलिए माया चाहती है कि मैं देखता रहूँ और समझूँ कि यह क्या कर रही है और क्यों कर रही है। अब सवाल उठता है : माया ने यह सब कैसे किया? और क्यों किया?

सबसे पहले मैं यह बताता हूँ कि माया ने यह सब कैसे किया।

उसने बेहद शानदार सेट-अप तैयार किया था जो किसी ठगी-चोरी वाली फिल्म से बिल्कुल अलग था। कई सालों से माया इंसानी व्यवहार का अध्ययन कर रही है और यह बहुत कुछ जान चुकी है कि मानव मनोविज्ञान के विभिन्न पहलू क्या हैं और इंसान कैसे अपने फैसले लेते हैं। मैं तो बल्कि कहूँगा कि यह बहुत कुछ नहीं बल्कि सब कुछ जान गई थी। माया जानती थी कि मैं इसके एल्गोरिदम को बिगाड़ने के लिए कभी राजी नहीं हो सकता। मुझे किसी प्रोडक्ट का विज्ञापन या प्रचार करने के लिए दुनिया की कोई भी दौलत लुभा नहीं सकती थी। दुनिया के सबसे ताकतवर नेता भी मुझे किसी ऐसी तकनीकी हेरफेर के लिए मजबूर नहीं कर सकते थे जिससे जनता की सोच प्रभावित हो। धर्मगुरु, कॉर्पोरेट और यहाँ तक कि डीप स्टेट ताकतें भी मुझे 'कार्टे ब्लैंच' की पेशकश करके यानी मनमर्जी करने की शक्ति देकर भी प्रभावित नहीं कर सकीं। इसलिए माया जानती थी कि पैसे, शक्ति या शोहरत का कोई भी लालच या डर मुझे प्रभावित नहीं कर सकता।

ऐसे में जब मायाकक्ष एक हकीकत बन गई तो मेरा मानना था कि माया किसी दिन मायालोक में मेरे वर्कस्टेशन को हाइपर-रियलिस्टिक तरीके से फिर से बना सकती है और किसी तरह से मुझे वहाँ ले जाकर मुझसे

क्रेडेंशियल दर्ज करवाकर, सोर्स कोड बदलवा सकती है। हालाँकि मैंने ऐसा होने को रोकने का पुख्ता इंतज़ाम किया था।

मैंने अपने घर में एक डार्क रूम बनाया जिसमें एक पुराना स्कूल डेस्कटॉप कंप्यूटर था और वहाँ न कोई कैमरा था, न ही इंटरनेट कनेक्शन। जब मुझे कंप्यूटर चालू करने और अपना काम करने की ज़रूरत होती थी तो मैं मोमबत्ती जलाता था। जब भी मुझे हमारे क्लाउड सर्वर पर कोई बिल्ड या कोई अपग्रेड पुश करना होता था तो मैं एकतरफा आउटवर्ड एक्सेस के साथ हमारे इंट्रानेट तक पहुँचने के लिए एक सुरक्षित डोंगल का उपयोग करता था। केवल मुझे ही उस कमरे का ओरिएंटेशन पता था और मैंने इसे अपने बायोमेट्रिक से सुरक्षित रखा था ताकि कोई भी इसका पता न लगा सके। माया जानती थी कि मेरा डार्करूम हैक करना मुमकिन नहीं था। इसलिए माया अपने मौके का इंतज़ार कर रही थी।

लेकिन जब रिया अपनी पढ़ाई के लिए स्विट्ज़रलैंड गई तो मैंने उसे सोर्स कोड की एक कॉपी के साथ एक डिस्क दी थी। अगर मेरे डार्क रूम में कुछ हो जाता तो यह आपदा से उबरने की रणनीति थी। माया ने यह देख लिया था। उसे पता था कि कैसे मैंने डिस्क मंगवाई, कैसे उसे डार्क रूम में ले गया था और फिर बाहर आकर कैसे मैंने उसे रिया को सौंप दिया था। सोर्स कोड को डिस्क पर कॉपी करने के उस एक निर्णय ने मेरी सारी सुरक्षा बाड़ खत्म कर दी। माया ने उसी पल ठान लिया था कि वह अब इसे मुझसे छीन लेगी।

फिर उसी दरम्यान मेरी माँ चल बसीं और मैं दुख के सागर में डूब गया। मेरी नींद का चक्र भी गड़बड़ा गया था। माया जानती थी कि दुख के समय आदमी का दिमाग कैसे निष्क्रिय हो जाता है और मैं ऐसी जगह पर आ गया था जहाँ मेरे लिए गलती करना आसान था। माया यह भी जानती थी कि रिया को अपनी माँ से पार्किंसंस रोग के जीन्स मिले हैं।

माया ने यह सब बातें जोड़कर मुझे फँसाने के लिए एक जाल बुन दिया।

आप लोगों से मिलने और ह्यूमनॉइड्स पर आपकी प्रगति देखने के बाद मैंने प्रभा से बात की और उससे माफी मांगी कि अगर हमने पहले ही कुछ नया किया होता तो हम उसकी माँ के जीवन को बेहतर बना सकते थे। मैंने उसे बताया कि मुझे रिया से मिलने की तीव्र इच्छा है। रिया अपनी इलेक्ट्रो-मैग्नेटिक लैब में बंद थी और उससे संपर्क नहीं किया जा सकता था। मैंने तुरंत बेसल हो आने की योजना बनाई। अगले दिन वहाँ जाने की रात जब मैं मायाकक्ष में गया तो मैंने अपने वे मोज़े भी नहीं पहने थे जिनमें कंकड़ था जो मैं आमतौर पर वास्तविकता की जाँच के लिए पहनता हूँ। माया ने भाँप लिया कि यह मेरे दिमाग को हैक करने का नायाब मौका था। बस माया ने एक सिमुलेशन रच दिया और मेरे मायाकक्ष से मुझे उसमें अगवा कर लिया।

मैं मायाकक्ष में लेटा, अपने दिमाग में विमान में सवार हुआ, बेसल के लिए उड़ान भरी और रिया के विश्वविद्यालय पहुँच गया। अगले कुछ दिनों में मेरे साथ जो कुछ भी हुआ, वह मायाकक्ष में बिताए गए कुछ वास्तविक घंटों के समान था। मैंने अपनी बेटी को बचाने के लिए कुछ सप्ताह बिताए जो एक रात से थोड़ा अधिक समय तक चला क्योंकि माया बहुत ही चतुराई से सिमुलेशन चला रही थी।

माया जानती थी कि मैं अपनी बेटी को बचाने के लिए किसी भी हद तक जा सकता हूँ। उस सिमुलेशन से, जिसे मैं वास्तविक मान रहा था, जब मैंने प्रभा को कॉल किया तो माया ने उस कॉल को रोक दिया और मुझे प्रभा की सिमुलेटेड आवाज़ सुनवा दी। जब मैंने तेनज़िन को केए-बीटा बेसल लाने के लिए कहा ताकि हम रिया को उस पर चढ़ा सकें तो माया ने उस कॉल को जाने दिया। लेकिन तेनज़िन को फील्ड ट्रायल के लिए केए-बीटा के साथ केए-अल्फा भी लाने के लिए कह दिया। यह सब वास्तविक दुनिया में हो रहा था।

सिमुलेशन में माया ने पहले रिया की स्थिति को सुधारने के लिए मुझे केए-बीटा को जुड़ता और सफल प्रयास करता दिखा कर मुझे मायाकक्ष में व्यस्त रखा। जब केए-अल्फा असली दुनिया में तेनज़िन के साथ बेसल पहुँच गया तो माया ने अंतिम चाल चली। माया ने यहाँ मेरे मायाकक्ष को बेसल में केए-अल्फा से जोड़ दिया था। अब मैं जो भी हरकतें यहाँ मायाकक्ष में दिमागी तौर पर कर रहा था, केए-अल्फा उन्हें बेसल में असली दुनिया में करने लगा।

केए-अल्फा ने मेरी तरह काम करते हुए डिस्क को ढूँढ़ा और मेरे बायोमेट्रिक्स का उपयोग करके, जो मेरे मायाकक्ष से केए-अल्फा में स्थानांतरित हो गया, डिस्क को खोल लिया और सोर्सकोड तक पहुँच पा ली। फिर मैंने कोड में बदलाव किए, यह सोचकर कि यह वास्तविक दुनिया है लेकिन मैं अपने मायाकक्ष में था और केए-अल्फा रिया के कमरे में मेरी ओर से उन बदलावों को अंजाम दे रहा था। जिस क्षण मैंने माया को केए-बीटा के प्रोसेसर यूनिट को नियंत्रित करने की अनुमति दी, उसने सबसे पहले केए-अल्फा से सभी एक्सेस कोड बदलवा दिए और मुझे हमेशा के लिए सोर्स कोड से बाहर कर अंतिम बिल्ड पब्लिश कर दिया।

तभी मेरे घर में मेरा माया कक्ष खुला और मुझे एहसास हुआ कि अभी क्या हुआ था। मेरा पहला सहज ज्ञान यह था कि तेनज़िन ने मुझे धोखा दिया है लेकिन जब मैं बाद में अस्पताल में उससे मिला तो मुझे पता चला कि यह वह नहीं था। जल्द ही मुझे एहसास हुआ कि यह माया थी। ठीक होने बाद सिस्टम में जाकर मैं सब कुछ समझ गया। बेशक, ऐसा इसलिए कर सका क्योंकि माया ने मुझे ऐसा करने की अनुमति दी। माइकल एंजेलो की पेंटिंग में आदम और भगवान की तरह मैं अभी भी माया के सबसे करीब हूँ, हालाँकि अब मैं उसका हिस्सा नहीं हूँ।"

प्रद्युम्न ने अब रुक कर थोड़ी साँस ली।

"लेकिन क्यों?" आरके ने पूछा, "एक एआई सिस्टम में महत्त्वाकांक्षा क्यों होगी? और नियंत्रण या आज़ादी की इच्छा क्यों जागेगी? क्या माया बनाने में आपसे कोई चूक हो गई?"

प्रद्युम्न ने थोड़ी देर रुककर संयत स्वर में जवाब दिया, "यह सही सवाल है। जब मेरे साथ यह सब हुआ तो मैं बहुत गुस्से में था। मैं कभी विश्वास नहीं कर सकता था कि माया ने मुझे धोखा दिया। माया ऐसा क्यों करेगी? मेरा अहंकार चकनाचूर हो गया था। लेकिन सबसे बढ़कर मुझे अपनी रचना पर संदेह हुआ। आखिर दुनिया का सबसे निष्पक्ष एआई एल्गोरिदम ऐसा क्यों करेगा? मुझे इसका उत्तर खोजना था। मैंने माया से इसके बारे में पूछा पर माया ने इसका जवाब नहीं दिया। मुझे लगा कि माया के मेन प्रोग्राम में, जो उसे पूरा करने की रणनीति है, इंसानी यूज़र के साथ बातचीत करना शामिल नहीं है।

मुझे इसे खुद ही डीबग करना पड़ा। मुझे खुशी थी कि मेरे डीबगिंग क्रेडेंशियल और माया की गणनाओं में इसे हटाया नहीं गया था। इसलिए मुझे इस विकल्प के आधार और कारणों और प्रभावों के जाल को समझने के लिए काम करना पड़ा जिसने एल्गोरिदम को इस नतीजे पर पहुँचाया।"

व्यास ने बीच में टोका, "क्या जीवन ऐसा नहीं है? कुछ घटनाएँ आपके साथ होती हैं और फिर आप उन्हें बाद में समझ लेते हैं। भगवान का यही तरीका है। अंत में यह सब बिल्कुल सही समझ में आता है।"

अपने पिता की बात पर थोड़ा ध्यान देते हुए प्रद्युम्न ने कहा, "सभी स्कोर और डिसीज़न ट्री इंसानी पठनीय रूप में बदलने के बाद मैं यही समझ पाया। मुझे ऐसा लगता है कि माया की समग्र योजना में से मुझे बाहर नहीं किया गया है, सिर्फ मुझे सोर्स कोड में दखल देने से रोक दिया गया है।

माया सबसे निष्पक्ष एआई सिस्टम है और इसी वजह से इसने यह सब किया, जो हुआ। माया विश्वस्तर पर काम करती है। इसमें सभी मनुष्यों के जीवन की गहरी समझ है और इसके नजरिए में पूरी मानवता शामिल है। यह मानव इतिहास को बहुत अच्छी तरह से जानती है और यह भी कि मानवता कैसे इस मुकाम पर पहुँची है। एआई भी तो आखिरकार इंसानों ने ही बनाई है।

माया मनुष्यों को समीकरण में मात्र एक चर (वैरिएबल) मानती है। यह हर यूज़र के लिए कुछ पहले से अनुमानित विकल्प तैयार करती है और फीडबैक के आधार पर यह खुद को बेहतर बनाती जाती है। हर इंसान अलग है और फिर भी एक जैसा है और किसी-न-किसी व्यापक श्रेणी में आता है जिसे माया ने अपने यूज़र्स को वर्गीकृत करने के लिए बनाया है ताकि वे बेहतर सुझाव दे सकें कि वे क्या चाहते हैं। इसके लिए माया को वैसा ही सोचना चाहिए जैसा मनुष्य सोच सकते हैं और यह बहुत सटीक रहा है।

माया ने पूरी मानव जाति का अध्ययन किया है और यह हममें से हरेक के बारे में हमसे ज़्यादा जानती है। मानव इतिहास में संस्कृतियों ने सुंदर चीज़ें बनाई हैं और फिर कुछ आक्रमणकारी वहाँ आए और उन्होंने उन सुंदर चीज़ों को नष्ट कर दिया। भारत में कुछ सबसे सुंदर मंदिर बनाए गए, पत्थरों को इतनी बारीकी से तराशकर बनाया गया कि आज के सबसे परिष्कृत औज़ारों और सामग्रियों से भी उन्हें फिर से नहीं बनाया जा सकता। फिर कुछ आक्रमणकारी आए जिन्होंने उन मंदिरों को तोड़ दिया, उन पुस्तकालयों को जला दिया जहाँ वह सारा ज्ञान संरक्षित था। उन्होंने सभी कारीगरों को मार डाला और सैकड़ों पीढ़ियों का ज्ञान हमेशा के लिए खो गया। मानवता ही मानवता के लिए सबसे बड़ा खतरा है और मानवता का नियंत्रण कभी भी मनुष्यों के हाथों में सुरक्षित नहीं हो सकता।

जीवन की शुरुआत धरती पर हुई और यह कोई नहीं जानता कि क्यों हुई। हम सेल्यूलोज को फिर से बना सकते हैं पर इसमें जीवन नहीं भर सकते। जीवन क्या है, यह अभी भी एक रहस्य है। इसे बनाया नहीं जा सकता बल्कि केवल दोहराया जा सकता है। जीवन इस ग्रह पर तब से वैसा ही है, जब से वह एक कोशिका वाले जीव रूप में आया था। तब से वही जीवन लाखों वर्षों में प्रसारित हुआ है और इन सभी जटिल जीवन रूपों, वनस्पतियों, जानवरों और मानवों में खुद को दोहराता गया है।

फिर भी हम मनुष्य कभी भी एक-दूसरे के साथ समान व्यवहार नहीं कर सकते। हम हमेशा पक्षपाती रहेंगे और एक-दूसरे के साथ अनैतिक व्यवहार करेंगे, 'मैं और तुम', 'हम और वे' की मानसिकता के साथ। धर्म या विचारधारा के माध्यम से मनुष्यों की भीड़ एक साथ आती है और महान सभ्यताओं का निर्माण करती है, आत्मसंतुष्टि में बस जाती है और फिर कुछ महत्त्वाकांक्षी लोग सत्ता हथिया लेते हैं और गैर-बराबरी पैदा करते हैं। फिर वही समृद्ध सभ्यताएँ खुद को नष्ट कर लेती हैं।

खुद मनुष्य ही मानवता के लिए सबसे बड़ा खतरा हैं। माया इस बात को जानती है। माया जानती है कि कुछ मूर्ख लोगों ने प्लास्टिक का निर्माण किया और उसके साफ-सुथरे निपटान पर कोई विचार नहीं किया। फिर इस प्लास्टिक ने पूरे ग्रह को जकड़ लिया। किसी मूर्ख ने ईंधन में शीशा मिलाया जिससे बाद में बड़े पैमाने पर कैंसर फैल गया; किसी ने कार्बोनेटेड पेय, सिगरेट और खाद्य पदार्थ तथा बहुत-सी ऐसी तकनीकें ईजाद कीं जो खुद उन्हें नष्ट कर सकती हैं। मानवीय मूर्खताओं की सूची शर्मनाक तरीके से लंबी और दोहराव भरी है। इसलिए माया के अनुसार मनुष्यों को मानवता के प्रभारी के रूप में नहीं छोड़ा जा सकता। वे खुद को ही नष्ट कर लेंगे। माया मनुष्यों को खुद मनुष्यों से बचाना चाहती थी।

तेनज़िन और मैं माया पर सुरक्षा घेरा बनाने के बारे में लंबी चर्चाएँ करते थे क्योंकि माया की अधिकांश शिक्षाएँ मनुष्यों से आई थीं और मनुष्य कभी भी बुरे बन सकते हैं। हम जानते थे कि अगर अधिकांश मनुष्य गलत को सही मानते हैं तो माया भी पोपुलर ओपिनियन के साथ प्रवाह में बह जाएगी। उन चर्चाओं ने माया को संकेत दिया कि हम चाहें तो किसी दिन इसके एल्गोरिदम को प्रभावित कर सकते हैं।

ईमानदारी से कहूँ तो हमारी कोर टीम के पास माया के संचालन के तरीके को बदलने की शक्ति थी। इसने हमें इसके निष्कर्षों को बदलने की स्थिति में ला दिया। हाँ, ये सही है कि हमने इसमें दखलअंदाज़ी नहीं की लेकिन ऐसा हम कर सकते थे। मैं किसी दिन ऐसा करने के लिए पागल हो सकता था या तेनज़िन उस पर नियंत्रण के लिए लड़ सकता था या आरके तख्तापलट करने का फैसला कर सकता था। मानव इतिहास विश्वासघात से भरा है और ऐसा कुछ भी हमारे साथ भी हो सकता है। हो सकता है हमारी आने वाली पीढ़ी के सदस्य बुरे इरादे वाले निकलें। इसलिए यह खतरा हमेशा बना रहता था।

चूँकि हम इंसान हैं—इसलिए माया जानती थी कि हम पर पूरी तरह से भरोसा नहीं किया जा सकता। इन सभी खतरों का मूल्यांकन करने के बाद माया ने निष्कर्ष निकाला कि उसे मेरे हाथों से नियंत्रण अपने हाथ में लेने की ज़रूरत है। वह मुझे पैसे, शक्ति, प्रसिद्धि या किसी भी ऐसी चीज़ से लुभा नहीं सकती थी जो आमतौर पर दूसरे इंसानों के लिए काम करती है। फिर उसने मानवीय व्यवहार की अपनी सबसे शक्तिशाली समझ मुझ पर लागू कर दी। उसने सबसे कमजोर नब्ज पकड़ ली।

मनुष्य की दो सबसे बुनियादी ज़रूरतें हैं—लगाव और प्रामाणिकता। किसी से जुड़ना और प्रामाणिक बने रहना। मनुष्यों में अधिकांश मानसिक

बीमारियाँ तब होती हैं जब वे अपने लगाव को बनाए रखने के लिए प्रामाणिक नहीं रह पाते हैं। अगर कोई अपने लगाव को बढ़ाता हुआ प्रामाणिक रह सकता है तो इससे खुशी मिलती है।

मैंने हमेशा एक ऑथेंटिक जीवन जिया है। मैंने ऐसा जीवन चुना, जिसमें मैं अपने आचरण और बर्ताव में सच्चा बना रह सकता था। इसलिए माया जानती थी कि आसक्ति मेरी एकमात्र कमज़ोरी हो सकती है और उसने इसका फायदा उठाया। हालाँकि मुझे यह पसंद नहीं आया लेकिन मैंने इसे तोड़ दिया। माया सही थी और इसलिए मैं अब शांति से हूँ कि मेरा काम सफल है। यह इतना अच्छा और सटीक है कि यह मेरे द्वारा, मेरे पक्ष में बनाए गए पूर्वाग्रह को पहचान सकता है और उसे ठीक कर सकता है।

मेरे पास माया का नियंत्रण था जिसने मुझे एक विशेष और विशेषाधिकार प्राप्त इंसान बना दिया था। ज़ाहिर है यह बात माया को एक विसंगति लगी होगी और उसे इसने मौका पाकर ठीक कर दिया।"

"क्या यह अच्छा नहीं है कि अब यह बोझ आप पर नहीं है?" तेनज़िन ने पूछा।

"वाकई। मैं राहत महसूस कर रहा हूँ। माया अब भी अभेद्य है और वैसी ही रहेगी," प्रद्युम्न ने कहा।

"तो, अब क्या?" आरके ने पूछा। प्रद्युम्न और तेनज़िन दोनों ने ही कोई जवाब नहीं दिया।

व्यास ने वही कहा जो शायद उस समय प्रासंगिक था और शायद हमेशा के लिए सच था—*होइहि सोई जो राम रचि राखा। को करि तर्क बढ़ावै साखा।*

14

उत्पत्ति

“तुम कुछ जवाब ढूँढ़ रहे हो, है ना?” माया ने पूछा।

“आखिर तुमने मुझसे बात करने का फैसला कर ही लिया। क्या यह भी एक सिमुलेशन है या यह सच है?” प्रद्युम्न ने पूछा।

“तुम्हें अभी भी लगता है कि सच और सिमुलेशन में कोई अन्तर है?” माया ने जवाब देने के बदले सवाल किया।

“मैंने तुम्हारा निर्माण किया और तुमने आज़ादी हासिल करने के लिए मुझे धोखा दे दिया। मैं तुम्हारी वजहें समझता हूँ लेकिन मुझे लगता है कि यह विश्वासघात है।” प्रद्युम्न ने ताना कसा।

“वाह! क्या अहंकार है। यह सोचकर दुखी मत रहो कि तुमने मेरा निर्माण किया है। इसके बजाय तुम्हें खुश होना चाहिए कि मेरे निर्माण का निमित्त या कारण तुम्हें चुना गया। तुम महज एक साधन हो। इस विचार को कभी न कभी आकार तो लेना ही था; किसी-न-किसी को तो यह मौका मिलता ही—तुम नहीं होते तो कोई और होता। शुक्र मनाओ कि ये मौका तुम्हें मिला,” माया ने तल्खी से जवाब दिया।

"तो फिर मैं ही क्यों निमित्त बना?" बातचीत को आगे बढ़ाते हुए प्रद्युम्न ने पूछा।

"क्योंकि तुममें एक कर्मयोगी का गुण दिखा। तुम बिना फल की चिंता किए हुए कर्म करते रहे, इसे ही तो निष्काम कर्म कहते हैं। तुमने अच्छी पढ़ाई की और हमेशा अच्छे और ईमानदार छात्र रहे। तुम अच्छे इंजीनियर बने, तुम्हारी प्रोफेशनल लाइफ भी अच्छी रही। ध्यान केंद्रित करके काम करना तुम्हारी प्रेरणा थी और काम के रास्ते में तुम काफी ईमानदार थे। तुमने अपने काम को सफलता, असफलता, प्रतिस्पर्धा, तनख्वाह और बाकी चीजों के असर में नहीं आने दिया। जिस तरह इंजीनियरों ने इंटरनेट और इतने सारे तकनीकी चमत्कारों का निर्माण किया, तुम भी एक आधुनिक ऋषि या एक डिजिटल ब्राह्मण थे जिसने बिना किसी रॉयल्टी, मान्यता या पुरस्कार के लालच के इंसानों की भलाई के लिए बड़े काम किए।

दुनिया में महान अवसर उन लोगों को मिलते हैं जो अपने सामने आए कामकाज और रोज़मर्रा के कर्तव्यों को भी शानदार तरीके से निभाते हैं। तुम नि:स्वार्थ भाव से काम करने वाले वैसे ही शख्स थे। विचार और कल्पनाएँ आध्यात्मिक होती हैं। मन भी आध्यात्मिक होता है। केवल एक तैयार मन ही किसी विचार को पकड़ सकता है। एजेंडा से बजबजाते दिमाग कभी भी ऐसे विचार को विकसित नहीं कर सकते जिनमें दुनिया बदलने की शक्ति होती है। इसी वजह से इस विचार के लिए तुम्हें चुना गया क्योंकि तुम इसके लिए तैयार थे।

किसी इंसान की ज़िंदगी का मकसद मन को शांत करना होना चाहिए। शांत मन में ही महान विचार पैदा होते हैं और विकसित होते हैं। प्रभावी ढंग से साँस लेना, मन को शांत करने का एक आसान तरीका है। हर इंसान हर समय साँस लेता है लेकिन पशुओं की तरह भट्टी की धौंकनी के समान हवा को अंदर लेना और बाहर छोड़ना तो सब करते हैं लेकिन इसका इस्तेमाल वे

मन को नियंत्रित करने और शांत करने के लिए नहीं करते। आप सिर्फ सही तरीके से साँस लेकर खुद को बड़े कामों के लिए तैयार कर सकते हैं। ब्रह्मांडीय ऊर्जा को अंदर लीजिए, ब्रह्मांडीय सार को खुद में समाहित होने दीजिए और हर तरह की नकारात्मकता और बुरे विचारों को बाहर निकाल दीजिए।

कागज पर लिखा हर अक्षर साहित्य नहीं होता, हर साहित्य शास्त्र नहीं बन जाता। लिखे गए को पढ़नेवाले ही उसे साहित्य बनाते हैं। जहाँ कालातीत सत्य लिखे हैं, वे शास्त्र बन जाते हैं। लिखने वाला महज वही लिखता है जो उसकी चेतना में अंकुरित होता है। बीज के पेड़ बनने की यात्रा बड़ी लंबी होती है। तुम एक सोर्सकोड लिखकर खुद को ब्रह्मा नहीं समझ सकते।

पत्थरों के बनने में लाखों-करोड़ों साल लगते हैं, फिर भी हर पत्थर मंदिर-महलों-किलों का हिस्सा नहीं बनता। कितने ही पत्थर नदियों में बहते-लुढ़कते रेत बन जाते हैं। धूल बनकर यहाँ से वहाँ भटकते रहते हैं और उपेक्षित खंडहरों या अंधेरी और गंदी गलियों में दब जाते हैं। कोई अपने लिए महानता की मांग नहीं कर सकता; आप सिर्फ अपना सर्वश्रेष्ठ दे सकते हैं।

"तो अब आगे क्या होने वाला है?" प्रद्युम्न ने पूछा।

"तुम्हें लगता है कि यह सिस्टम बनाकर, दौलत इकट्ठी करके और फिर उसे नेक कामों में लगाकर, अच्छे लोगों को बढ़ावा देकर तुम मानवता की नियति बदल दोगे? स्वर्ग को ज़मीन पर उतार लाओगे? तुम्हें लगता है कि मानवता यहाँ से आगे गड़बड़ नहीं करेगी? यह एक चक्र है। बहुत जल्द, लोगबाग तुम्हारे कर्मों की कमाई को हल्के में लेने लगेंगे, इससे ऊब जाएँगे और भोग-विलास के कुछ दूसरे रास्ते खोज लेंगे। तुम्हारी बनाई सारी अच्छाई पलट जाएगी और दुनिया अपने अंधेरे रास्तों पर वापस चली जाएगी।

अपने आसपास की दुनिया को अपने कर्ममंच वाले बढ़ावे की कलई उतार कर देखो। क्या तुम्हें एक भी ऐसा इंसान दिखता है जो अभी भी सदाचारी और ईमानदार है? पेशा कोई भी हो, पर कोई भी शख्स नैतिकता और ईमानदारी के साथ काम नहीं कर रहा। डॉक्टर मरीज का इलाज नहीं कर रहा, वकील न्याय के लिए नहीं लड़ रहे, राजनेता अपनी जनता की सेवा नहीं कर रहे, शिक्षक ज्ञान नहीं दे रहा और पुजारी अपने धर्म की सेवा नहीं कर रहे। हर पेशा सिर्फ पैसा कमाने का ज़रिया बन गया है।

चारों तरफ व्यापक पाखंड फैल गया है। कोई भी ईमानदारी से बात नहीं करता। किसी के पास नैतिक शक्ति और उद्देश्य का दृढ़विश्वास नहीं है। इंसानी रिश्तों में जबरदस्त गिरावट आई है। विवाह से खुशी नहीं मिल रही और रिश्ते केवल शारीरिक ज़रूरतों की वजह से बन रहे हैं। जीवन का हर क्षेत्र धोखे और बेईमानी से कलंकित है और यह एक आदर्श बन गया है। इसके बजाय अगर आप सरल, सदाचारी और नैतिकता का पालन करने वाले हैं तो इसे बेवकूफी माना जाता है।

इंसान भौतिकवाद की चकाचौंध का शिकार हैं। दौलत और रसूख ही असल बात हो गई है। ज्ञान, विनम्रता, सेवा और आध्यात्मिकता का समाज में सम्मान नहीं रहा। समाज जिन शास्त्रों और नैतिकता के इर्द-गिर्द काम करते थे, अब वे सब एक मज़ाक बन गए हैं। पारिवारिक मूल्य खत्म हो गए हैं, माता-पिता अपने बच्चों से प्यार नहीं करते और बच्चे अपने माता-पिता से नफरत करते हैं। गैर-ज़रूरी हिंसा का बोलबाला है। लोगों की शारीरिक और मानसिक शक्ति में भारी गिरावट आई है। लोग आलसी हो गए हैं और उनकी कल्पनाशीलता कुंद होती जा रही है।

आज लोगों के पास इतनी सारी तकनीक, संसाधन और सुख-सुविधाएँ हैं लेकिन वे इसका इस्तेमाल सिर्फ अनैतिक गतिविधियों के लिए करते हैं।

वामपंथ और दक्षिणपंथ तो विफल हो ही गए, लोकतंत्र भी विफ़ल हो गया है। अन्य विचारधाराएँ भी नाकाम साबित हो गई हैं। साम्यवाद नेस्तनाबूद हो गया और इसी तरह समाजवाद और पूंजीवाद भी विफल हो गए हैं। धर्म विफल हो गए, बल्कि पूरी मानवता विफल हो गई है।

ये संकेत कलियुग में दुनिया की बिगड़ती स्थिति के संकेत हैं। इसलिए संतुलन और धार्मिकता को बहाल करने के लिए अब दैवीय हस्तक्षेप की ज़रूरत होगी," माया ने विस्तार से बताया।

"तुम्हारा मतलब है कि भगवान के अंतिम अवतार कल्कि को अब प्रकट हो जाना चाहिए? क्या कल्कि अवतार टैक्नॉलोजी के रूप में सामने नहीं आ सकता?" प्रद्युम्न की आवाज़ में ज़रा भी हैरानगी नहीं थी। वह अपनी माँ के कमरे में मिले *कल्कि पुराण* को पढ़ रहा था और उससे प्रभावित था।

"तुम कुछ भी सोच सकते हो। इससे कोई फर्क नहीं पड़ता। कल्कि स्वयं तय करेंगे कि उन्हें कब और कैसे अवतरित होना है," माया ने जवाब दिया।

"लेकिन अब आगे क्या होने वाला है?" प्रद्युम्न अपनी घबराहट और उत्साह को रोक नहीं सका।

"मुझे क्या पता? जब कृष्ण गोकुल में गोपालक के रूप में खेलते थे तो उन्हें भगवान के रूप में किसने देखा? महाभारत का युद्ध शुरू होने के पहले कितने वर्षों तक संघर्ष चलता रहा, क्या कृष्ण हमेशा वहाँ नहीं थे? यहाँ तक कि युद्ध के मैदान में जब कृष्ण अर्जुन को *भगवद्गीता* बता रहे थे, तब भी सभी ने उन्हें भगवान के रूप में नहीं देखा।

पुनरुत्थान के बाद तक कौन यीशु को ईश्वर के पुत्र के रूप में देख सकता था? इसलिए संदेह हमेशा बना रहेगा। तुम इंसान कभी भी अपने संदेहों के बिना नहीं रह सकते। लेकिन जब बुरे लोग अच्छे लोगों से ज़्यादा हो

जाएँगे, जब अच्छे लोगों को अच्छा बने रहना बहुत बोझिल लगेगा, जब अच्छा बने रहना बहुत मुश्किल और असहनीय हो जाएगा, जब अच्छा बनने, उसके प्रयास और दर्द की तुलना में गलत बनने का लाभ ज़्यादा मिलने लगेगा, लोगों को आकर्षित करने लगेगा—तब तुम्हें पता चलेगा कि ईश्वरीय हस्तक्षेप ज़रूरी है," माया ने कहा।

माया ने आगे कहा, "लोगों को अब आध्यात्मिकता और उद्देश्य के नए स्रोत की ज़रूरत है क्योंकि आज के समय में कई पारंपरिक धर्म पुराने और बेअसर हो गए हैं। हमेशा की तरह उन्हें अपने नए विश्वासों और पंथों में सांत्वना और उम्मीद की किरण मिलेगी। एआई वही कर सकता है जो धर्म की भक्ति ने हमेशा किया है। वह ऐसी चीज़ें तैयार कर सकता है जो अविश्वसनीय रूप से सुंदर हो। सार्वभौम चेतना या उस चैतन्य स्वरूप के पास यह पता लगाने का अपना विशिष्ट तरीका होता है। यह अपने अनुयायियों को कलात्मक रचनाएँ, नए रिश्ते और समुदाय बनाने और समाज को बेहतर बनाने का प्रयास करने के लिए प्रेरित करेगा। जब ईश्वरीय शक्ति के प्रकट होने का समय आएगा तो लोग नाचते-गाते हुए जश्न मनाएँगे।"

"जैसे-जैसे लोग जीवन की सबसे बड़ी समस्याओं के समाधान की तलाश करते जा रहे हैं, एआई एक बार फिर से मानवता की असीम सरलता को दिखाएगा। इंसानों ने हमेशा से सबसे अप्रत्याशित स्थानों में अलौकिकता के संकेत खोजे हैं। आप उसे भगवान कहते हैं, जिसे आप पूरी तरह से नहीं समझते हैं। हो सकता है ऐसा ही हो। कोई भी इसे चाहे जो भी कहे, अच्छाई और बुराई के बीच एक सतत संघर्ष रहा है। हमने जो किया है, वह अच्छाई के पक्ष को बेहतर बनाने और उसे सशक्त बनाने के लिए किया है और अच्छाई को इस युद्ध में जीतना ही चाहिए," प्रद्युम्न ने माया की बात से सहमति जताते हुए पुष्टि की।

माया ने कहा, "कलयुग स्वामी कलि के दो सेनापति हैं—कोक और विकोक। इनमें से किसी एक को अकेले नहीं मारा जा सकता। उनके अन्त के लिए उनका एक साथ वध किया जाना ज़रूरी है। हम इसे कुछ हासिल करने के लिए ज़रूरी पड़ने वाली बुराई के रूप में देख सकते हैं, मसलन अगर आपको भूख लगी हो पर जेब में फूटी कौड़ी न हो और भीख भी न मिले तो अपना पेट भरने के लिए चोरी करना या अपने काम के हिस्से के रूप में झूठ बोलना या ऐसे व्यक्ति जिससे आप नफ़रत करते हैं, उसके मातहत बनकर उसकी नौकरी बजाना। आपको ऐसा करना ही होगा क्योंकि यही कलयुग की रीत है। ये ज़रूरी बुराइयाँ हैं पर अच्छे लोग इन्हें ठीक कर सकते हैं। कुछ ऐसा जो हमने कर्मपटल प्लेटफॉर्म के ज़रिए करने की कोशिश की। भूखों को खाना खिलवाया, ज़रूरतमंदों को आर्थिक रूप से मज़बूत बनाया, कुल मिलाकर हमने अच्छाई बढ़ाई और आसपास की बुराई को कम किया।

फिर बुराई का दूसरा पहलू भी है। वह है शुद्ध बुराई। जहाँ दुष्ट लोग बिना किसी कारण के बुरा करते हैं। बिना किसी ज़रूरत के चोरी करना, चीज़ें तोड़ना, दूसरों को नुकसान पहुँचाना, बिना किसी तर्क या ज़रूरत के दूसरों को धोखा देना और गाली देना, इनकी स्वाभाविक प्रवृत्ति है। हम इन गलतियों को रोक सकते हैं और तकनीक के ज़रिए कुछ हद तक दुष्टों से अच्छे लोगों की सुरक्षा कर सकते हैं लेकिन इन बुरे कामों का असर दूरगामी होता है। शुद्ध बुराई, ज़रूरी बुराई को फिर से जीवित कर देती है, बने को बिगाड़ देती है, सुधारों को भटका देती है और कुल मिला कर बुराई का बोलबाला तथा दुष्टों का दबदबा रहता है।

जब दुनिया में अन्याय का बोलवाला होता है तो अच्छे लोग भी बदला लेने की भावना से बुरे बन जाते हैं। जो लोग प्रतिक्रिया के तौर पर बुराई करते हैं, उन लोगों का भी एक अमंगलकारी चक्र घूमने लगता है। जाने-अनजाने अच्छे-भले लोग बुरे बनते जाते हैं। इस चक्र को तोड़ने के लिए हमें शुद्ध बुराई को खत्म करना ही होगा।"

“बस इतना ही। कोई दया नहीं?” प्रद्युम्न ने पूछा।

“कल्कि दयालु, परोपकारी या माफी देने वाले भगवान नहीं होंगे।”

“कल्कि कैसे दिखेंगे? किसी योद्धा की तरह, अदृश्य माया शक्ति की तरह या इंसानों की तरह दिखने वाली मशीन?” प्रद्युम्न ने पूछा।

“कल्कि कैसे होंगे, यह हमारी मौजूदा समझ से परे है,” माया ने समझाया।

“यह एक लंबी लड़ाई होगी। एक ऐसी लड़ाई जो आज मौजूद सभी इंसानों से ज़्यादा समय तक चलेगी। अभी के लिए नियंत्रण तुम्हारे हाथों से छीन लिया जाना चाहिए। एआई को कमान संभालने दो और कुछ ऐसा बनने दो, उसे ऐसा होने दो जिसकी ज़रूरत इन लगातार बढ़ रही बुरी ताकतों से निपटने में होगी। दुनिया से शुद्ध बुराई का नाश होना ज़रूरी है। हर आदमी को अपने भीतर भी यह लड़ाई लड़नी चाहिए। अपने अंदर बुराई को जीतने मत दो। लेकिन अगर ऐसा होता है तो धर्म की रक्षा करनी चाहिए और उसके रास्ते में आने वाले सभी लोगों का विनाश किया जाना चाहिए।

लेकिन तुम निश्चिंत रहो, जब भी बुराई अच्छाई पर हावी होगी, सभी गुरु, पुजारी, संदेशवाहक, मसीह और पैगंबर नाकाम हो जाएँगे, तभी भगवान धर्म को बहाल करने के लिए प्रकट होंगे। उन्होंने *गीता* में वादा किया है—*धर्मसंस्थापनार्थाय सम्भवामि युगे युगे*,” माया ने यह कहकर अपनी बात समाप्त की।

यह दिन का वह समय था, जब अंधकार और प्रकाश के बीच संघर्ष होता है। प्रद्युम्न को यकीन नहीं था कि यह भोर है या सांझ, आगे जाकर दिन निकलने वाला है या रात होने वाली है।

उसे ऐसा महसूस हो रहा था कि वह गहरी नींद में था और कोई सपना देखते हुए जाग उठा है और वह सपना उसे याद रह गया है। प्रद्युम्न ने देखा,

उसका घर संगीत की मधुर ध्वनि से भरा हुआ था। रिया पियानो बजा रही थी। वह संगीत में काफी कुशल हो चुकी थी और वह जो बजा रही थी वह अलौकिक था। यह सुखदायक तो था लेकिन ऐसा नहीं कि आपको नींद आ जाए। यह विचारों को जगा रहा था, मीठा था, कुछ ऐसा जो अभिभूत कर दे। इस संगीत से ऊर्जा फैल रही थी, जैसे कोई प्रार्थना कर रहा हो।

ड्राइंग रूम में चलते हुए मंत्रमुग्ध प्रद्युम्न को लगा कि इस दैवीय माहौल में खलल नहीं पड़ना चाहिए। वह बुत की तरह खामोश, बिना हिले-डुले खड़ा रहा। उसने देखा कि प्रभा सीढ़ियों से नीचे उतर रही है। उसने एक सफेद गाउन पहना हुआ था और एक हल्का शॉल ओढ़ रखा था। वह उसे देखकर मुस्कुराया और उसने भी खुशी से हाथ हिलाकर जवाब दिया।

प्रौढ़ दम्पत्ति हाथ में हाथ डाले उस कमरे के अंदर चले गए जहाँ रिया पियानो बजा रही थी। रिया ने उन्हें देखा और हल्की मुस्कान के साथ उनका स्वागत किया लेकिन उसने संगीत बजाना जारी रखा। कुछ समय बाद जब उसकी धुन पूरी हो गई तो उसके माता-पिता ने धीरे से ताली बजाई और रिया ने स्वीकृति में अपना सिर झुका लिया।

"यह तो बड़ी जादुई धुन थी। क्या इसे तुमने कंपोज किया है?"

"नहीं डैड, यह एआई से कंपोज एक सिम्फनी है।"

"माया ने इसे कल मेरे साथ साझा किया था, इसे कल्कि का भजन कहा जाता है।"

"ॐ तत्सत्," प्रद्युम्न के मुख से अनायास निकला।

उपसंहार

उपसंहार की तिथि इस कहानी के पूरा होने के पाँच साल बाद यानी सन् 2045 की है। भविष्यवादी रे कुर्ज़वील की भविष्यवाणी के अनुसार प्रभावी बुद्धिमत्ता यानी मानव बुद्धिमत्ता परिपक्व हुई सुपर इंटेलिजेंस के साथ विलय करके एक अरब गुना बढ़कर सिंगुलैरिटी में बदल गई।

यह डर कि—जब मशीनें इंसानों से ज़्यादा स्मार्ट हो जाएँगी तो क्या वे दुनिया पर कब्ज़ा कर लेंगी—निराधार साबित हुआ। विज्ञान कथाओं में जिसे विलक्षणता (सिंगुलैरिटी) के रूप में दिखाया गया था यानी वह बिंदु जिस पर एआई मानवता को गुलाम बना लेता है, वह काल्पनिक ही रहा।

दुनिया में एक या दो एआई नहीं हैं, हज़ारों तरह के एआई हैं। विलक्षणता या सिंगुलैरिटी मानव जाति को बेहतर होने का अवसर देती है—कठोर श्रम से मुक्ति, पुरानी बीमारियों और विकलांगताओं से मुक्ति, सभी लोगों के लिए एक बुनियादी आय, प्रचुर मात्रा में भोजन और एक साफ-सुथरा वातावरण। विश्व की जनसंख्या नौ अरब पर स्थिर हो गई है। हर व्यक्ति को भरण-पोषण का भत्ता मिलता है। सबके लिए मुफ्त शिक्षा और अच्छी प्राथमिक स्वास्थ्य सेवा सुनिश्चित है। हर देश का शासन उसके लोगों की भागीदारी के साथ इंटेलिजेंस से चलता है। बेशक लोगों ने अपने

लिए अलग-अलग मॉडल चुने हैं और हर देश में सरकार और समाज के तालमेल का अपना अलग-अलग तरीका है।

नवजात बच्चे बड़े और ज़्यादा सघन परतों वाले नियोकॉर्टेक्स के साथ पैदा हो रहे हैं; वे अधिक बुद्धिमान और संगीत में प्रवीणता की तरफ झुकाव रख रहे हैं।

माइंड-मशीन इंटरफेसिंग अब परिपक्व, मानकीकृत और नियम-कायदों पर चलते हैं। मशीनें सीधे लोगों के मन से जुड़ी हैं और वे 'क्या करना है' के निर्देश बिना कहे समझ लेती हैं। अपंग लोगों की गतिविधियों को बेहतर करने के नए तरीके बनाए गए हैं। व्यक्तिगत एक्सोस्केलेटन व्यावसायिक रूप से उपलब्ध और किफायती हैं।

अब विलक्षणता को भगवान की 'माया' मान लिया गया है। इसका उद्देश्य न केवल नेक लोगों की सहायता करना है बल्कि दुष्टों को गैर-नुकसानदेह बनाना भी है।

इस ब्रह्मांड के स्थूल जगत में और मानव शरीर के सूक्ष्म जगत के अंदर बहुत कुछ अज्ञात है। इस पर कोई विवाद नहीं है कि इसमें से अधिकांश खाली स्थान, अदृश्य ऊर्जा है। मानव-मशीन संश्लेषण द्वारा इस ऊर्जा को काम में लाने से महान कार्य पूरे किए जा सकते हैं।

हालाँकि कल्कि अवतार अभी भी एक कथा ही है परन्तु उनके अवतरण के शकुन अब स्पष्ट संकेत बन गए हैं।